尾崎 由佳

自制心の足りないあなたへ

セルフコントロールの心理学

The Psychology of Self-Control

ちとせプレス

黄	赤		青
	緑	赤	黄
赤	黄		緑
	青	黄	赤

口絵 1　ストループ課題（本文 268 ページを参照）

口絵 2　ユリシーズとセイレーンたち（本文 277 ページと 296 ページを参照）

はじめに

「自制心の足りないあなたへ」という本書のタイトルを見たときに、「もしかして、自分のこと？」とドッキリされただろうか。そのドッキリした気持ちによって本書を手にとってみたくなり、今このページに目を通してくださっているのなら、著者としては大変に嬉しい。そのような方々のために、この本を書いているからだ。

しかし、あまり心配しないでほしい。自制心の不足を感じているのは、あなただけではない。あなたの周りにも、この言葉があてはまる人がきっといることだろう。そして世の中全般にも、自分の自制心の足りなさに悩み、それをどうにかしたいと思っている人たちは、たくさん存在していることと思う。

著者である私自身も、恥ずかしながら、例外ではない。本書のタイトルは、自分自身に宛てたものであると言ってもいい。自分の日常を振り返ってみると、もっと自制できればよかったのにと後悔するような出来事をいろいろと思い出す。必要のない服やら化粧品やらを衝動買いしてしまう。おいしいものをつい食べすぎたり、うっかりお酒を飲みすぎたりする。皿洗いや洗濯が面倒になり、まぁ明日でもいいかと先延ばししてしまう。締め切り直前になってあわてて仕事に取り掛かる。そんな自分のことは棚に上げ、娘に向かって「ほら！　早くしなさい」とイライラをぶつけてしまう。そのあと、何であんなことを言ってしまったのかしらと、必要以上にくよくよと悩み続けてしまう。「ダメだなぁ、私……」とそのたびに反省し、こんなことは二度とするまいと心に誓うのに、また同じようなことを繰り返してしまう。ここで挙げたもの以外にも、私が自制心不足を痛感した出来事は山ほどある。それらを書き連ねていったら、とてつもなく長いリストになってしまうことだろう。

こうした自制心に関わる問題は、心理学においてセルフコントロール（self-control）[1]という研究トピックとして扱われている。本書では、このセルフコントロールに関する科学的研究をもとにして、私たちの自制心の足りなさに関して、その原因を明らかにしたいと思っている。それに加えて、自制心不足の解消法についても、考えていきたい。

ただし、世の中にたくさん出回っているハウツー本や自己啓発書とは、一線を画したい。たとえば、「私はこれで○○できました！」「これさえあれば○○がピタッとやめられる！」「あなたもできる○○力の高め方！」「天才児の親は○○をしていた！」などといった謳い文句のついた本とは、ずいぶん違う内容であることを、先にお断りしておきたいと思う。

私は、セルフコントロールの成功者として、アドバイスを押し売りするつもりはない。あるいは、科学を振りかざして、こうしなさい、ああしなさいとお説教をしたいわけでもない。どちらかというと、私自身も1人の人間として、自制心の足りなさに悩まされる側の立場から、セルフコントロールの問題と向き合い、その原因をきちんと見つめたいと考えている。こういった姿勢を保ちながら、私がこれまでの研究活動から得てきた知識を、できるかぎりわかりやすく読者のみなさんにお伝えしていきたいと思う。

私自身も、自制心不足の問題に日々気づかされ、それらについて何とか解決したいと願ってきたことは、冒頭にも述べたとおりである。また、子育て中の母親として、どうすれば子どもの自制心の成長をサポートしてあげることができるのかと頭を悩ませることもある。そんな私生活の中で、この本でのちほど紹介するような、セルフコントロールを促進するためのテクニックの数々を、自分自身や、自分の娘にも適用してみた。もちろん、こうした日常生活における取り組みは、科学的な実験手続きとは言えないので、その結果を一般化して論じることはできない。しかし、こういった私自身の経験を、1つの事例、あるいはみなさんにとって身近に感じられる逸話として、本書の中に織り交ぜながら説明を進めていければと思う。

本書を読んでくださる方々に、セルフコントロールに関わる心の仕組みについて考えたり、自分自身の自制心のあり方について見直したりするきっかけを提供できればと願っている。

---

［1］ この self-control という用語が日本語に訳されるときには、「自己統制」や「自己制御」という訳語があてられるときがある。しかしこれらの用語は、日常語として使われることはほぼないため、本書の読者にとってなじみにくいと思われる。そもそも、英語をむりやり直訳したようなものであるから、本来の意味をさらにわかりづらくしているように思う。そこで本書では、英単語の発音をカタカナに直した「セルフコントロール」という語を使うことにする。私たちが日常的に使う語彙の中では、「自制」という言葉が最も近い。そのため、本書の中でもセルフコントロールを表すために「自制する」や「自制心」という言葉を用いることがある。

目　次

章末コラム

I

問題を理解する

「I　問題を理解する」セクションは、第1章から第3章までにあたる。

第1章では、自制心＝セルフコントロールとは何なのかについて概説する。第2章では、セルフコントロールがどれだけ身近で日常的な問題であるかということを確認したい。続く第3章では、自制心がなぜ重要なのかという問題について考える。これらの考察を通じて、自制心が足りないことがもたらす影響がどれだけ幅広く、また根深いものなのかについて、理解を深めておきたい。

第1章

自制心とは何なのか

あなたが自分自身の自制心の足りなさを感じるのは、どのようなときだろうか。この問いに対して、多種多様な答えが返ってくることと思う。

たとえば、大事なプレゼンの資料づくりを早めに始めて準備を万全に整えようと思っていたのに、結局のところなかなか手をつけられず、直前になって徹夜で資料を用意しなければならなくなったとき。落ち着いて発表しようと思っていたのに、みなの目の前に立ったとたんにひどく緊張してしまい、しどろもどろな説明になってしまったとき。イライラしてはいけないと思っていたのに、つい頭にきてしまい、関係のない人にまで当たり散らしてしまったとき。休日こそ早起きして時間を有効に使おうと思ったのに、気がついてみたら昼過ぎまで寝てしまったとき。カロリーの摂りすぎは身体によくないとわかっているのに、テレビを観ながらだらだらとして好物のポテトチップスを一袋食べきってしまったとき。今月はお金を使いすぎたので節約しなくてはと思っていたのに、欲しかったものがセール価格になっているのをネット上で見かけて、思わず購入ボタンを押してしまったとき。別れた恋人について考えるのはもうやめようと思ったのに、やはりその人のことばかりが心に浮かび、頭がいっぱいになってしまうとき。自分にとってかけがえのない人との関係を大切にすべきだと思っていたのに、うかつに発してしまった心ないひとことによって相手の気持ちを大きく傷つけてしまったとき。

ここに挙げたような自制の失敗は、人間なら誰しも、日常的に経験しているものだと思う。とはいえ、失敗が多くなりがちな人と、比較的成功しやすい人がいる。あなた自身は、どちらだろうか。ここで、あなたがセルフコントロール（自制）にどのくらい成功しやすいか、それとも失敗しやすいかを自分自身で振り返ってみる機会として、図1－1の各設問に答えていただきたいと思う。すべての設問に回答し終わったら、図の下部・点線枠内の指示に従って、合計得点を算出してほしい。

心理学では、このような設問セットにおける回答パターンに応じて得点を算出し、個人の特徴を表す指標とする手法のことを、尺度評定法と呼んでいる。

今回答してもらった図1－1の設問は、特性[1]セルフコントロール尺度（trait self-control scale）と呼ばれるものであり、アメリカの研究グループ（Tangney et al., 2004）によって開発された[2]。この尺度に対す

［1］「特性」という用語についての説明は、章末コラム①を参照。

［2］ 特性セルフコントロール尺度の全項目版（Tangney et al., 2004）には36項目が含まれる。このうち13項目を抜き出した短縮版も同じ論文内で発表されており、これはフルバージョンよりも比較的手軽に実施できることから、多くの研究において使用されている。この短縮版（13項目）を尾崎ら（２０１６）が日本語に訳し、その妥当性を確認した。

設問：それぞれの項目は，あなたにどのくらいあてはまりますか。各項目があなたにあてはまる程度を，1～5の数字のいずれかに○をつけてお答えください。

	全くあてはまらない　　とてもあてはまる
自分にとってよくない誘いは，断る	1――2――3――4――5
誘惑に負けない	1――2――3――4――5
自分に厳しい人だと言われる	1――2――3――4――5
先のことを考えて，計画的に行動する	1――2――3――4――5
	全くあてはまらない　　とてもあてはまる
悪いクセをやめられない	5――4――3――2――1
だらけてしまう	5――4――3――2――1
場にそぐわないことを言ってしまう	5――4――3――2――1
自分にとってよくないことでも，楽しければやってしまう	5――4――3――2――1
もっと自制心があればよいのにと思う	5――4――3――2――1
集中力がない	5――4――3――2――1
よくないことと知りつつ，やめられない時がある	5――4――3――2――1
他にどういう方法があるか，よく考えずに行動してしまう	5――4――3――2――1
趣味や娯楽のせいで，やるべきことがそっちのけになることがある	5――4――3――2――1

答え終わったら，○をつけた数字をすべて加算し，合計得点を算出しましょう。途中から1～5の数字が左右反転するところがありますので，ご注意ください。

図1-1　特性セルフコントロール尺度

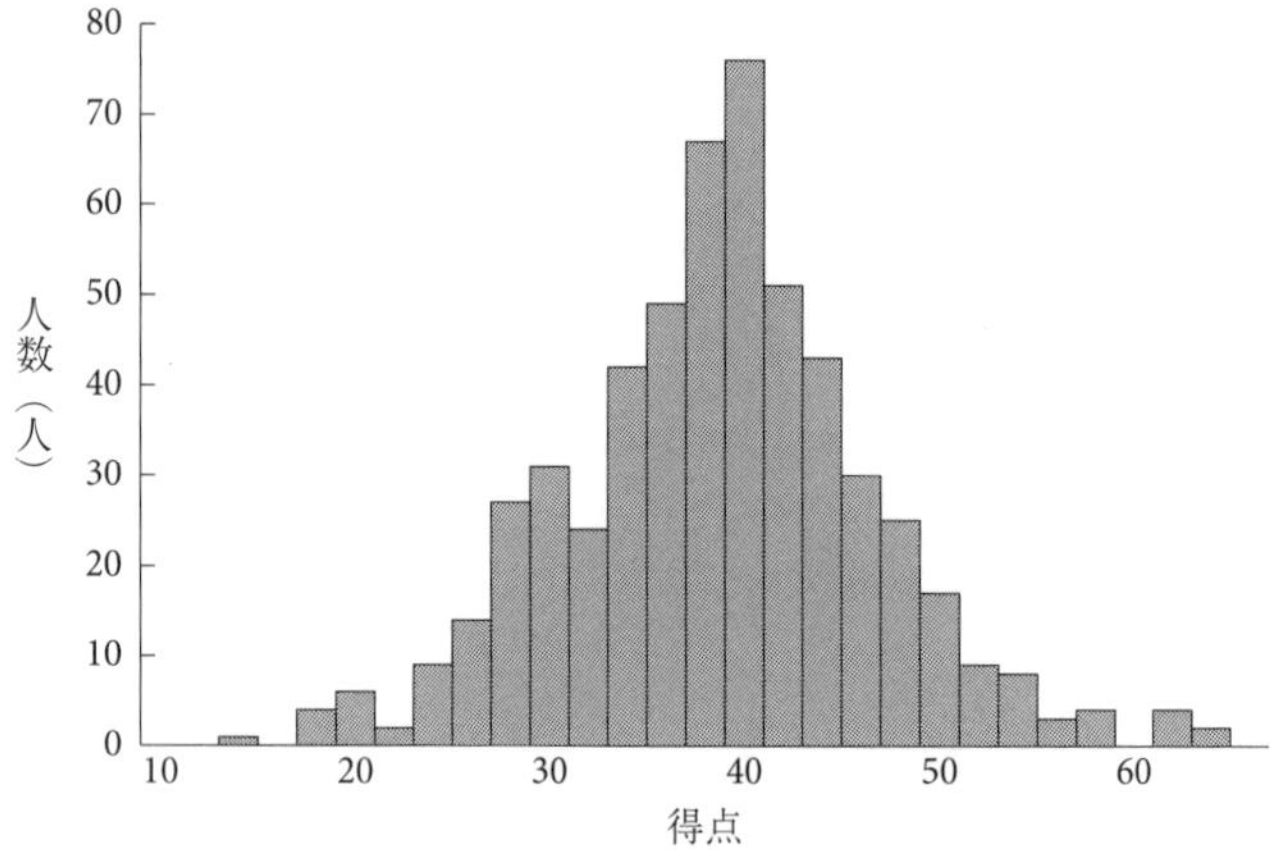

図 1-2　特性セルフコントロール尺度の得点分布

るあなたの回答から算出される得点は、あなたがどのくらいセルフコントロールに成功しやすいか、それとも失敗しやすいかという全体的な傾向を表している。この得点が大きいほど、セルフコントロールにおいて優れていることになる。

　この尺度のオリジナル版は英語だが、さまざまな言語に翻訳され、世界各地で使用されている。この日本語版は、原著者から許可を得たうえで、私たちが日本語に訳したものである（尾崎ら、２０１６）。この尺度の得点は、最小13点から最大65点までの範囲をとりうるのだが、日本人５４９名（年齢18〜69歳）を対象にした調査において、平均点はおおよそ38点であった。このときの得点の分布は図１‐２のとおりである。あなたの得点は、この分布のどのあたりに位置するだろうか。

　ただし、この得点はあくまでも目安であると思ってほしい。なぜならこの得点は、本人が主観的[3]に評価したものだからである。人間は、自身の振る舞いや考え方の特徴を、必ずしも正確に把握できているわけではない。そして、自分自身に甘く点をつける人もいれば、厳しくつける人もいる。そして、主観的な評価は、客観的な評価とあまり一致していないことも多い。したがって、もしあなたの得点が、全体の分布の中で比較的に高いところ、もしくは低いところに位置していたとしても、そのことだけで一喜一憂する必要はないのである。

しかしながら、この得点の高低は、まったくもって無意味というわけではない。人それぞれがもっている安定的な特徴をある程度は反映しており、その人の日常生活や人生のあり方とも幅広く関わり合いがあると考えられる。それを示唆する根拠として、欧米を中心に行われた数々の学術研究において、心身の健全さや、学業成績、社会的・経済的成功、幸福感などを表す数々の指標と、この特性セルフコントロール尺度の得点が関連することが指摘されている。これらの研究については、第3章においてより詳細に紹介するが、おおまかにまとめると、この尺度において高得点を挙げる人たちは、低得点の人々と比べて、健康的で充実した毎日をすごしており、多方面で成功を収め、幸せな人生を満喫しているということになる。

この特性セルフコントロール尺度において高得点を挙げるのは、どのような人たちなのだろうか。もう一度、図1－1の各設問項目を眺めながら、人物像を想像してみよう。

悪いクセはとくにない。だらけることもめったにない。場にそぐわないことは、言わないでおく。よくないことはやらないし、悪い誘いにも乗らない。自制心は充分にあって、誘惑に負けたりしない。自分に厳しく、周りからもそう認められている。集中力は抜群だ。先のことを考えて計画的に振る舞

［3］　主観的（subjective）とは、本人の立場から見た場合の考え方・感じ方のことを指す。対義語は、客観的（objective）であり、こちらは第三者の立場から見た場合のことを意味する。

い、いろいろな可能性をよく吟味してから行動に移す。

こういった架空のプロフィールを想像してみると、真面目で品行方正、羽目を外すことなどない優等生といった雰囲気の人物像が目に浮かんでくる。やるべきことをきちんとやって、してはいけないことはしない。そんなふうに、つねに自分の振る舞いを正して生きることができたなら、どんなによいだろう。焦りや後悔に悩まされることもなく、自信と満足感をもって毎日を暮らせるに違いない。

しかし、そんな生き方をしたいと願ったとしても、それを実現することは難しい。どんなに頑張っても、我々の日々の生活の中には、セルフコントロールの失敗が（多かれ少なかれ）発生してしまうからだ。

▼セルフコントロールとは

そもそも、自制心とか、セルフコントロールとか呼ばれるものは、いったい何なのだろうか。

この問いに対する唯一絶対の答えというのは、じつは存在しない。いろいろな視点から、異なった考え方ができるからだ。さまざまな分野の学者や理論家がそれぞれの論を展開している。心理学者の間でさえ、セルフコントロール（self-control）という1つの概念についていくつもの異なる定義づけが用いられている[4]。

ただし、これらの多様な考え方の中には、1つの共通点を見出すことができる。

それは、**「○○したい。でも、そうしてはいけない」**や**「○○したくない。でも、そうしなくてはいけない」といった葛藤が関与している**ということだ。ここでいう葛藤（conflict）とは、2つの相反する気持ちの間で、心を決めかねて迷っている状態のことを意味する。このとき、「○○したい」や

「○○したくない」という部分には、何か〝望ましくない〟気持ちが入る。これは誘惑（temptation）と呼ばれることもある。たとえば、「朝寝坊したい」「運動したくない」「誰かの悪口を言いたい」「税金を納めたくない」といったようなことだ。このときに、何らかの〝望ましい〟こと（たとえば将来のキャリアや健康状態、身近な人間関係、社会全体の利益や秩序など）のために、先ほどの〝望ましくない〟気持ちに対して「でも、そうしてはいけない」や「でも、そうしなくてはいけない」と相反する気持ちを感じたとする。すると、これらの相容れない2つの気持ちの間で、どちらにしようという心の迷いが生じる。これが葛藤状態である。

こうした葛藤状態にあるときに、相反する気持ちのうちいずれを優先するかというのが、セルフコントロールの問題だ。このときに、もし〝望ましくない〟気持ちの方を優先した振る舞いをしてしまったら、セルフコントロールの失敗ということになる。一方、もし〝望ましい〟気持ちの方を優先し、

---

［4］ このように、1つの概念や現象について複数の異なる定義づけがなされるのは、心理学やその関連領域においてはけっして珍しいことではなく、よく見受けられることと言ってもよい。それは、人の心という目に見えない、そして手で触れることもできないものを取り上げて、科学的に検証しようというのだから、致し方ないこと——むしろ、あたりまえのことであると言ってもよい。研究者としては、人の心というきわめてファジーかつ複雑なものを扱うからこそ、「私は○○という概念（現象）について研究するにあたり、ここからここまでの範囲を取り上げて、こういった心理過程が関わっていることを想定し、それこれの操作や測定を用いて検証するのだ」ということを、各自の研究視点や過去の研究文脈に基づいて明確化したうえで、その前提のもとで実証的検討や理論的解釈を推し進める。その結果として、同じ概念を扱いながら、異なる定義づけのもとで行われた研究が多数発表されることになる。そうした背景を把握したうえで、研究を読み解いたり、他人と議論したりすることが大切だ。

そのとおりに振る舞うことができれば、セルフコントロールの成功と見なされる。

ただし、この葛藤について、どのような枠組みや視点から捉えるかという点で多様なバリエーションがありうるので、結果として「セルフコントロールとは何なのか」という問いに対しても、立場に応じてさまざまな答え方ができる。言い換えるなら、葛藤状態にある〝望ましくない〟気持ちとは何を指すのか、そして、その気持ちにどのように対処すればセルフコントロールの成功と見なされるのかという点において、異なる捉え方があるということだ。

たとえば、社会全体の秩序を守るという立場から考えるのであれば、〝望ましくない〟気持ちとは公益やルールに反した自己中心的な振る舞いをしたくなることを指しており、そうした気持ちを抑えて社会のためになる行動をすることがセルフコントロールの実行ということになる。一方、個人としての暮らし方や人生計画から考えるならば、〝望ましくない〟気持ちとは目先の利益や一時の快楽に心惹かれてしまうことであり、そうした誘惑に負けることなく、将来を見据えて計画的に振る舞えることがセルフコントロールの成功と言えるだろう。また、道徳やモラルといった視点から考えるのであれば、〝望ましくない〟気持ちとは悪意や不純な思いに満ちた心のことかもしれないし、これに対して高潔で美徳のある心がけや振る舞いをすることが自制心の表れということになるだろう。

本書の前半では、こうした幅広いバリエーションのある「セルフコントロール」の捉え方について、なるべく広くカバーしながら、多角的な視点をもって論じていきたいと思っている。そこで、いくつかの研究分野――具体的には、生物学（とくに神経科学）と経済学（とくに行動経済学）を順に取り上げる。それぞれの分野において、葛藤やそれに関わるセルフコントロールの仕組みがどのように説明されているのかを紹介したいと思う。さらに、なぜ自制できないことがあるのか、どうすればもっと自制できるようになるのかといった問題についても、各々の立場からの答えを提供していく。

本書の後半では、もっと議論を深めていくために、フォーカスを絞って話を進める。すなわち、心理学という1つの視点から、セルフコントロールというトピックを掘り下げていきたいと思う。著者である私は、大学院に入った頃から数えると約20年間にわたって心理学の研究を進めており、とくに社会的認知[5]という領域を専門としている。その中でも直近の約10年間は、セルフコントロールをおもな研究テーマに据えてきた。こうした年月を経て、海外・国内の研究者が行ってきた興味深い研究をたくさん見聞きしてきたし、自分自身の研究を通じて新たな発見を得たこともあった。これら数々の研究成果をわかりやすくまとめながら、セルフコントロールの心の仕組みを説明することが、本書の後半のねらいである。そして、なぜ自制できないことがあるのか、どうすればもっと自制できるようになるのかという問題についても、心理学（とくに社会的認知研究）の視点からどう捉えるべきか、どのような答えを提供できるのかを解説していきたいと思う。

セルフコントロールの心の仕組み

では、「心理学の視点からセルフコントロールの仕組みを説明する」とは、いったいどういうことなのだろうか。これを言い換えるならば、セルフコントロールの仕組みについて、心の中で起きてい

---

[5] 社会的認知（social cognition）とは、社会心理学（social psychology）と認知心理学（cognitive psychology）の境界領域にあたる。言い換えるなら、社会心理学の研究テーマについて、認知心理学の方法を取り入れて検証しているのが、社会的認知研究である。くわしい説明はここでは割愛するが、のちの「Ⅱ さまざまな角度から考える」セクションの冒頭においてあらためて取り上げ、解説する。

るさまざまなこと（たとえば、ものを見る・聞くといった知覚、過去の出来事を思い出すという記憶、複数の情報を組み合わせたり整理したりする思考、状況に反応して沸き上がる情動、何かを強く求めたくなる欲望や衝動、計画的に振る舞おうとする目標・意志力など）がどのように関わり合うことによって、自制的な行動を生じさせるのかという説明のしかたのことを意味している。くわしい説明は本書後半で行うのだが、おおまかなイメージを把握してもらうために、ここで簡単なクイズにお答えいただきたいと思う。

【問い】セルフコントロールに失敗してしまう原因とは、何でしょうか。以下の（ア）から（オ）までのうち、原因の説明として適切と思われるものに○を、不適切と思われるものに×をつけてください。

（ア）誘惑となるものが手の届くところにあったから
（イ）大切な目標を思い出せなかったから
（ウ）「いけない！」という自覚が足りなかったから
（エ）気持ちの整理や切り替えができなかったから
（オ）自分を律する意志力が足りなかったから

それぞれの選択肢が表している内容について、簡潔な解説を加えておく。

「（ア）誘惑となるものが手の届くところにあったから」は、〝望ましくない〟誘いが目前にあることを認識すると、それを求めたくなる気持ち、つまり、誘惑に対する欲望が沸き上がってしまうという心の動きを表している。たとえば、タバコの箱、よく冷えたビール、読みかけの漫画本といったものが目に入ると、それらを好む人なら否応もなく、手を伸ばしたくなってしまうことだろう。そしてあとから「だってそこにあったから……」という言い訳をしたくなるものだ。

「(イ) 大切な目標を思い出せなかったから」は、〝望ましくない〟気持ちに心が動いたときに、それとは相容れないような〝望ましい〟こと、すなわち、本来目指すべき目標があることを認識できなかったということを意味している。たとえば、スマートフォン上での動画視聴やゲームに夢中になってしまい、翌日に学校でテストがあることをすっかり忘れていて、気づいたときには朝になっていたというような場合である。そのときは自分の振る舞いに何の疑問も抱かなかったが、のちに気づいて後悔したということは、誰しも経験のあることなのではないだろうか。

「(ウ)『いけない!』という自覚が足りなかったから」は、このくらいなら平気とか、今やらなくても大丈夫というように、自分に都合のよい考え方をすることによって、努力を放棄してしまうことを表している。たとえば、おいしそうなご馳走を目の前にして「ダイエットは明日から」という魔法の言葉をつぶやくと、「食べてはいけない!」という制約から解き放たれて、今日はいくらでも食べてよいような気分になってしまったりするものだ。

「(エ) 気持ちの整理や切り替えができなかったから」ということも考えられる。相反する気持ちの間で揺れ動く葛藤を感じたときに、〝望ましくない〟気持ちを退け、より望ましい方向へと心を定めることができるかどうかという問題である。このような気持ちの整理や切り替えがうまくできないと、ずるずると望ましくない方向に向かってしまう危険性がある。たとえば、高価な商品を買うか、それとも買わずに節約するかという選択肢の間でなかなか心を決められずにいると、結局のところ無駄遣いをしてしまったりするものだ。

「(オ)自分を律する意志力が足りなかったから」は、自制できないのは、心が脆いから、我慢や根性が不足しているから……といった説明のしかただ。〝望ましくない〟ことに手を出しそうになるその瞬間に、ぐっとこらえて、自分を押しとどめるという意志の力は、人間のもつ素晴らしい能力の1つだ。しかし、いつでも誰でも完璧に意志力を働かせることができるわけではなく、望ましくない行動を抑えきれないという場合もありうることだろう。

この問いに対してあなた自身はどのように答えるか、少し時間をとって、考えてみてほしい。もし答えがなかなか思い浮かばないようなら、あなたが過去に自制に失敗してしまった出来事や、身近な人々の失敗などもいくつか思い出して、そうなってしまった原因が何であったのかを自分なりに説明してみると、それがヒントになるかもしれない。

＊＊＊

では、ここで正解を発表しよう。

本書では、(ア)から(オ)までのすべてが○である——つまり、正解だと考える。それぞれに挙げられている要因のいずれもが、自制心不足をもたらしうる。言い換えるなら、セルフコントロールの失敗とひとことで言っても、その原因にはさまざまな可能性がありうるということだ。(ア)から(オ)までのうち1つかもしれないし、その中の複数が重なったことが原因なのかもしれない。

このような多様な心の働き(心理学用語で言うならば、知覚、記憶、思考、情動、欲望、衝動、目標、意志力など)がどのように関わり合うことによってセルフコントロールの実行が可能になっているのかを説明するというのが、本書の後半におけるねらい、つまり、「心理学の視点からセルフコントロールの仕組みを説明する」ということなのだ。

ここで、少しだけ注意書きを加えたい。私たち人間が物事の〝原因〟について考えようとするときには、どうしても、限られた情報を頼りにして考えてしまいがちになる。たとえば、自分の経験ではこうだったとか、誰かがそう言っていたとか、ニュースであありいうことが報道されていたとか、そういったわずかな情報を手がかりにして、物事の〝原因〟を究明しようとする。その結果として、しばしば偏った推論をしてしまい、全体像をよく理解しないままに「これが原因に違いない」と結論づけてしまうことがある。また、その原因をいろいろな物事にあてはめて、何でも説明できるように錯覚することもある。

セルフコントロールの失敗の原因について考えるときにも、「これが原因に違いない」といった限定的な考え方をしてしまう場合がある。たとえば、先のクイズの選択肢のうち「(オ) 自分を律する意志力が足りなかったから」という単一の理由に注目し、これですべての失敗を説明できると考える人もいるかもしれない。しかし、こうした考え方は、本書の立場から言うならば誤りだということになるし、むしろ危険な場合もあるということを指摘したい。なぜなら、意志力の足りなさをすべての失敗の原因と考えることで、自分自身の落ち度を激しく責めたり、あるいは他人のミスを厳しく追及したりすることにもつながるからだ。

自制心不足を改善するという観点からも、限られた原因だけに注目することは、得策とは言えない。セルフコントロールの失敗すべてに共通するたった1つの原因を見つけて、それだけを改善すれば、まるで万能薬のような働きをして、いつでも誰でも必ず自制できるようになるかというと、そんなわけはないのだ。そして、手当たり次第にありとあらゆる対策をとればよいということでもない。また、「昔からみんなこうしてきたのだから」と伝承されてきた古い慣習に頼ったり、マスメディアや巷の噂で「こうすれば〇〇できるようになる」と話題に上がったことを試してみたり、科学的根拠のない自己啓発書で勧められているような方法に頼ったりするのは、場合によって役に立たない可能性があるうえに、むしろ逆効果であったりする恐れもあるので、あまりお勧めできない。

たとえるなら、病気の治療にも似ていると言えるかもしれない。仮に、腹痛を訴える患者が2人いたとしても、その具体的な症状はいろいろあるだろうし、ケースごとに原因は異なるはずだ。きちんと診察をしなければ、その原因はわからない。原因が特定されることによって、はじめて、それに対処するための効果的な治療法をきちんと選ぶことが可能になる。なんでもかんでも腹痛に効きそうな治療法を片っ端から施せばいいというわけではない。食中毒の患者に整腸剤を与えても意味がないだろうし、虫垂炎の患者に胃洗浄をしても効果はないだろう。原因がよくわからないのに、あてずっぽうの推測に基づいて治療法を選択したり、効果の定かではない民間療法のようなものを試したりすると、無駄であるばかりではなく、かえって症状が悪化したりすることもある。

当然のことだが、自制心の足りなさについて、これは病気だとか、異常なことだと言っているわけではない。むしろ、セルフコントロールに失敗するのはあたりまえのことだと私は考えている。なぜなら、人間の自制心の仕組みは、堅牢なセキュリティを誇るわけではなく、各所に脆弱性のあるシステムなのだ。そして、日常生活の中で出会うさまざまな出来事を通じて、たくさんの要因から複雑な影響を受けることによって、ときどきエラー（不具合）が生じてしまうのは避けられない。

だからこそ、自制に関わる心の仕組みを科学的に解明していくことが大切だ。そして、その仕組みから生じるエラー、すなわち自制心不足を改善したいのであれば、ケース・バイ・ケースできちんと原因を見極めて、それに適した対処法を考えていくことが重要だと言える。

したがって、もし自制心が足りないという問題を解決したいのであれば、まず、自分が失敗しやすい自制の問題について、その原因がどこにあるのかを見極めることが重要だと言える。そうすれば、その原因に働きかけ、適切に改善することで、よりよいセルフコントロールを実行できる見込みが高くなるからだ。このように、自制心の足りなさに関する原因探索と問題解決の手がかりとして本書が役に立つことができれば幸いである。

▼本書の構成

そこで本書では、「①なぜ自制できないことがあるのか」という原因探索のための問い、そして「②どうすればもっと自制できるようになるのか」という問題解決のための問い、それぞれに関する議論を二本立ての柱として据えていきたいと思う。これらのテーマに取り組むために、以下のような4部構成の流れで議論を進めていく。

まず、「I　問題を理解する」セクションは、本章（第1章）から第3章までに該当する。

第1章はこれまで述べてきたとおりに、自制心＝セルフコントロールとは何なのかについて概説する。第2章では、セルフコントロールがどれだけ身近で日常的な問題であるかということを、あらためて確認したい。続く第3章では、自制がなぜ重要なのかという問題について考える。この考察を通じて、自制心が足りないことがもたらす影響がどれだけ幅広く、また根深いものなのかについて、理解を深めておきたい。

次の「Ⅱ　さまざまな角度から考える」セクションは、第4章から第6章までが含まれる。ここでは、セルフコントロールの問題について、多角的な視点から、異なる領域の研究の流れや知見を紹介していきたいと思う。第4章では神経科学の観点から、第5章では行動経済学の観点からの研究の取り組みを取り上げる。これらの学問領域はいずれも、心理学（とくに社会的認知）と深い結びつきがあり、互いに影響を与え合いながら発展してきた。これらの領域におけるセルフコントロール研究とその成果はとても興味深いもので、また、本書の後半からの説明にも各所で関わり合ってくるので、ここできちんと解説を加えておきたいと思う。また、第6章では、社会的認知の視点からセルフコントロールの問題に取り組んだ初期の研究――つまり、ここが〝はじまり〟となった――として名高い、マシュマロ・テストに関わる一連の研究成果を紹介したい。このように、関連領域の視点から眺めてみたり（第4章と第5章）、そもそもの〝はじまり〟となった問題意識からきちんと考え直してみたり（第6章）することを通じて、本書の主張をこれまでの研究文脈の中にきちんと位置づけるとともに、今後の議論をより理解しやすくするための知識ベースをつくることが、このセクションのねらいである。

続く「Ⅲ　自制のプロセスを読み解く」セクションでは、いよいよ本書の本題に入る。セルフコントロールの問題について社会的認知研究の観点から詳説しつつ、理論的な説明を組み立てていく。この説明には多様な心の働きが関わっているため、その1つひとつを取り上げながら、第7章から第12章までかけて説明したいと思う。ごく簡略化して各章のトピックを紹介すると、以下のようになる。第7章では、理論のおおまかな見取り図と、関連する基礎知識について概説する。以降、理論を構成する各部分に関わる心の働きについて説明を進めていく。すなわち、第8章では大切な目標を思い出すことについて、第9章では「いけない！」と自覚することについて、第10章では気持ちの整理や切り替えをすることについて、第11章では意志の力でこらえることについて、そして第12章では誘惑されないようにすることについて説明するという流れである。

最後の「Ⅳ　まとめと応用可能性」セクションにあたる第13章では、これまでの議論を総括しつつ、私たちの日常生活にどのように活用できるのかを考えたいと思う。日ごろのみなさん自身のセルフコントロールの問題を振り返り、それらの問題に対する効果的な対処法を見出せるように、アドバイスを加えることができればと願っている。また、自制心を伸ばすこと、つまり、セルフコントロール能力の成長についても考えたい。子どもたちは、幼児期から青年期にかけて自制心を育んでいく（これについては第4章で説明する）。しかし、私自身を含めて、もうよい年になった大人たちは、どうなのだろう。成人期以降も、まだ自制心を伸ばし、いずれは今よりも優れたセルフコントロールを発揮することができるようになるのだろうか。こうした長期的な視点からセルフコントロールの成長可能性について考察することを、本書の締めくくりとしたいと思う。

また、各章の末尾には、章末コラムをつけてある。これらは、章内で紹介した研究例で用いられていた代表的な研究手法や、分析のしかたについて解説を加えるものである。研究をどのように進めるのかという手続きに関心のある方や、これから心理学を学ぼうとしている方は、ぜひ参考にしてほしい。そうではない方々は、読み飛ばしていただいてかまわない。

それでは今から、自制心＝セルフコントロールにまつわる2つの疑問に答えるために、書籍1冊分の旅に出かけることにしよう。2つの疑問とは、先に本書の目的として述べたものである。

① なぜ自制できないことがあるのか
② どうすればもっと自制できるようになるのか

本書では、さまざまな角度からこれらの疑問について議論を進めていく。科学的立場から人間一般についての話として説明するので、あなた個人が現時点で抱えている悩みや問題には必ずしも直結しないと感じることがあるかもしれない。ただし、そのような場合でも、あなたが過去に経験した出来事や、身近な人々が関わっている物事、あるいは街中や家庭、学校、職場などで見かけた人々の振舞いなどと関連づけつつ、自分なりに理解する試みを繰り返しながら、読み進めてもらえるとありがたい。そして、本書を読み終わる頃には、セルフコントロールに関する諸問題についての考察が頭の中で整理されており、これらの問いに対する答えをあなた自身の言葉で紡ぎ出せるようになっていることを願っている。

章末コラム① パーソナリティ特性

心理学において特性（trait）という語が用いられるときには、パーソナリティ特性（personality trait）のことを指す。人格特性、もしくは性格特性などと表現されることもある。

パーソナリティ（人格、性格）についての捉え方は、類型論と特性論の2つに大別できる。前者は、人々の心理面の特徴ごとにいくつかのカテゴリー（類型）を特定し、個人ごとにいずれのカテゴリーに属するかを分類していく方法である。後者は、心理面の特徴を表すいくつかの要素（特性）を特定し、個人がそれぞれの要素をどのくらい強く示すか（あるいはその組み合わせのパターン）によって、その人の振る舞いや考え方などの特徴を表そうとする方法である。1人の人間がもつパーソナリティ特性は、その人の振る舞い方や考え方について、時間が経過してもある程度の一貫性をもたせ（安定性）、また他の人と違い（個人差）を生み出す要因であると考えられている。

個人のパーソナリティ特性を測定する方法としては、尺度が用いられることが多い。すなわち、本章の本文中で取り上げた特性セルフコントロール尺度のように、人それぞれの感じ方、考え方、振る舞い方の特徴を表す複数の文章について、それらがどのくらい自分自身にあてはまるかを主観的に評定し、得点化するという方法である（ただし、他者による客観的な評定が行われることもある）。それらの総合的な得点の高低によって、測定対象となったパーソナリティ特性をどのくらい強く／弱く示す人であるかが評価される。

また、いくつかの下位因子の組み合わせによって、パーソナリティ特性の総合的な特徴を表そうとする試みもある。たとえばビッグファイブ（Big Five）理論（Goldberg, 1981, 1990）では、外向性、神経症傾向、誠実性、協調性、経験への開放性からなる5大因子が想定されており、それぞれの高低の組み合わせによって個人のパーソナリティ特性を総合的に表すことができると考えられている。

第2章

日常的な問題としてのセルフコントロール

初対面の人から職業を尋ねられたときなどに、「私は心理学者で、自制心の研究をしています」と自己紹介することがある。すると、それを聞いた方の多くが「自制心って大事ですよね！」と身を乗り出したり、「どうやったらうまくできるようになるか、教えてもらえますか？」などと質問したりして、興味を示してくれる。たくさんの人たちが自分の研究テーマに関心をもってくれることは、ありがたく感じるし、また大きな励みになっている。だからこそ、そういったニーズに応えたいと思い、質問を受けたときにはできるかぎり丁寧に説明するようにしている。この本を書こうと思った出発点も、そこにある。

こういった一般的な関心の高さや必要性の認識は、データの上でも確認することができる。先の第1章で紹介した特性セルフコントロール尺度の中に「もっと自制心があればよいのにと思う」という項目があるのだが、これについて調査回答者549名のうち「とてもあてはまる」と回答した人が136名（約24％）、「あてはまる」と回答した人が138名（約25％）であった。[1] つまり、この調査回答者のうち半数ほどにあたる人々が、セルフコントロールの重要性を認め、またその改善の必要性を感じていたことがわかる。ちなみに、年齢の若い回答者ほど「とてもあてはまる」および「あてはまる」の選択率が多くなる傾向が若干見られたが、その関連性は弱いものであり、ほぼすべての年代層に共通して高い関心があることが示された。

なぜ、セルフコントロールや自制心の問題は、これほど重要なものとして人々に認識され、高い関心を集めているのだろう。先の章でも述べたように、普段の生活の中で何らかの誘惑にさらされたり、そのせいで失敗したりするようなことは、誰しもが身に覚えのあることであり、まったくの他人事だと断言できる人はいないのではないかと思う。このように、身近な問題であるからこそ、1人ひとりがその重要性を認識し、また「どうにかしなければならない」という改善の必要性を感じやすいのかもしれない。

ところで、〝日常的で身近な問題〟として指摘するのは簡単だが、その実態はどのようなものなのだろう。さまざまな疑問が湧いてくる。毎日の生活の中で、私たちはどのようなセルフコントロールの問題を、どの程度の頻度で経験しているのだろう。問題状況が発生したら、どのように対処しているのか。その対処の試みは、どのくらい成功を収めたり、逆に失敗に終わったりするのだろうか。

しかし、日常生活において人々が経験していること（すなわち、どのくらいの頻度でどのような出来事

［1］ これらの数値は、尾崎ら（2016）の論文中で分析されたデータに基づいているが、この論文中には報告されていない未発表の結果である。

が生じ、その場で何かを考えたり感じたりしながら、どのような振る舞いを行っているのか等）を調べることは、そうたやすいことではない。もし仮に、「今日1日のうちに、空腹を感じたことが何回ありましたか」とか、「過去1週間に摂った食事の内容をすべて教えてください」などといった質問を人々に投げかけてみたとしても、おそらく尋ねられた相手は困惑してしまうか、曖昧な記憶をたどりながら不確かな回答をせざるをえないことだろう。よほど強烈に記憶に残るような出来事でないかぎり、日常の中で起こる1つひとつの経験をすべて鮮明に思い出せるわけがない。あえて記憶の中を探ることを試みたとしても、思い出された内容がどれだけ正確なものか、それを保証することは難しい。こういった記憶の不確かさがあることを考えると、「今日あなたは何回セルフコントロールを実行しましたか」などと尋ねることは、データ収集法としてあまり得策ではないことがわかる（また、「セルフコントロールの実行」といった小難しい言葉を使ってしまうと、よくわからない、回答しづらい等と感じる人々が多くなるため、その点でも何らかの工夫が必要となる）。

人々の日常生活について探る

そこで私たちは、経験サンプリング法と呼ばれる手法を用いた調査を行った（尾崎ら、２０１９）。これは、日常生活を送っている調査対象者がその時点で経験していることをデータとして収集し、それを1日のうちに複数回×数日間にわたって繰り返し行うという調査法である。[2]

私たちの研究では、調査対象者が回答時点（あるいはその直近）でどのようなことを経験していたかを個人所有のスマートフォンを通じて回答するという形式で調査を行った。回答者は、日本各地に居住する20歳から69歳までのスマートフォン所有者１８０名である。彼らのスマートフォンにあてて、

1日あたり6回の回答要請メールを無作為なタイミングで送信するということを7日間にわたって続けた。回答者はメールを受け取ったらできるかぎり早く、遅くとも30分以内に設問フォームに回答するように教示されていた[3]。ここでいう無作為なタイミングとは、指定された時間内（朝9時から夜9時まで）のうち、いつメールが送信されるかが、日ごとに、そして参加者ごとに異なっていたということを指す。それによって、特定の時間帯に偏ることなく、朝から夜までの間に生じるさまざまな経験の中から満遍なくサンプルを集めてくることができるという仕組みである。

この調査は、「日常生活の中で人々はどのような自制に関わる問題を経験し、そうした状況でどのようにセルフコントロールを実行しているのか」について明らかにすることを目的として行われた。とくに私たちが注目したのは、葛藤の経験である。すなわち、第1章でも説明したような、「○○したい。でも、そうしてはいけない」あるいは「○○したくない。でも、そうしなくてはいけない」と感じられる、相容れない気持ちの間で生じる葛藤のことだ。私たちは、こうした葛藤経験について人々に尋ねることを通じて、普段の生活の中でどのようなセルフコントロールの問題が発生しているのかを調べることにした。

［2］　経験サンプリング法については、本章の章末コラム②を参照。経験サンプリング法を使ってセルフコントロールの日常的な実態を明らかにしようとした試みの先駆けは、ホフマンら（Hofmann et al., 2012）がドイツにおいて実施した研究である。この研究は、その数年後に日本においても追試された（Ozaki et al., 2017）。本章で紹介する研究は、上記の先行研究に理論的・手続き的改善を加えたものの成果である。

［3］　ただし、仕事中や運転中など都合の悪いタイミングでメールを受け取ることもあるため、毎回必ず回答できるとは限らない。この調査における有効回答率の平均は65％であった。反応率の著しく低かった（反応率20％以下の）回答者19名は、分析から除外した。

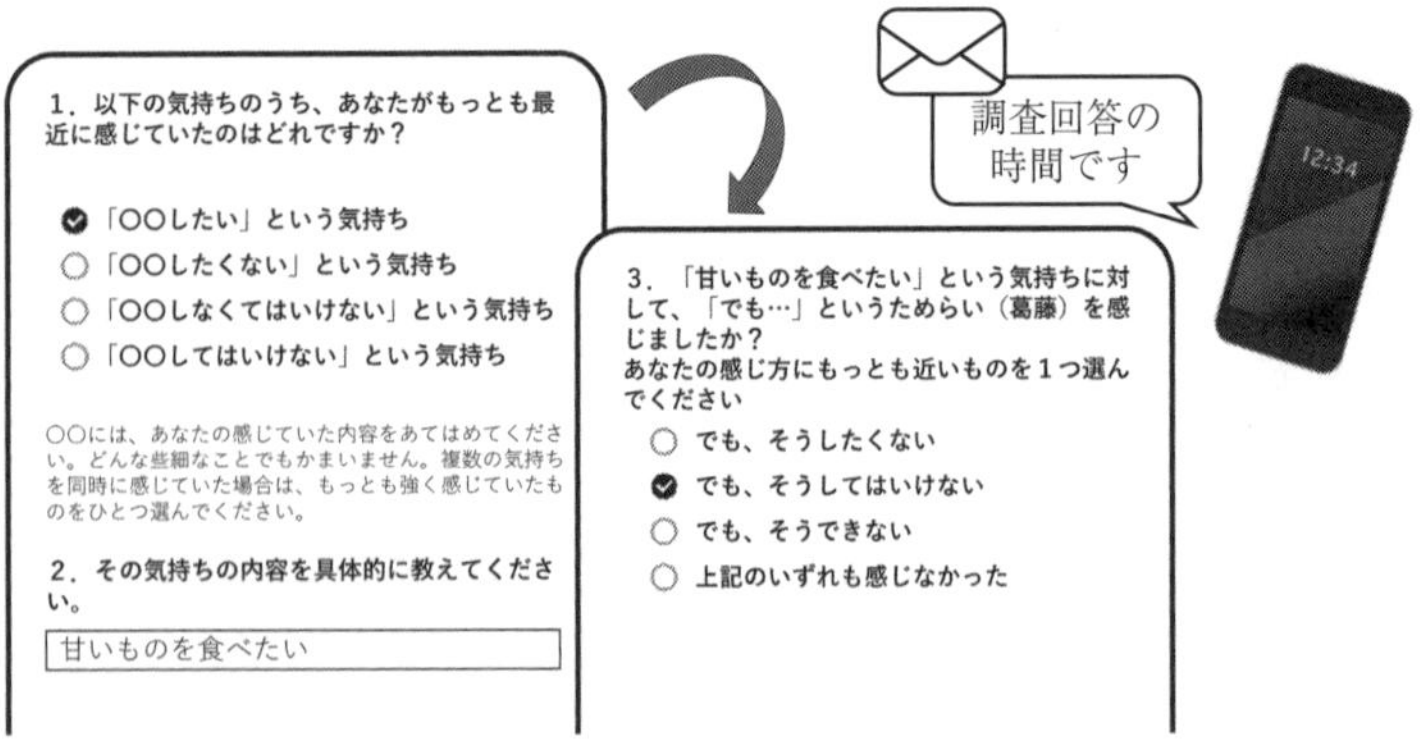

1．以下の気持ちのうち、あなたがもっとも最近に感じていたのはどれですか？
「〇〇したい」という気持ち
「〇〇したくない」という気持ち
「〇〇しなくてはいけない」という気持ち
「〇〇してはいけない」という気持ち
〇〇には、あなたの感じていた内容をあてはめてください。どんな些細なことでもかまいません。複数の気持ちを同時に感じていた場合は、もっとも強く感じていたものをひとつ選んでください。
2．その気持ちの内容を具体的に教えてください。
甘いものを食べたい
調査回答の時間です
12:34
3．「甘いものを食べたい」という気持ちに対して、「でも…」というためらい（葛藤）を感じましたか？
あなたの感じ方にもっとも近いものを1つ選んでください
でも、そうしたくない
でも、そうしてはいけない
でも、そうできない
上記のいずれも感じなかった

図 2-1　経験サンプリング調査における設問内容（抜粋）

調査における設問内容（の一部）とその流れが、図2－1に示してある。毎回のメール送信に応えて設問フォームを開くと、まず、回答時点（もしくはその直前）における目標とその葛藤状況などについて尋ねる項目から始まる。具体的には、最も直近に感じていた気持ちが、「〇〇したい」「〇〇したくない」「〇〇しなくてはいけない」「〇〇してはいけない」のいずれの表現にもっともあてはまるかを選択してもらい、それに続く設問においてその気持ちの内容を自由記述してもらった。さらに、それぞれの気持ちに対して「でも、そうしてはいけない」「でも、そうしなくてはいけない」等といった葛藤を感じたかを尋ねた[4]。

▼葛藤経験の頻度

これらの2問への回答の組み合わせによって、回答者の感じていた葛藤をいくつかの種類にカテゴリー分けし、その出現頻度をカウントすることができる（表2－1）。このうち、今注目したいのは、以下の2種類である。

①　表2－1において実線で囲われた部分。「〇〇したい。でも、そうしてはいけない」もしくは「〇〇して

表 2-1　日常生活において経験する葛藤のクロス集計表

		（もっとも最近に感じていた気持ちに対する）「でも…」という葛藤				
		でも，そうしたくない	でも，そうしてはいけない	でも，そうできない	上記のいずれも感じなかった	合計
もっとも最近に感じていた気持ち	○○したい	62	160	566	1,701	2,489
	○○しなくてはいけない	337	38	153	872	1,400
		でも，そうしたい	でも，そうしなくてはいけない	でも，（思わず）そうしてしまう／そうなってしまう	上記のいずれも感じなかった	
	○○したくない	21	214	38	67	340
	○○してはいけない	22	11	32	53	118
	合計	442	423	789	2,693	4,347

（出典）尾崎ら（2019）より。

はいけない。でも、そうしたい」という組み合わせである。これらは、感じ方の強さや思い出しやすさの相対的な違いのために少々異なる表現になっているが、基本的には「○○したい」という気持ちに対して「そうしてはいけない」と相反する気持ちを感じているという、同じ構図の葛藤を表している。以降では、これらを総称して、〝してはいけない葛藤〟と呼ぶことにする。

② 表中において点線で囲われた部分。「○○しな

[4]　1問目で「○○したい」あるいは「○○しなくてはいけない」と回答した場合は、その後、葛藤について尋ねる設問の選択肢として「でも、そうしたくない」「でも、そうしてはいけない」「でも、そうできない」「上記のいずれも感じなかった」の4種類が表示され、その中から選んで回答した。一方、「○○したくない」あるいは「○○してはならない」と回答した場合には、葛藤の選択肢は「でも、そうしたい」「でも、そうしなくてはいけない」「でも、（思わず）そうしてしまう／そうなってしまう」「上記のいずれも感じなかった」の4種類が表示された。

くてはいけない。でも、そうしたくない」もしくは「○○したくない。でも、そうしなくてはいけない」という組み合わせである。これらはいずれも、「○○したくない」いう気持ちに対して「そうしなくてはいけない」と感じているという点で、同じ構図の葛藤を表しているため、以下ではこれらをまとめて〝しなくてはいけない葛藤〟と呼ぶことにする。

結果として、〝してはいけない葛藤〟を経験していた場面が182ケース（＝160＋22）、〝しなくてはいけない葛藤〟を感じていた場面が551ケース（＝337＋214）、それぞれの報告として集まった。これらを合計すると733ケースとなった。[5] これは、すべての有効回答（4347ケース）中の約17％にあたる。1人あたりに換算すると、1週間の回答期間中に平均4・6回ほど葛藤経験を報告したことになる。また、このような葛藤経験の報告数が期間中を通じてゼロであった回答者は、分析対象となった161名のうち22名のみと、少数派だった。こうした結果から、セルフコントロールに関わる葛藤経験は、人々の生活の中で身近な出来事であることがわかった。[6]

調査の中では、報告した葛藤の経験タイミング（回答時からさかのぼってどのくらい前に経験されたものか）についても尋ねた。すると、その場で直近（回答時点から5分以内）に経験していたこととして報告されたものが232ケースと、すべての有効回答（4347ケース）中の約5％を占めた。これは、先にも述べたように無作為なタイミングにおいて、すなわち時間帯に偏りのないようにサンプルを集めた結果であるから、日頃活動している時間帯全体におしなべて考えても、平均的に言ってこのくらいの割合で経験が発生しているはずだと推測できる。すると、大雑把な算出法ではあるが、調査を実施した時間帯が朝9時から夜9時までの12時間＝720分として、そのうちの5％、すなわち36分間程度は何らかの葛藤を感じていたという計算になる。葛藤を感じる強さや持続時間にばらつきはあるだろうが、平均して言うならば、1日のうちに約半時間もかけて「〇〇したい。でも、そうしてはいけない」あるいは「〇〇したくない。でも、そうしなくてはいけない」といったことに思いを巡らせていることになる。これらのデータから、セルフコントロールに関わる葛藤について、人々が日々の生活の中でかなりの時間をかけて頭を悩ませている様子が見えてくる。

▼葛藤経験の内容

ちなみに、「〇〇したい」「〇〇したくない」といった気持ちがどのような内容であったかについても報告を求めた。カテゴリーごとの生起数を表2-2に示す。ここに表されているとおり、〝してはいけない葛藤〟を感じていたケースの中で、最も多く報告されていた目標の第1位は飲食に関するものの43ケース（例：ご飯を食べたい、お酒を飲みたい）、次いで第2位は睡眠に関するもの42ケース（例：眠りたい、昼寝したい）、第3位は休息に関するもの32ケース（例：休みたい）であった。

一方、〝しなくてはいけない葛藤〟を感じていたケースにおいては、報告頻度の第1位は労働に

［5］ ただし、調査期間中を通じて実際に経験された頻度はこれよりも多かったと考えられる。回答機会は1日最大6回に限られているからである。もしさらに頻繁な回答機会を設けて記録をとれたなら、経験数はもっと多くなったことだろう。

［6］ この結果において〝してはいけない葛藤〟よりも、〝しなくてはいけない葛藤〟の方が約3倍も頻繁に報告されていることも、興味深い発見である。これまでのセルフコントロール研究では〝してはいけない葛藤〟を扱うことがほとんどであったからである。今回の調査では、むしろ〝しなくてはいけない葛藤〟の方が日常的に発生しやすいことが明らかになったため、この種類の葛藤やそれに対する自制のしかたについても、今後の研究ではもっと目を向けていくことが必要だろう。

表 2-2　セルフコントロール葛藤の内容カテゴリーごとの生起頻度

		してはいけない葛藤	しなくてはいけない葛藤	合計
1.	労働（仕事，アルバイト，家業手伝いなど）	21	185	206
2.	家事（洗濯，掃除，料理，片づけなど）	4	174	178
3.	睡眠（起床，入眠など）	42	28	70
4.	飲食（食事，お茶，おやつなど）	43	11	54
5.	休息（休憩，着席，リラックスなど）	32	11	43
6.	人間関係（友達，家族，恋人，他人，孤独など）	3	21	24
7.	趣味，娯楽（遊び，ゲーム，音楽，読書，スポーツなど）	14	8	22
8.	移動（通学，外出，運転，歩行など）	3	19	22
9.	精神状態（思考，感情，集中，我慢，心がけなど）	7	12	19
10.	清潔（入浴，歯磨き，洗顔，着替え，制汗など）	1	16	17
11.	健康（体調管理，体力向上など）	2	14	16
12.	予定（締切，予約，待ち合わせ，遅刻など）	1	13	14
13.	金銭（買い物，支払，貯金，節約など）	2	8	10
14.	ルール，マナー（規範，礼儀，思いやり，迷惑など）	0	9	9
15.	勉強（試験，課題，レポートなど）	1	7	8
16.	外見（服装，化粧，髪型，痩身など）	2	3	5
17.	嗜好品（タバコ，お酒など）	2	1	3
18.	通信（メール，ライン，インターネットなど）	1	2	3
19.	生理反応（排泄，くしゃみ，咳など）	0	1	1
20.	将来（就職活動，人生目標，今後の長期計画など）	0	1	1
21.	その他（具体的に）	1	7	8
	合計	182	551	733

（出典）尾崎ら（2019）より。

関するもの185ケース（例：仕事をしたくない）、そして第2位は家事に関するもの174ケース（例：掃除／洗濯したくない）であり、これらの2カテゴリーは第3位の睡眠に関するもの28ケース（例：起きたくない）を大きく上まわっていた。すなわち、自制に関わる葛藤として、「食べたい／飲みたいけれども、そうしてはいけない」「眠りたい／休みたいけれども、そうしてはいけない」「働きたくないが、そうしなくてはいけない」「家事をしたくないが、そうしなくてはいけない」といった内容のものがかなり頻繁に経験されているということがわかった。

私の個人的な経験としても、労働や家事などについて相反する気持ちを感じることはたしかによくあるので、上記の結果はかなり納得がいくと感じている。本書の読者の多くにとっても、うなずける内容なのではないかと推察する。もしあなたが学生ならば、仕事の代わりに勉強のことを思い浮かべてほしい。たとえば「宿題をやりたくないが、そうしなくてはいけない」と感じた経験のことを思い出してもらえれば、もっと想像しやすくなることだろう。[7]

▼どのくらい成功・失敗しているのか

さらに、セルフコントロールの成否について調べるために、「〇〇したい」や「〇〇したくない」といった気持ちを、実際の振る舞いに反映させたかどうかを尋ねた。具体的には、この気持ちに対する自分の振る舞いとして、「その気持ちに従い、行動に移した」「その気持ちに従い、これから行動に移そうとしている」「その気持ちに反し、行動に移さなかった」という3つの選択肢から、あてはまるもの1つを選んでもらった。[8] この回答結果をまとめたものが表2-3である。

[7] この調査の対象者には学生を含めなかったので、「勉強」のカテゴリーに関する葛藤の報告数はかなり少なくなっている。もし学生を対象として同様の調査を行ったならば、「勉強」に関する葛藤はもっと頻繁に経験されるだろうと推察する。

[8] ここに示したのは、1問目で「〇〇したい」あるいは「〇〇しなくてはいけない」と回答した場合に表示された選択肢である。もし1問目で「〇〇したくない」あるいは「〇〇してはいけない」と回答した場合には、「その気持ちに反して、行動に移した」「その気持ちに反して、これから行動に移そうとしている」「その気持ちに従い、行動に移さなかった」という3つの選択肢が表示された。

表 2-3　葛藤場面におけるセルフコントロールの成否

自制の成否	してはいけない葛藤	しなくてはいけない葛藤	合計
成功	144	263	407
未遂	14	206	220
失敗	24	82	106
合計	182	551	733

注）*n*：回答数。してはいけない葛藤（「○○したい。でも，そうしてはいけない」と感じたとき）については，「○○したい」という気持ちに従わず行動に移さなかった場合が「成功」，気持ちに従い行動に移した場合は「失敗」，これから行動に移そうとしている場合は「未遂」となる。一方，しなくてはいけない葛藤（「○○したくない。でも，そうしなくてはいけない」と感じたとき）については，「○○したくない」という気持ちに従わず行動に移した場合が「成功」，気持ちに従い行動に移さなかった場合は「失敗」，これから行動に移そうとしている場合は「未遂」とカウントされる。

（出典）尾崎ら（2019）より。

たとえば「○○したい。でも、そうしてはいけない」という〝してはいけない葛藤〟を感じていた場合は、「○○したい」という気持ちを抑えて、それを行動に移さないことがセルフコントロールの成功にあたる。これに該当する回答は144ケース、すなわち8割近くが成功を収めたと言える。一方、そうしてはいけないと感じていながら結局行動に移してしまったというセルフコントロールの失敗に該当する経験は24ケース、すなわち約1・5割のケースで生じていたことになる。

また「○○したくない。でも、そうしなくてはいけない」という〝しなくてはいけない葛藤〟を感じていたという場合は、「○○したくない」という気持ちに反して、あえて望ましい行動を実行に移すことがセルフコントロールの成功と見なされる。該当する回答は263ケース、すなわち約半数が成功を収めていた。一方、結局行動に移せなかったというセルフコントロールの失敗に該当する経験は82ケースで、やはり約1・5割程度であった。

いずれの葛藤の場合も、「これから行動に移そうとしている」という回答が選択された場合は、「未遂」として成功とも失敗ともカウントしなかった。これらのケースでは、回答時点よりあとの段階で成功を収めた、もしくは失敗に陥ったといういずれかの結果に至ったであろうと考えられる。したがって、上記で述べた成功率や失敗率は、いずれも実際よりも低く見積もられた数値になっている。

いずれにしても、今回の調査で得られたデータにおいて、セルフコントロールの成功率が5～8割、そして失敗率が約1・5割という数字になったことは、とても興味深い[9]。私たち人間の自制心の仕組みはかなりよくできていて、たいていの場合、うまく自分の振る舞いをコントロールできる。しかし、いつでも完璧というわけではない。やはり、私たちの自制心には、足りないところがあるようだ。

まとめ

ここで、本章の内容を簡潔にまとめておく。

① セルフコントロールに関わる問題は日常生活の中で頻繁に発生する。すなわち、「○○したい。でも、そうしてはいけない」や、「○○したくない。でも、そうしなくてはいけない」といった葛藤は、日常生活の中で誰もがよく経験している。

② 多くの人が同じような内容の葛藤を何度も感じている。具体的には、飲食や睡眠・休息に関して「○○したい。でも、そうしてはいけない」と感じることや、労働や家事に関して「○○したくない。でも、そうしなくてはいけない」と感じることが多い。

[9] ただし、調査方法や対象者、設問内容の違いなどによって、成功率や失敗率は影響を受けることに注意してほしい。異なる手続きによってデータ収集を行った場合には、異なった値になる可能性がある。

③　葛藤を経験したとき、たいていはセルフコントロールに成功する。失敗率は低く、ある調査では約1・5割であった。人は日々の生活の中でしょっちゅう葛藤を感じつつも、だいたいの場合はうまく自分の振る舞いをコントロールできていることがわかる。

次章では、もっと長期的な視点から（すなわち、日々の生活における自制の成否を積み重ねていくことによって、数年後、あるいはもっと先にどのような影響が及ぼされるかという点において）セルフコントロールの重要性について考えたいと思う。

章末コラム② 経験サンプリング法

経験サンプリング法（experience sampling method: ESM）による調査とは、調査対象者が日常生活を送っているなかで、高頻度のデータ収集を継続的に行うことを指す（Csikszentmihalyi et al., 1977; Hektner et al., 2007）。たいていの場合、1日に3～10回程度のデータ収集を数日間から数週間にわたって繰り返すという方法がとられる。

この調査法の特長は、対象者の記憶に頼らずにその場で起きていることを記録できること、またデータ収集を何度も繰り返すことによって経験の発生頻度や時系列的変化を明らかできることである。以前は記録用紙を持ち歩くという方法であったため、調査対象者と研究者の双方にとって負担が大きかった。近年になり、スマートフォンが普及したことによって大幅に負担が軽減され、その有用性に大きな注目が集まっている。さらに、ウェアラブル端末などを併用すれば、日頃の活動量（例：移動距離や歩数）や生理的反応（例：心拍）などについても参加者本人の報告に頼らずデータ化することが可能になる。

この調査法はさまざまな領域において幅広く活用されている。たとえば心理学では、日常生活の中でストレスを繰り返し経験することによって変化していく心身の状態や対人関係のあり方を観察できる。医療現場では、自宅療養中の患者がきちんと服薬しているか、またそれに対してどのような反応が生じているかという経過をトラッキングできる。マーケティングにおいては、消費者がどのタイミングでどのように商品やサービスに接しており、その経験が使用感や購買意欲、企業イメージなどにいかなる影響を及ぼしているかを分析できる。

スマートフォンを通じた経験サンプリング調査を実施するための研究ツールは複数存在しているが、その多くが欧米の利用者をターゲットにしているため、日本国内での実施には向かないものが多い。国内の通信環境および日本人調査対象者を利用する際に適したものとしては、exkuma（エクスクマ）をお勧めする。研究手段として検討される場合は、ホームページ（https://exkuma.com）を参照していただきたい。

第3章

セルフコントロールの重要性

日常生活の中で私たちが行っているセルフコントロールというのは、たいていの場合、とても身近で、ありふれた内容である。たとえば、第2章で紹介した調査回答の中で頻出した「眠りたいが眠ってはいけない」とか、「働きたくないが働かなければいけない」などといった葛藤も、誰もが身に覚えのあるようなことだ。さらに、そういった状況でセルフコントロールに失敗する割合は約1・5割というのだから、失敗率はそう高いわけではない。ほとんどの場合は、うまく自制できているといえるだろう。みんな、眠気に誘われることはあってもたいがい起きていられるし、仕事に行きたくなくても結局きちんと毎日出勤できているのだ。このような実態を目にすると、自制心不足といっても、それはささいなことであり、たいした問題ではないのではないか……という気がしてくる。さらに、「ちょっと食べすぎたけれど、まぁいいや。すぐに太るわけでもないし」と自分の言い聞かせてみたり、「たまには寝坊することがあっても、しかたない」とか「明日頑張れば大丈夫」などといった言い訳をいくつか並べてみたりすると、どうでもよいことのように思えてくるかもしれない。にもかかわらず、セルフコントロールは人生の鍵を握る能力の1つとして、さまざまな文化において重要視されてきた。

かなりの昔まで遡るなら、古代ギリシアの哲学者アリストテレスが著した『ニコマコス倫理学』（アリストテレス、2016）にも、関連する思想が見受けられる。この本は、倫理学の基本的な問題である〝正しい生き方〟について論じたものであり、全10巻からなる。このうち、抑制と快楽について取り上げた第7巻には、アクラシアという単語が頻出する。これはギリシア語で「自制心がないこと」を意味しており、ある行為を悪いと知りつつ、欲望のゆえにそれを行ってしまうこととされている。まさに、現代でいうところのセルフコントロールの失敗にあたる。アリストテレスは、人間の生き方を大きく左右する性格的特徴の1つとしてアクラシアを位置づけ、なぜそのような自制を欠いた行為をしてしまうのかについて、多くの紙面を割いて考察を加えている。

現代の日本社会においても同様に、セルフコントロールを重視するという声は多い。その一端が見受けられるのは、厚生労働省によって実施された『平成16年度企業が求める人材の能力等に関する調査』[1]の結果である。この調査では、全国6668の企業および3941の事業所が、各種の職業能力についてそれぞれ「強く求める（3点）」「できれば求める（2点）」「特にこだわらない（1点）」で評定した。その結果、自己管理の項目については平均2・3点という高い評価がつけられ、多くの企業が労働者に求める能力であることが示された。職業能力としての自己管理には、健康や体調の管理のみならず、時間管理、感情管理、モチベーション管理、金銭管理も含まれる。すなわち、社会生活の多方面にわたるセルフコントロールに他ならない。

このように、古今東西を通じて、セルフコントロールの重要性は認識されてきたと言える。この本を読んでいるあなたも、その大切さを認めているからこそ、本書を手にとろうと思ったのではないだろうか。

実際のところ、セルフコントロールの成功や失敗はどのくらい重大な影響をもたらしうるのか。この問題について、特性セルフコントロール尺度（以下、SC尺度）とさまざまな適応度指標との関連を調べた研究データを概観しながら、考えてみたい。

SC尺度についてはすでに第1章で紹介したが、ここで簡単に復習しておく。この尺度は、「誘惑に負けない」や「悪いクセをやめられない」といった13の文章それぞれについて自分自身がどのくらいあてはまると思うかを評定することにより、セルフコントロールにどのくらい成功（もしくは失敗）しやすいかという個人の傾向を得点化することができる。

一方、適応度指標[2]とは、個人がどのくらいその生活環境に適した生き方をしているかを数値化して表したものである。たとえば、その個人が暮らす社会の中の一員としてどのくらい適切に振る舞うことができているか、周囲からどの程度受け入れられているか、また学校や職場においてどれほど優れ

---

［1］ https://www.mhlw.go.jp/houdou/2005/06/h0628-1.html

［2］ 元来は、生物学（とくに数理生物学）の分野における用語。ある個体がその生活環境内でどのくらいよく生き延び、繁殖することができるかという能力を表している。人間以外の動物の個体適応度を表す場合は、ある個体がどのくらい次世代の子どもを残すことができたかを指標とする。

たパフォーマンスを示しているか、心身ともに健康であるかといったさまざまな側面から、適応度を数値として表すことができる。

ＳＣ尺度得点とさまざまな適応度指標との関連を検証した研究例を表３－１に挙げた。表中に示されている数値は、相関係数である。正の値の相関係数（r＞0）は、変数Ｘの値が大きくなるほど変数Ｙも大きくなるという関連性があることを意味する。一方、負の値の相関係数（r＜0）は、変数Ｘの値が大きくなるほど変数Ｙは小さくなるという関連性を表している。ただし、変数Ｘと変数Ｙのうちどちらが原因でどちらが結果であるかという因果的影響を特定するものではない。場合によっては、ＸがＹに影響するとともにその逆も然りといった双方向的な影響関係にあることも考えられる（相関係数については、本章の章末コラム③も参照していただきたい）。

たとえば、表中のドイツで行われた研究（Achtziger et al., 2015）では、衝動買いのしやすさを測った尺度得点とＳＣ尺度得点との間に $r = -.41$ という負の相関が見られているが、この結果から、ＳＣ尺度の得点が高い人（すなわちセルフコントロールに優れた人）ほど、衝動買いのしやすさ得点が低い（すなわち衝動買いをしにくい）という中程度の関連が見られたことがわかる。

表３－１は、数ある実証研究のうちほんの一部の例をピックアップしたものにすぎないが、これを眺めるだけでも多様な地域（国）に暮らす幅広い年齢層の人々を対象にしていることが見て取れるだろう。そして、ＳＣ尺度得点において優れたセルフコントロールを示した人たちは、きちんと金銭管理をしており（Achtziger et al., 2015; Strömbäck et al., 2017）、他者を攻撃したり非行に走ったりせず（de Kemp et al., 2009）、職場において上司の命令に逆らったり同僚に迷惑をかけたりすることが少ない（Restubog et al., 2010）ということがわかる。学業においては自主的に勉強時間を確保し（尾崎ら、２０１

表 3-1　特性セルフコントロール尺度と各種の適応度指標との関連

文献（著者名，発行年）	対象者 地域（国）	属性	人数	相関係数		適応度指標
適切な振る舞い						
Achtziger et al.（2015）	ドイツ	未成年～成人	946	−.41	**	衝動買いのしやすさ
				−.07	*	負債の大きさ
Strömbäck et al.（2017）	スウェーデン	成人	2,063	.25	**	貯蓄行動[注1)]
de Kemp et al.（2009）	オランダ	未成年（11 ～ 14 歳）	1,012	−.32	**	攻撃性
				−.19	**	非行
Restubog et al.（2010）	フィリピン	成人	125	−.32	**	職場での逸脱行為
優れたパフォーマンス						
Tangney et al.（2004）	アメリカ	大学生	157	.39	**	学業成績（GPA）
Duckworth & Seligman（2005）	アメリカ	中学生	164	.67	**	学年末成績（GPA）
				.56	**	高校合格
				−.26	**	学校欠席
尾崎ら（2016）	日本	大学生		.32	**	自主学習時間
心身の健康						
de Boer et al.（2011）	オランダ	大学生	226	.21	**	運動時間数（/ 週）
				−.23	**	喫煙本数（/ 週）
Tangney et al.（2004）	アメリカ	大学生	351	−.32	**	アルコール依存
				−.36	**	過食
				−.25 ～ −.41	**	精神症状[注2)]
Hofmann et al.（2014）	アメリカ	成人	414	.24	**	人生満足度

注 1）収入・学歴・性別・年齢などを統制した偏相関。
注 2）SCL-90 によって測定。身体化，強迫－衝動傾向，対人的感受性，うつ傾向，不安，敵意，恐怖症的不安，パラノイア，精神病傾向の 9 因子からなる。
注 3）* : $p < .05$，** : $p < .01$。

6)、学校の成績もよい (Duckworth & Seligman, 2005; Tangney et al., 2004)。日頃から適度な運動をこなして、喫煙や飲酒・過食などの問題が少なく、精神的に安定して、人生に満足している (de Boer et al., 2011; Hofmann et al., 2014; Tangney et al., 2004)。

こういった研究を数多く収集し、まとめて再分析したときの総合的なパターンについて調べた研究がある (de Ridder et al., 2012)。この研究では、SC尺度得点と各種の適応度指標との関連について、過去に発表された論文102本のデータに基づいたメタ分析[3]が行われた。その結果、食生活と体重管理については $r = .17$ という弱い (ただし統計的には意味のある大きさの) 相関が示された。学校や職場におけるパフォーマンス、人づき合いの良好さ、幸福感と精神的健康については、それぞれ $r = .36, .25, .33$ と中程度の相関を示した。したがって、セルフコントロールに優れている人は、適切な食生活と体重管理ができていたり、学業においてよい成績をとったり、仕事で優れた成果を挙げたりしていること、また人間関係も上手にこなしており、健全で幸せな生活を送っているらしいということが、数多くの研究をとりまとめたときに (個々の関連の強さには多少のばらつきがあるものの) 総合的なパターンとして示されたことになる。そして、その逆に悪い方に目を向けるならば、セルフコントロールに失敗しやすい人ほど、不健康な生活を送っており、学校や仕事においても不出来であることが多く、人間関係においてトラブルを起こしやすく、不安や抑うつに悩まされやすいということを意味する。これらは、疑いようもなく、人生における重要問題だ。

なぜ、セルフコントロールの成功や失敗は、その1つひとつを取り上げるとささいなことのように見えるにもかかわらず、本章のここまでに見てきたようなさまざまな人生の大問題と、これほど幅広く関連しうるのだろう。以下では、社会適応、パフォーマンス、健康問題という3つの側面から、なぜセルフコントロールの成否が重大な帰結をもたらしうるのかについて考えたい。

▼セルフコントロールと社会適応

人間がセルフコントロールの能力をもつようになった理由は、社会的生物として集団の中で生きるためであると考えられている。簡潔に言うならば、たくさんの人々が暮らす社会環境において互いに調和して生きていくためには、自分自身の欲望のままに振る舞うのではなく、他者に配慮し、社会のルールを遵守するように、言動をコントロールすることが求められる。つまり、譲り合いと協力の精神が必要とされるのだ。さらに、他者との安定した関係性を保ちつつ、自分自身の人生をしっかりと築き上げていくためには、将来に向けた展望をもち、計画的に行動することが重要となる。とくに、配偶者や子孫を含めた家族の生活を支えるためには、きちんとしたプランをもって収入や財産を管理することが欠かせない。つまり、社会で暮らす〝善きメンバー〟とは、他者に配慮をしつつ協力し、適切な倫理観をもって振る舞うことができ、将来を見据えて自分や家族の生活をしっかり支えることができる人物ということになる。

しかしながら、社会で暮らす〝善きメンバー〟としての責任を果たすことは、そう簡単なことでは

---

［3］　メタ分析という用語は「分析の分析」という意味を表しており、メタ解析と呼ばれることもある。複数の研究結果を収集し、それらをあわせて多角的な視点から統合したり比較したりする分析手法のことを指す。本文中で紹介した研究（de Ridder et al., 2012）で行われたメタ分析では、102の論文における統計的結果が収集され、すべてをあわせた調査回答者数は計3万2648人であった。おもに欧米諸国で集められたデータが用いられた。表3－1に挙げられた研究の一部も、この分析に含まれている。

ない。なぜなら、私たち人間は、みずからの欲望や感情に突き動かされて衝動的に振る舞ってしまうことがあるからである。つまり、社会の中で暮らすためには他者への配慮が欠かせないにもかかわらず、やはり自己中心的に振る舞ってしまう性質があるのも、人間のもつ特徴の1つなのである。

約2500年前（紀元前5世紀）もの昔に、そういった人間の性質に気づき、大きく問題視してきたのは、仏教である。仏教の祖であるブッダは、人間を「煩悩具足の凡夫」と呼び、煩悩にとりつかれた存在として捉えた。煩悩とは、人間を煩わせ悩ませるものという意味であり、百八の種類があるという。これらの中でも最も恐ろしいのが「三毒」と呼ばれる貪欲、怒り、嫉妬であるとされている。人間は、もっとモノや金が欲しい、地位と名誉が欲しいと、際限なく求め続ける貪欲さをもっている。貪欲さの追求を妨げる者が表れると、「こいつのせいで損をした」「あいつさえいなければ出世できたのに」と腹煮えたぎり、相手をやり込めたくなる怒りが湧く。しかし相手に到底かなわないことがわかると、自分が得られなかった幸せを他人が手に入れたことを不満に思い、いずれ不幸が訪れるように願ってしまう嫉妬の心が生まれる。こういった煩悩があるために、個人が幸せに生きることや、社会の人々がみな協調して平穏に暮らすことが妨げられていると、ブッダは考えた。仏教でいうところの煩悩の恐ろしさとは、まさに社会適応に関するセルフコントロールの難しさを表している。自分だけが得をしたいという欲望にかられることが、他者との調和した生き方を阻害するのだ。他者とのトラブルの大半は（暴力・犯罪そして戦争も含めて）人間の貪欲さやそこに根差した怒りや嫉妬心によって発生していると言えるだろう。

宗教が人々の振る舞いを正すために強力な規範的影響をもっていた時代と比べると、今の時代にはその影響力が弱まりつつあると感じられるかもしれない。現代社会においては、モラル（倫理や道徳）が社会における振る舞いの善悪を判断する基準、すなわち、「こう振る舞うべき」や「こうしてはいけない」という指針を提供するようになった。モラルは文化の影響を大きく受けるものの、世界のさまざまな文化に共通するものとして、以下の5つの規準があるという（Haidt & Joseph, 2004）。

① 他者に危害を加えず、親切にすること
② 公正であること
③ 自分が所属する集団に忠実であること
④ 上下関係を尊重し、敬意を払うこと
⑤ 純潔さや神聖さを守り、汚さないこと

こういった、「〇〇するべき」や「〇〇してはいけない」という道徳的規準にあわせてみずからの振る舞いをコントロールできる個人は、善良な市民、責任ある社会人としてコミュニティに受け入れられる。しかし、これらに反する行為をした場合は、周囲の他者から非難を受けることが避けられず、また、制裁を下されることすらある。すなわち、道徳的に善い行いをするという点でも、セルフコントロールは社会に適応して生きていくための必須要素なのである。

さらに、もう1つ指摘しておかねばならないことがある。道徳的な善行は、実行し続けることに大きな意味がある。たった一度かぎりであったとしても、道徳に背く行いをしてしまうと、その代償は大きい。その悪行が世間に知れてしまうと、〝不道徳〟のレッテルを貼られてしまい、そのマイナスの印象を払拭するのは簡単ではないのだ。

犯罪や非行がそのよい例である。ある少年が万引きでつかまり、その騒ぎが近所に知れわたってしまったとしよう。それが初犯であったとしても、少年は店から出入り禁止となることはもちろん、近所の人々から白い目で見られることになる。その影響は、彼の家族に対する町中の評判にまで及んで、しばらくの間はあれこれと陰口をたたかれることになるかもしれない。未成年ばかりではなく、よい年をした大人であっても、ふとした誘惑にかられて不道徳な行いをすることがある。たとえば、配偶者ではない相手と不適切な関係をもつといったことである。これが妻（もしくは夫）に知れてしまったら最後、「ほんの出来心だから、もう二度としないから…」と平謝りしたとしても、もう取り返しはつかない。その不貞の事実は夫婦関係を大きく揺るがし、離婚に至ることすらある。また別の例として、職務中に怠慢と見られるような行為をしていたことがSNSで露呈されてしまい、それがインターネット上で拡散されて大きな物議をかもすこともあるかもしれない。こうした〝炎上〟と呼ばれる騒動に巻き込まれることによって、責任問題が問われたり、ひどい場合には職を失ったりすることにもつながりかねない。つまり、非道徳な行為は、それが1回きりのことであったとしても、信頼を失墜させ、人間関係を壊してしまう場合もあるのだ。

だからこそ、人は自制心のありそうな他者に対して「信頼できる」と認識し、そういった相手と親密な関係性を築くことを好む。逆に、セルフコントロールに劣る人物のことは信頼せず、関係性を築くことを避けるのである（Righetti & Finkenauer, 2011）。たとえば、国内で行われたある調査では、結婚相手に望む条件として、性格が合うこと（80・3％）、思いやり（77・1％）に続いて、誠実さ（浮気をしないこと）を挙げる人が70・6％に上ったという[4]。先に述べたように、企業が人材採用において自己管理能力の高さを重視するということも、同様のことである。すなわち、家庭においても、職場においても、優れたセルフコントロールが信頼を養い、安定した人間関係を支えていることを物語っている。

▼セルフコントロールと金銭管理

次に、経済の面に目を向けよう。金銭収支をしっかり管理し、将来のために貯蓄するというのは、社会生活を送るための重要スキルの1つである。とくに、高齢化が進む日本では、老後の蓄えをどれだけ堅実に貯めることができるかが重大な社会問題になっていると言えるだろう。しかしながら、「お金が貯まらない」という悩みを抱えている人は多い。なぜなら、「今すぐ欲しい」という衝動に突き動かされて過剰に消費してしまうというセルフコントロールの失敗が生じやすいからである。すなわち、目先の快楽を得るための散財を繰り返してしまう。朝三暮四の逸話[5]に出てくるサルたちは、後先のことを考えない愚かさの典型のように言われているが、残念ながら、じつは人間も大差はないのである。将来のために節約するよりも、今の暮らしを楽しく充実させることのためにお金を余計に使ってしまいがちであり、結果として貯蓄にまわすお金がなくなってしまうのだ。

さて、老後にはどのくらいの蓄えが必要なのか。金融庁は2019年6月に報告書『高齢化社会に

［4］ 株式会社マイナビによる調査結果。https://woman.mynavi.jp/article/170329-24/
［5］ 中国・宋の時代に書かれた『列子』「黄帝篇《へん》」の故事による。昔、狙公《そこう》という猿まわしがおり、飼っているサルたちに餌としてトチの実をやっていた。その際に「朝3つ、夕方に4つ与えよう」と言ったらサルは不平を言っておおいに怒ったが、「それでは朝4つ、夕方3つにしよう」と言うと、サルたちは大喜びをして賛成したという。

における資産形成・管理』を発表し、夫が65歳以上・妻が60歳以上の夫婦が30年間ほぼ年金に頼る生活を送った場合、約2000万円が不足するとの試算を示した。この年金によって賄うことのできない不足分は、若いうちから投資などをしてみずから資産形成することが推奨されるという。つまり、年金生活に入る前に、約2000万円を老後のために貯蓄しておく必要があるらしい。しかしながら、2018年の調査データ[6]によると、2人以上世帯における平均貯蓄額は1151万円、金融資産がない（すなわち貯蓄額ゼロ）という世帯は31・2％に上ることがわかった。このままでは、多くの世帯で、老後の生活が成り立たなくなる恐れがある。これは国民生活を揺るがしかねない、由々しき事態だ。もちろん、貯蓄が増えないのは、経済動向や福祉政策などの影響も考えられるため、無計画な散財だけが原因とは限らない。しかしながら、こういった現状を鑑みると、賢く計画的に貯蓄すること、すなわち金銭管理におけるセルフコントロールがどれだけ切実な問題であるかが身に染みてわかることだろう。

しかしながら、現代社会の流れは、堅実な貯蓄を妨げるような、巧妙なトラップを仕掛ける方向に進んでいる。その仕掛けの名前は〝電子マネー〟や〝クレジットカード〟である。こういった仕組みは支払いを便利にしてくれるため、いまや使ったことのない人を見つける方が難しいほどに普及している。しかし、これらの使用によって、支出額をその場で把握しにくくなるという弊害が発生した。財布から現金を取り出して支払うと、その分、紙幣や硬貨が減っていくのは目で見てわかる。その一方で、電子マネーやカード払いの場合は、支払いの場面ごとにどのくらい使ったのかをきちんと把握しないまま使い続けてしまうことになりかねない。このように、自分の振る舞い方（この場合は支出額）を正確に監視できない状態にあると、セルフコントロールは難しくなる（Faber & Vohs, 2004）。「してはいけない」ことを自分がしてしまっていること自体に、気づけないからである。実際に米国のスーパーマーケットで調査をしたところ、クレジットカード払いのときには、現金払いのときよりも、平均して約１・３倍も高い支払額になっていたという（Soman, 2003）。この他にも、電子マネーやクレジットカードを利用することによって消費が促進されることを示した研究成果は多数報告されている（Hafalir & Loewenstein, 2009）。こうした消費が重なった結果として、支払える額以上にお金を使い込んでしまい、口座残高が不足してしまうといった事態になりかねない。

さらに、残高が足りなくなったらキャッシングや銀行カードローンを利用するというように、たびたび負債を重ねていくと、最悪の場合は自己破産にまで至ることすらある。個人の自己破産申立数は、２０１６年から増加傾向（2年連続で前年比６％台の大幅増加）にあり、２０１８年の個人の自己破産申立件数は７万３０８４件にも上った[7]。もちろん、破産の原因がすべて電子マネーやクレジットカードにあるとは言いきれないが、その普及とともに破産件数が増加していくという現状から推察すると、軽視できない関連性があることがうかがわれる。お金は大事だとわかっているはずなのにきちんと管理ができないという自制の足りなさによって、経済的な苦境に立たされることがあるのだ。

---

［6］金融広報中央委員会が実施した「平成30年度・家計の金融行動に関する世論調査」より。
https://www.shiruporuto.jp/public/document/container/yoron/futari/2018/

［7］朝日新聞デジタルより。
「自己破産６・２％増　銀行カードローン抑制したけど…」（２０１９年２月13日）
https://www.asahi.com/articles/ASM2D3J6HM2DUUPI001.html
「個人の自己破産、前年比６・４％増　カードローン影響か」（２０１８年２月13日）
https://www.asahi.com/articles/ASL2C33TCL2CULFA001.html

▼セルフコントロールとパフォーマンス

次に、学業成績や仕事の成果といったパフォーマンスと、セルフコントロールの関係について目を向ける。このテーマを扱った研究は数が多い。とくに、教育現場における生徒の学力に注目した取り組みをよく目にする。たとえば、アメリカで行われた研究（Duckworth & Seligman, 2005）では、自制心とＩＱのどちらの方が学期末成績をよく予測するかを比較し、前者の方が2倍もの予測力をもっていることが示された。同じくアメリカの学校で学ぶ生徒を5年生から8年生まで追跡調査した研究（Duckworth et al., 2010）においても同様に、ある時点において高い自制心を示した生徒は、その後の学力テストにおいて好成績をとるという関係性が確認された。これらの研究は時間の流れに応じた変化とその影響関係を検証しているので、自制心から学業成績へという因果関係があることを示す重要な証拠となりうる。つまり、優れたセルフコントロールは、良好なパフォーマンスをもたらしてくれると言えるだろう。

なぜセルフコントロールの高さが、学業成績などの優れたパフォーマンスを促進するのか。「いつやるか？　今でしょ！」というセリフは、某進学塾のコマーシャルで有名になり、２０１３年度新語・流行語大賞年間大賞を受賞した。この塾講師による力強いセリフのあとに続く画面に、そっと無声で、しかし印象的に表示されるメッセージがある。「おそらく天才ではない君へ。努力の天才であれ。」このたった15秒のテレビ広告の中には、優れた学業成績をもたらすセルフコントロールのあり方のエッセンスが詰まっているように思う。つまり、先延ばしをしないことと、努力を継続することである。

「〇〇したくない。でも、そうしなくてはいけない」という葛藤は、先延ばしの出発点となりうる。

このような葛藤は、「今はやりたくないから、あとでやろう」という発想につながる。さらには、身の周りにあるたくさんの誘惑（もっと楽しくて、ラクなこと）に心惹かれてしまうことが、今すぐ勉強（もしくは仕事）に取り掛かることを妨げる。たとえば、ついついスマートフォンを開いてしまい、SNS投稿を眺め始めたり、ショッピングサイトで必要でもないものを検索したりしていると、あっという間に時間は過ぎていく。

こういった先延ばしは、一時の息抜きとしてリラックス効果をもたらしてくれるといった利点があるかもしれないし、そのあとに挽回する時間と努力を充分にかければ、問題なく取り繕うことができるだろう。しかし、それが度重なっていけば、いずれ取り返しのつかないほどの遅れが発生する。重要な締め切り直前になって徹夜で仕上げなければいけなくなったり、へたをすれば納期に間に合わなくなったりするかもしれない。さらに、焦って仕上げた成果物にはミスがつきものであり、充分なクオリティを保証できるとは限らない。

外部から与えられた期日がないような状況では、さらに先延ばしが悪化する恐れがある。たとえば、個人事業主としてみずからの仕事のペースを自由に調整できる場合や、とくに目標やスケジュールを定めずに取り組んでいる語学学習といった場合がこれにあたる。こういった場合には、締め切りに追い立てられることがないぶん、「今やらなければ」という危機感に迫られて行動を開始するという事態が生じにくい。むしろ、「また今度に……」とあとまわしにしてしまう危険性が高くなる。

こういった、また今度やればいいという態度は、いつまで経ってもできないこととほぼ同義であることは、多くの人が経験済みのことなのではないかと思う。そして、私自身もその経験者の1人である。先延ばしをせずに「今でしょ！」と行動を開始することがとても大切なのは、私がここで言うまでもなく、誰もがよく知っていることだろうと思う。

さらに、努力は長期的に積み重ねることにこそ意味がある。これも、あえて言及せずともみながわかっていることだと思うが、ここであらためて指摘をしておきたい。素晴らしい業績や偉大な成果は、短期間では成し遂げられない。人類がこれほどまでに繁栄した文化・社会を築くことができたのは、将来を見据えた計画を立て、長年にわたって粘り強い努力を重ねてきたからに他ならない。まさに「ローマは1日にして成らず」である。

また、スキルや能力の獲得という点においても、地道な努力の継続は必要不可欠だ。だらだらと先延ばししていた勉強を、テスト直前になって一夜漬けで片づけることができたとしても、それは本当の学力として身についたとは言えない。また、外国語を学ぼうとしたことのある人ならきっと共感してくれることだろうと思うが、短時間で学んだいくつかの例文をしゃべれるようになったからといって、実際にコミュニケーションがとれるほどの会話力には到底至らない。どのような能力やスキルであれ、優秀なレベルに達するには、かなりの時間と労力をかけて練習を継続することが必要とされる（Duckworth et al., 2007）。

ただし〝1万時間の法則〟については、鵜呑みをしないように注意喚起しておきたい。この法則とは、「優れたスキルを獲得するには1万時間以上の練習が必要である」という説である。音楽やスポーツ・学術などのさまざまな分野において天才と見なされるような偉業をなしとげた人々がどのようにしてその境地に至ったのかを調べたところ、その共通点として1万時間以上を練習に費やしたということが明らかになったのだという。この知見は『天才！　成功する人の法則』（グラッドウェル、2009）という本で取り上げられたことによって大変有名になったが、近年、それを疑問視する研究者のコメントが相次いでいる（e.g., Hambrick et al., 2014）。練習の質や取り組み方を工夫することによって、1万時間よりもっと短い練習期間でもハイレベルな専門的パフォーマンスに到達できるとも言われている。くわしくは、『超一流になるのは才能か努力か？』（エリクソンとプール、２０１６）という本も参考にしてほしい。

このような、必要な練習時間に一定の基準があるのかどうかという議論は別として、時間をかけて鍛錬を積むことが優れたパフォーマンスに貢献していることは、まぎれもない事実だと言っていいだろう。そして、こういったたゆまない努力の継続を支えているのは、「（手間のかかる面倒なことを）したくない。でも、そうしなくてはいけない」という葛藤から生じる先延ばしや、「（もっとラクで楽しいことを）したい。でも、そうしてはいけない」という誘惑をしりぞけ、望ましい目標追求を実行に移すためのセルフコントロールなのである。

▼セルフコントロールと健康管理

さらに、健康管理とセルフコントロールの関係についても考えたい。「食べすぎや飲みすぎに注意しましょう」「適度な運動をして、野菜をたくさん食べましょう」といった健康のための自己管理を呼びかけるセリフは、あたりまえのことを繰り返しているだけのように思えるし、すでに聞き飽きてしまった感すらある。しかしながら、その〝あたりまえのこと〟をそのとおりに実行することが、なんとも難しく、多くの人々を悩ませているという実情がある。

たとえば、喫煙に注目してみよう。タバコの煙には、４０００種類の化学物質が含まれており、その中にはなんと２００種類以上もの有害物質が含まれているという。発がん性物質は50種類以上に上り、肺がんを引き起こす大きな原因の1つとなっている。英国において喫煙習慣と死亡率の関連を50年間にわたって追跡調査したデータによると、喫煙の習慣がある人は非喫煙者と比べて寿命が10年も短くなるそうだ（Doll et al., 2004）。こういった喫煙がもたらす害悪については、さまざまなメディアを通じて警告が出されているため、世間的にも広く知られるようになった。しかしながら、喫煙者はなかなか減らない。厚生労働省が実施する『国民健康・栄養調査』によると、２０１７年時点での成人喫煙率は男性29・４％、女性は７・２％であり、男女あわせると約６人に１人が喫煙しているということになる。１９８９年の結果（男性55・３％、女性９・４％）と比べれば減少傾向にあるものの、最近10年間の喫煙率はほぼ横ばいで、今後さらに減りそうな兆しは、残念ながら見えていない。ところが、別の調査[8]によると、喫煙者のうち約半数が今すぐに、もしくはいずれ禁煙したいと考えているそうだ。つまり、「吸ってはいけないとわかっているが、吸いたい」という葛藤に際し、結局のところ吸ってしまう――すなわち、禁煙を志しながら、結局それに失敗しているという人々が世の中にはたくさんいることだろうと推察される。

こういった健康問題に関するセルフコントロールの難しさは、小さな不摂生の積み重ねがあとになって重大な不健康をもたらしうるというところに起因する。たとえば喫煙の場合、吸ったらすぐに体調が悪くなるわけではない。むしろ短期的には、リラックス効果や、格好よさのアピールといった利点すら感じられるかもしれない。その悪影響が肺がんなどの健康問題として表れるのは、もっと先、おそらく数十年も続けて喫煙したあとのことである。飲酒の影響も同様であることは、言うまでもない。また、食生活において必要以上のカロリーを摂取してしまうという問題も、ここで取り上げておきたい。ある日に少しばかり食べすぎたとしても、その前後で体重計に乗ってみたならば、増えたとしてもせいぜい1～2キログラムといったところだろう。しかし、このような小さな失敗が数週間から数カ月間、場合によっては数年間にわたって断続的に発生したとしたら、いったいどうなるだろうか。食べすぎの繰り返しは、過剰な体重増加（すなわち肥満）とそこから派生するさまざまな疾病をもたらし、長い年月をかけて死に至ることすらある。つまり、健康管理におけるセルフコントロールの失敗は、その直後から数日以内といった短期間においては目に見えるような弊害はおそらく生じないものの、長期間かけて失敗を何度も繰り返した結果として、取り返しのつかないほど不健康な状態になる危険性があると言えるだろう。

健康管理における成功がもたらすものも、失敗と同様に、その直後にもたらされる影響力は弱いのかもしれないが、それをこつこつと積み重ねていくことで大きな違いが出るという構造になっている。たとえば、「野菜は嫌い」と思っている子どもが、「身体にいいから残さず食べなさい」という親の説得に応じて、頑張ってどうにか1皿分の野菜炒めをきちんと食べ切ったとしよう。立派な自制心の芽生えである。しかし、その翌日から急に身長が伸びたり、運動会の短距離走で1位になったりするわけではない。だが、いつか大人になったとき、当時の親のしつけがどれだけ今の健康に役立っているかを思い知り、ありがたく思う日がやってくることだろう（そのタイミングとして可能性が高いのは、自分自身も親になって子どもに同じことを言わなくてはいけなくなった日かもしれない）。子どもばかりではない。「腹まわりの贅肉を減らしたいが、ダイエットは面倒くさい」と思っている大人も、同じように粘り強く努力を積み重ねる必要がある。一念発起してスポーツジムに通い始めたとしても、その成果

［8］ 株式会社プラネット調べ。
https://www.planet-van.co.jp/shiru/from_planet/vol91.html

を実感するまでにはそれなりに長い期間がかかる。「結果にコミットする」という売り文句で大々的に宣伝し、短期間で成果を出すことで有名になった某・減量トレーニングクラブでさえ、最短でも2カ月という継続期間を設けているのだから。

上述のとおり、喫煙、飲酒、過食などが身体的な健康に直接的な影響を及ぼしていることは明らかであるし、理解もしやすいと思われる。一方、幸福感や人生満足感、あるいは抑うつ、不安といった精神的な健康状態とセルフコントロールの成否がなぜ関連するのかについては、もう少しくわしい説明が必要だろう。

これについては、いくつかの可能性が考えられる。まず1つは、セルフコントロールに優れた人は、「〇〇したい。でも、そうしてはいけない」や「〇〇したくない。でも、そうしなくてはいけない」といった葛藤をスムーズに解消できたり、そもそも感じにくかったりするために、そこから生じる不安や脅威を感じにくいという説明である（Hofmann et al., 2014）。

また、もう1つ考えうることとしては、先に説明したとおり、セルフコントロールの実行によって人間関係が良好に保たれることが関係しているのかもしれない。家族や友人などから安定したサポートを得られるようになることで、結果として本人の幸福感や満足感が高められている（そして抑うつや不安から守られる）という可能性である（Righetti & Finkenauer, 2011）。あるいは、こちらも前節で述べたことだが、セルフコントロールのおかげで学業や仕事において優れた業績を挙げたり、新たな挑戦をしてチャンスをつかんだりすることができるために、人生において充実感と生きがいを感じながら暮らすことができているとも考えられる（Cheung et al., 2014）。

▼まとめ

最後に、本章のまとめを述べておく。もし日常生活におけるセルフコントロールの成否1つひとつが小さなものであったとしても、それを日々積み重ねていくことは、長期的な視点から見たときに私たちの人生に大きな影響を及ぼしうる。たとえば、人間関係や信頼に関わる社会適応の問題や、学業や仕事におけるパフォーマンスの問題、過剰な摂食・飲酒・喫煙から生じる健康問題など、その影響は広範囲に及ぶ。これらの失敗がもたらしうるダメージは非常に大きく、個人としても社会としても無視することはできない。ただし、その裏返しのように、日々の小さな成功を積み重ねていくことは、大きな達成と恩恵をもたらしうることも、忘れてはならない。

章末コラム③　相関係数

２つの変数X、Yの間の線形的関連の強さを表す相関係数（correlation coefficient）は、マイナス１からプラス１までの値をとりうる。相関係数$r=0$の場合、２つの変数間には関連が見られないことを意味する。正の値の相関係数（$r>0$）は、変数Xの値が大きくなるほど変数Yも大きくなるという関連性があることを表しており、その関連が強いほどプラス１に近い値となる。その逆に、変数Xの値が大きくなるほど変数Yは小さくなるという関連ならば負の値を示し（$r<0$）、その関連が強いほどマイナス１に近い値となる。絶対値をとった相関係数$|r|$の値が0～.2の場合はほとんど相関なし、.2～.4ならば弱い相関あり、.4～.7ならば中程度の相関あり、.7～1ならば強い相関ありと見なされる（図３－１）。

ただし、２つの変数の間に相関が示されたからといって、どちらが原因でどちらが結果なのかという因果

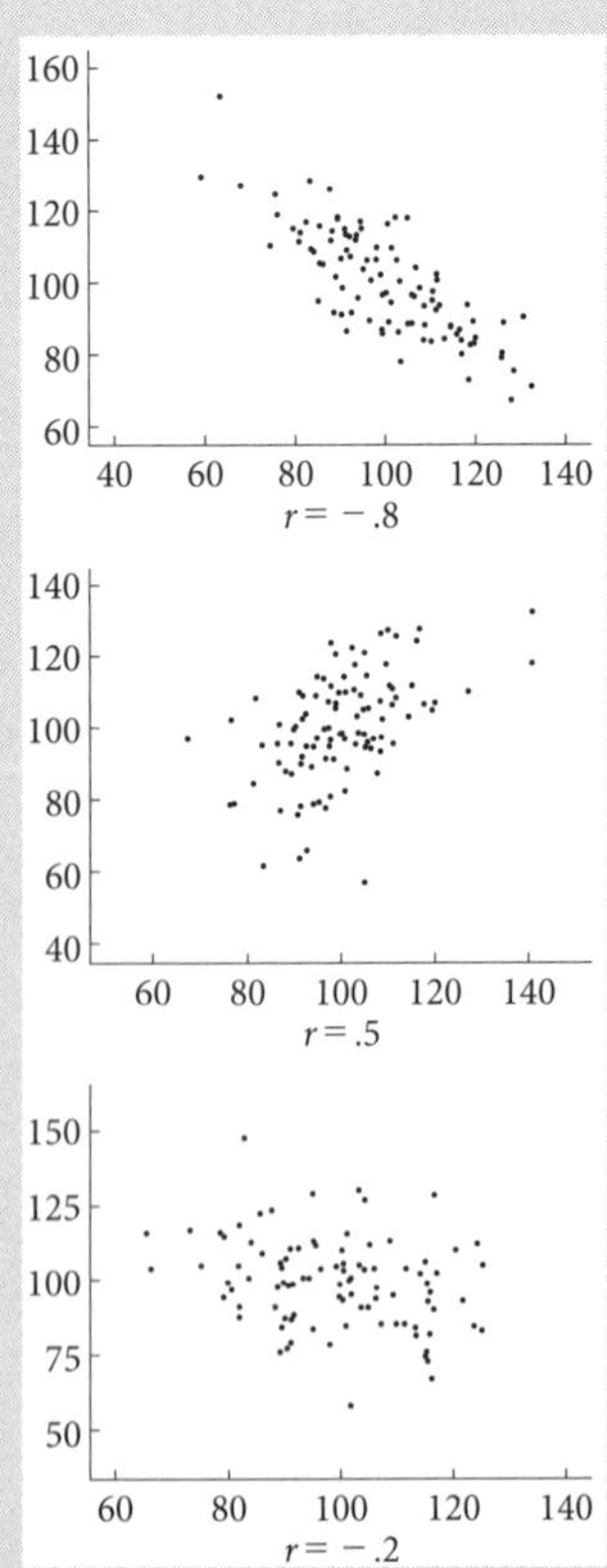

図 3-1　2変数間の関連を表す相関係数と散布図

（出典）https://www.spss-tutorials.com/pearson-correlation-coefficient/ より作成。

関係を特定することはできない。たとえば、学業成績と自制心の間に正相関が見られたということだけから、成績がよいことが自制心を向上させたのか、それとも自制心の高さが成績アップをもたらしたのか、どちらの解釈の方が妥当であるかを判断することは避けるべきである。

Ⅱ

さまざまな角度から考える

「Ⅱ　さまざまな角度から考える」セクションは、第4章から第6章までが含まれる。ここでは、セルフコントロールの問題について、本書の後半で詳説する社会的認知研究とは多少異なった視点をもつ、他分野のアプローチについて説明していきたい。また、社会的認知モデルの先駆けとなった初期の研究についても紹介する。これらの議論を通じて、他分野との関係性（ヨコのつながり）や、これまでの研究文脈の流れ（タテのつながり）の中に、本書の提案するモデル（理論的枠組み）を位置づけていくのが、このセクションのねらいである。

人間心理の研究にはさまざまなアプローチがあるが、それら1つひとつが独立して歩んできたわけではない。異なる領域の研究者同士が交流し、それぞれの研究手法や成果について学び合ってきた。異なる考え方をもつ研究者グループの間で、互いの意見の合わないところを批判することもあれば、それぞれの長所を生かして協力することもある。いずれの場合であっても、議論はおおいに盛り上がり、大きく研究が進展する。そこから、新たな発見やブレイクスルーが生まれることもある。だからこそ、1つの領域からの視点だけに頼らず、複数の研究分野それぞれの視点について学ぶこと、そして多角的に研究トピックを捉えていくことが重要となる。近年、学際的（interdisciplinary）という言葉が大きく注目され、多分野が連携することが推奨されるようになったことも、異なる視点でさまざまな角度から問題を捉えることの利点をおおいに生かすためのムーブメントであると言えよう。

セルフコントロール＝自制心というトピックには、哲学、倫理学、宗教学といった人文学系の学問領域から、生物学、医学といった自然科学、そして社会学、経済学、教育学、心理学といった社会科学まで、かなり幅広いアプローチのしかたがある。いずれの取り組みも非常に面白く、学ぶことは多い。ただし、本書の限られた紙幅の中ですべてを取り上げることはできないので[1]、ここでは本書がべースとする〝社会的認知〟ととくに関わりの深い、2つの領域における研究取り組みを紹介しようと思う。具体的には、第4章において神経科学の観点、第5章では行動経済学の観点を取り上げる。では、それぞれどのような特徴をもつ学問なのだろうか。

神経科学（neuroscience）は、生物学の中の一領域として位置づけられる。おおまかに言うなら、脳と心の関わりを明らかにしようとする研究分野である。すなわち、人間の心の働きである知覚、思考、行動といった認知機能に関して、脳を中心とした神経系の働きから説明しようというアプローチである。その中には、1つひとつの神経細胞やその働きに関わる物質といったミクロレベルに注目した研究から、より広範囲な脳部位の活動に目を向けたものまで、さまざまな研究の取り組みが含まれる。従来の神経科学は、社会的文脈から切り離された〝純粋な認知〟（たとえば、知覚や行動制御など）に焦点をあててきた。しかし、1990年代頃より、神経科学者は社会的な関係性の中で生じる認知にも注目しはじめ、社会的認知研究でよく取り上げられるような感情、態度、推論、意思決定などといったトピックについても、精力的に研究するようになった。このトレンドを受けて、社会神経科学（social neuroscience）という領域名も最近になって創られたほどだ。[2] 第4章では、こうした神経科学の視点から、セルフコントロールについて明らかにされてきた研究成果を概説する。

---

［1］ セルフコントロールに関して、倫理学、哲学、政治学、社会学、経済学、心理学、神経科学など、多分野の研究知見を幅広く取り上げて紹介した良書として、『なぜ意志の力はあてにならないのか――自己コントロールの文化史』（アクスト、2011）がある。関心のある方はぜひこちらも参照していただきたい。

［2］ 社会的認知研究と社会神経科学の関係性やその意義についての議論は、拙著ではあるが尾崎（2010）も参照していただければ幸いである。

行動経済学（behavioral economics）とは、人間の経済行動を説明するために、心理学的な考え方を取り入れた研究領域のことである。旧来の経済学では、人間は常に合理的な判断をする存在であると考えられていた。しかし、人の実際の振る舞いを観察してみると、非合理的な現象がいろいろと起きているのがわかる。こうした観察に基づき、こうした非合理な判断や振る舞いを導くような心の仕組みを解明する試みが始まり、その動きは行動経済学と呼ばれるようになった。その成果として有名なのが、満足化原理（選択肢すべてを徹底して検討するのではなく、満足できるレベルまで検討が済んだらそこで選択を決めてしまう意思決定のしかた）や、ヒューリスティクス（思考プロセスを簡略化することで、効率的に、ある程度の正確性をもって推論する方法）などに関する研究知見である。

こうした行動経済学の取り組みのうち、セルフコントロールにとくに関係が深いのは、時間割引という現象である。これは、〝あとで〟得られるはずの大きな利益を軽視してしまい、〝今すぐ〟得られる小さな利益を追い求めてしまうという、せっかちな選択パターンと深く関係している。こうした時間割引と自制心の足りなさの関係については、第5章において解説する。また、自制心不足に陥ってしまうことを防ぐ方法については、行動経済学者が推奨するさまざまな対策の中から、いくつかアイディアを紹介したいと思う。

これらの領域（神経科学と行動経済学）における研究成果はとても興味深いものであり、また、後続のセクション（第7章〜第12章）における社会的認知モデルの説明にも各所で関わり合ってくる。これらの研究取り組みの中には、いずれの研究領域にカテゴライズすべきなのか明確に判別できないものもある。それほど、強く影響を与え合い、互いの発展に貢献してきたと言える。

また、第6章では、社会的認知（social cognition）の視点から行われた、初期のセルフコントロール研究について紹介する。そもそも、社会的認知とは、心理学の中の一領域であり、物事の捉え方（とくに、社会的状況の中にある自分自身や周りの人々、そしてその関係性などに関する理解のしかた）が、その人の考え方や感じ方、そして振る舞い方に与える影響を明らかにすることを目指している。したがって、この領域におけるセルフコントロール研究では、物事の捉え方に応じて、セルフコントロールに成功したり、失敗したりすることがあるという着眼点から、自制心の仕組みを説明する。この章で取り上げるのは、こうした研究の流れの原点として位置づけられている、ウォルター・ミシェルという心理学者が中心となって行った一連の研究である。彼らの研究手法は、マシュマロ・テストという呼び名で広く知られている。このテストでは、小さな子どもが「今すぐマシュマロを食べたい」という気持ちと、「食べずに待っていなければならない」という気持ちの間で葛藤する。このようなときに衝動的な「食べたい」という欲求を抑え、じっと我慢して待つことができれば、セルフコントロールの成功と見なされる。こうした研究の試みを通じて、子どもたちの自制に関わる心の仕組みに関して、重要な知見がたくさん得られてきた。

このように、関連領域の視点から眺めてみたり（第4章と第5章）、そもそもの〝はじまり〟となった問題意識を振り返ってみたり（第6章）することを通じて、本書の掲げる2つの問題（なぜ自制できないときがあるのか、どうすればよりよく自制できるようになるのか）にさまざまな角度から光を当てていきたい。また、本書のモデルをこれまでの研究文脈の中にきちんと位置づけるとともに、今後の議論をより理解しやすくするための知識ベースをつくることが、このセクションのねらいである。

第4章

神経科学の視点から

大脳辺縁系 vs. 前頭前皮質

「あなた偉いわね、必死で耐えてるでしょ」

「私は平気よ。どうってことないわ」

「ほんとに？　あの娘、あなたの彼氏に色目つかってたじゃない。あれは相当はりきってたわよ」

「そうかもしれないけど、どうだっていいでしょ？　今、私と彼氏の関係だって、なんだか微妙な感じだし」

「あなたの前頭前皮質はそう説得するかもしれないけど、大脳辺縁系は〝他の女も惚れるくらいイイ男〟って叫んでいるわよ」

「もちろん彼はイイ男よ！　頭はいいし、優しいし、頑張り屋だし……」

「じゃ、やっぱり気になってるってことね」

「そうね、少しは……ううん、そんなのバカみたい、気にしないわ……オーケー、やっぱり気になる。あの娘、あんなにケラケラ笑うなんておかしいじゃない？　彼ってそこまで面白くないわよ」

「ほら、言ったとおりじゃない。前頭前皮質の論理と、大脳辺縁系の欲望の対決よ！　これがボクシングなら、ヘビー級タイトルマッチってところね！」[1]

「……（沈黙）」

「あなたが神経科学者だったら、今ごろ抱腹絶倒してるはずなんだけど」

これは、『ビッグバン★セオリー』という米国のテレビドラマにおいて、エイミーとペニーという親友同士の女性たちが会話をしているシーン[2]である。エイミーは神経科学者なので、前頭前皮質や大脳辺縁系といった言葉を使いながら、「気にしてはいけない。でも、気になってしまう」という、親友ペニーの心の中の葛藤を説明しようとしている。しかし、ペニーにはこの説明がうまく伝わらなかったようで、ジョークも笑ってもらえなかった。それはある意味、当然のことなのかもしれない。な

［1］原語では"The Thrilla Adjacent to the Amig-dilla."これはボクシングの名試合として有名なモハメド・アリ対ジョー・フレージャー第3戦（通称：The Thrilla in Manila）とamigdala（扁桃体。大脳辺縁系の一部）をかけている。アメリカではかなり面白いジョークとして受け取られているようで、このセリフをTシャツにプリントしたものが販売されているほどだ。

［2］The Big Bang Theory, Season 6, Episode 3, "The Higgs Boson Observation"（２０１２年10月に初放映）より。一部のセリフは、日本語として理解しやすくなるように意訳を加えてある。

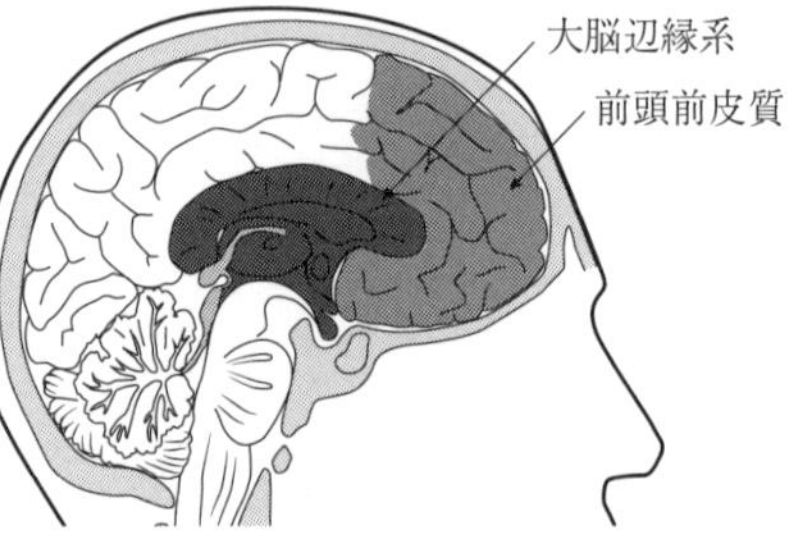

図 4-1　前頭前皮質と大脳辺縁系

ぜなら、私たちは脳の中で何か起きているかということをほとんど気にかけずに暮らしているからだ。前頭前皮質がどこにあって、どんな機能を果たしているのかをペニーが知らなかったとしても、彼女は1人の大人として立派に生きていくことができる。

しかしながら、脳は人間の心の仕組みにおいて最も重要な機能を果たす臓器であり、セルフコントロールについて語るときにも、当然ながら脳の働きを無視することはできない。そして、脳からこの問題を読み解いていくことが、私たちにとって新たな気づきや、深い理解を導いてくれる可能性がある。そこで本章では、セルフコントロールの働きについて、神経科学の視点から考えていきたい。

▼大脳辺縁系と前頭前皮質

神経科学の観点からセルフコントロールについて語るとき、絶対に外すことのできないポイントがある。それは、先のドラマの一シーンの会話にも出てきた、大脳辺縁系と前頭前皮質の関係性である。

まず、大脳辺縁系（limbic system）は、脳の奥深く、中央あたりに位置しており、図4－1の中では黒色に塗られた部分にあたる。この脳部位は、報酬や罰、快楽や苦痛などに反応し、意識的な処理を必要とせず、情動的、直感的、衝動的な反応を生み出す。すなわち、身の周りで起きていることを素早く感知し、「好き！」「嫌い！」「怖い！」「心地よい！」「気持ち悪い！」といった情動反応を引き起こし、その状況に対して機敏に対処できるようにする仕組みである。こういった仕組みは、食べ物を摂取したり、配偶者を得たり、あるいは危険から身を守ったりといった、生命を維持し、子孫を残すために必要不可欠な機能を果たしている。たとえば、おいしそうな匂いに引き寄せられてラーメン屋にふらりと入ったり、魅惑的な異性の水着姿を写したポスターに目が釘づけになってしまったり、背後で大きな爆発音がしたら考えるよりも先に身体が動いて飛び上がったりするのは、大脳辺縁系の働きがおもに関与している。

また、快楽や不快を伴う経験をすると、その刺激や状況に対する接近／回避反応を学習するという役割も果たしている。この学習機能によって、ある刺激によって快い経験をするとまた同じような刺激を強く求めようとする反応や、特定の状況で不快な経験をするとそれを恐れて避けようとする反応が生じやすくなる。これは、自制心不足のやや極端な表れともいえる、アディクション（依存症）や、恐怖症などが生じる原因ともなっている。たとえば、ギャンブルで一度大きな当たりを引き当てたとしよう。このとき、大脳辺縁系を経由する神経細胞のネットワーク（報酬系回路）[3]が活性化され、強い快楽が経験されるとともに、また同じ行動を繰り返したいと動機づけられる。この報酬系回路の働きによって、思いがけない大当たりに「やった！」と有頂天になったあとに、もう一度やってみたいという気持ちが抑えきれなくなり、それを繰り返すうちに結果的に大金をつぎ込んでしまうことにもなりかねない。

［3］ 報酬系回路（reward pathway）は、腹側被蓋野から始まり、大脳辺縁系の側坐核を通過して、前頭前皮質まで至る神経ネットワークである。

一方、前頭前皮質[4]（prefrontal cortex）は、大脳の前方に位置しており、図4－1の灰色の部分にあたる。この前頭前皮質は、脳のさまざまな部位からの情報入力を集めて複雑で高度な処理を施すことにより、論理的な思考を可能にしている。前頭前皮質の働きの1つとして、実行機能が挙げられる。実行機能[5]（executive function）とは、今ここで新たに起きている状況の知覚と、過去に学んだ知識や経験をあわせて思考や行動を制御することにより、目標に向けた活動を支える働きのことを指す。

前頭前皮質が大脳に占める割合は、哺乳類の中でも知能が高く複雑な社会を構成する動物ほど大きくなっている（図4－2：Fuster, 2002）。さらに、原猿から現代人（ホモ・サピエンス）まで進化する過程においては、群れの大きさ、すなわち社会としての規模が大きくなるのに比例して、大脳において前頭前皮質が占める相対的な大きさが増したと考えられている。小さな群れをつくって暮らしていた原猿の時代には、前頭前皮質の面積はかなり狭かった。ところがその後、比較的大規模な群れをつくるようになってから、類人猿の前頭前皮質の比率は大きくなっていき、現代人では最も大きな範囲（大脳の29％）を占める脳部位となった。

このように前頭前皮質を急激に拡大させたことによって、現代人（ホモ・サピエンス）は大きな社会の中の構成員として生きていくために必要となる、さまざまな高次の機能を駆使できるようになった。衝動や感情を抑制すること、さまざまな情報を照らし合わせたり組み合わせたりして推論を行うこと、時間的展望をもち目標を立てて計画的に行動することなどである。第3章においても述べたとおりに、集団の中で調和して生きていくためには、自分自身の欲望のままに振る舞うのではなく、他者に配慮し、社会のルールに則った〝善きメンバー〟であるように、みずからの振る舞いをコントロールすることが求められる。さらに、将来に向けた展望をもち、計画的に行動することによって、配偶者や子

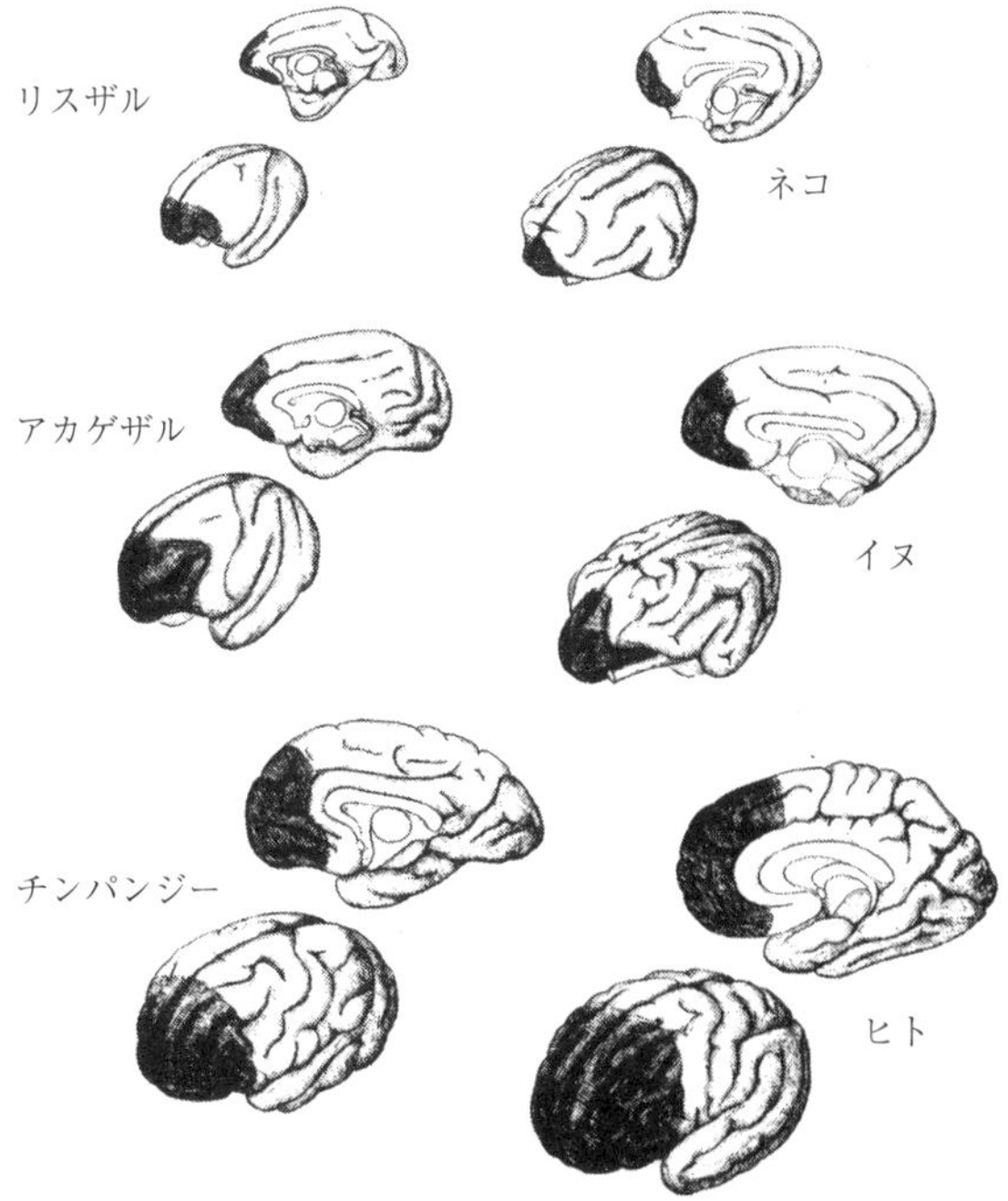

図 4-2　6 種類の哺乳類の脳における前頭前皮質

（出典） Fuster（2002）より許諾を得て掲載。

孫を含めた家族の生活を支えることができるのだ。

もう1つ指摘しておくべき点として、ヒトにおける前頭前皮質の急激な発達は、意識をもつことを可能にしたと言われる。意識がなぜ生まれたのか、どのような役割を果たしているのかという問題は非常に深遠で、研究者の間でも議論が尽きない。しかしながら、その重要な役割の1つとして挙げることができるのは、論理的な思考と推論を駆使することによって、これまでに経験したことのない新規な問題について解決できるという働きである。暮らしている社会

［4］「前頭前野」と訳すこともある。

［5］実行機能については、第11章においてよりくわしく説明する。

が大きくなればなるほど、その中で新たな出会いをするチャンスや、幅広いネットワークを築く可能性、そして他者とのトラブルが生じたりする恐れも増える。こういった、複雑な社会環境が刻々と変わりゆくなかで、そのつど、適切な対処法を見出すことができるという意味においても、前頭前皮質における意識的で論理的な思考処理が役立っているのである。

▼脳部位間の連携による高度な思考

こういった大脳辺縁系と前頭前皮質のそれぞれの働きが互いに連携することを通じて、私たち人間は〝人間らしい心〟をもって生きることができているとも言えるだろう。もう少し具体的に言うならば、以下のように表すことができる。大脳辺縁系における素早い非意識的処理によって生み出される感情、直感、衝動などは、情報として前頭前皮質に送られることによって意識に上り、論理的な思考によって吟味される。そして、複雑な社会的環境の中で適切な反応になるように調整されたうえで、言葉や振る舞いとして表出されるのである[6]。

大脳辺縁系と前頭前皮質のそれぞれの役割とその関係性を、脳機能イメージング[7]によってうまく捉えた研究（Kim et al., 2007）を紹介しよう。この実験は、20代の男女14名を対象にして行われた。彼らは、呈示された異性の顔写真2枚のうちどちらの方が好ましいと思うかを答えるという判断課題に取り組んだ。このとき、実験参加者にとって知り合いではない者の顔写真が用いられたため、好ましさを判断する手がかりは異性の見た目（容姿）のみという状況であった。

この課題に取り組んでいる間に、ｆＭＲＩという脳機能イメージング機器（章末コラム④を参照）を用いて、脳のどの部分がよく活動していたかを観測した。さらに、写真呈示のしかたに工夫をすることによって、きわめて早い段階で直感的に知覚される魅力度と、より時間をかけて思考したうえで判断する魅力度に関連する脳内の各部位の活動を、それぞれ分けて測定できるようになっていた。

具体的には、図4－3に示したような手続きで行われる。まず、異性Aの顔写真が50ミリ秒というきわめて短い時間呈示された後、1～3秒の間隔を空けて、異性Bの顔写真が同じように短時間呈示される。ちなみに、50ミリ秒という呈示時間は、脳が情報処理をするには充分な長さではあるが、本人の意識的経験としては「ちらりと顔が見えた」という程度に認識するのが精いっぱいである。A、Bの顔写真は交互に呈示され続けるが、実験参加者がどちらの顔の方が好ましいかを判断してボタンを押すと写真呈示は停止し、これで1試行分が終了となる。続いて、次の試行として別の2枚の顔写真の交互呈示が始まり、どちらが好ましいかという選択を求められる。このようにして、全部で80枚の写真、すなわち40ペアについての選択試行を繰り返した。そして、各試行において、早い段階（新たな2枚がはじめて呈示されたとき）と、遅い段階（同じ2枚が2回目以降に呈示されたとき）それぞれにおいて、脳のどの部分が活動していたかが分析された。

その結果、早い段階、すなわちはじめて2枚の顔写真を目にしたタイミングで、側坐核と呼ばれる脳部位が活動していたことがわかった（図4－4A）。興味深いことに、まだ選択を行っていないにもかかわらず、あとになって「好ましい」と選択する方の顔写真に大きく反応していたのである。側坐

［6］　非意識や意識のそれぞれの働きや両者の関わり合いについては、第7章においてくわしく説明する。

［7］　脳機能イメージングとは、生きている脳内の各部の生理学的な活動をさまざまな方法で測定し、それを画像化すること、あるいはそれに用いられる技術。脳で行われるさまざまな精神活動において、脳内の各部位がどのような機能を担っているのかを結びづける研究資料になる。

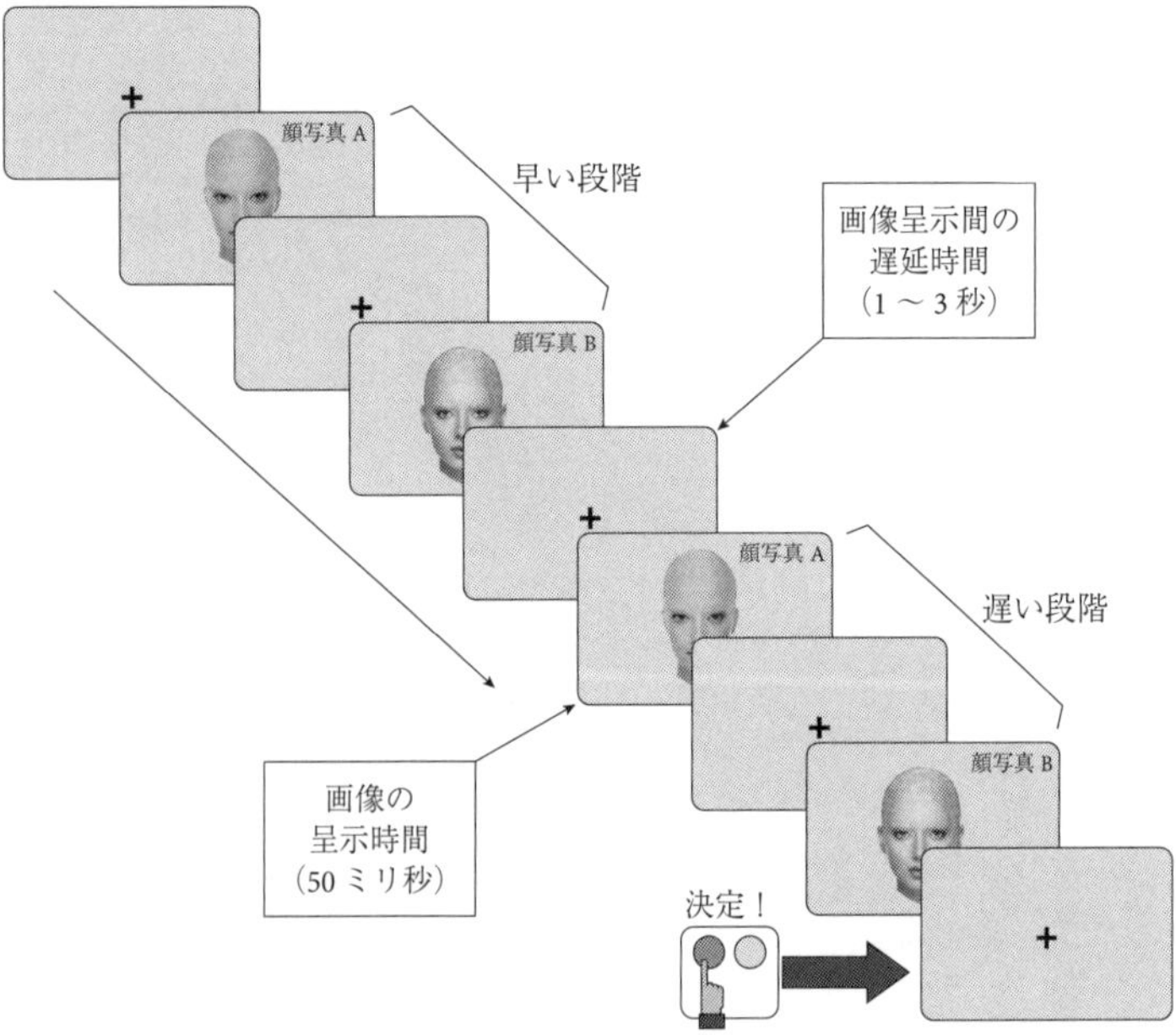

図 4-3　写真呈示と判断回答手続きの概略図

（出典）　Kim et al.（2007）より作成。

核は、大脳辺縁系の中に位置しており、報酬や快楽に関する処理回路において重要な役割を果たすと考えられている。言い換えれば、対象がどのくらい魅力的であるかを知覚するプロセスに大きく関わっている。つまり、写真を見せられたとたんに側坐核が活発に活動したということは、本人が意識的に選択する以前に、すでに非意識のうちに異性の魅力を知覚していたということになる。

一方で、遅い段階、すなわち2回目以降の写真呈示においては、側坐核の活動はすでに落ち着いており、今度は内側眼窩前頭皮質において活発な反応が見られた（図4－4B）。眼窩前頭皮質は、意思決定の基盤となるさまざまな情報（現在の感覚入力や価値知覚、過去経験、推論な

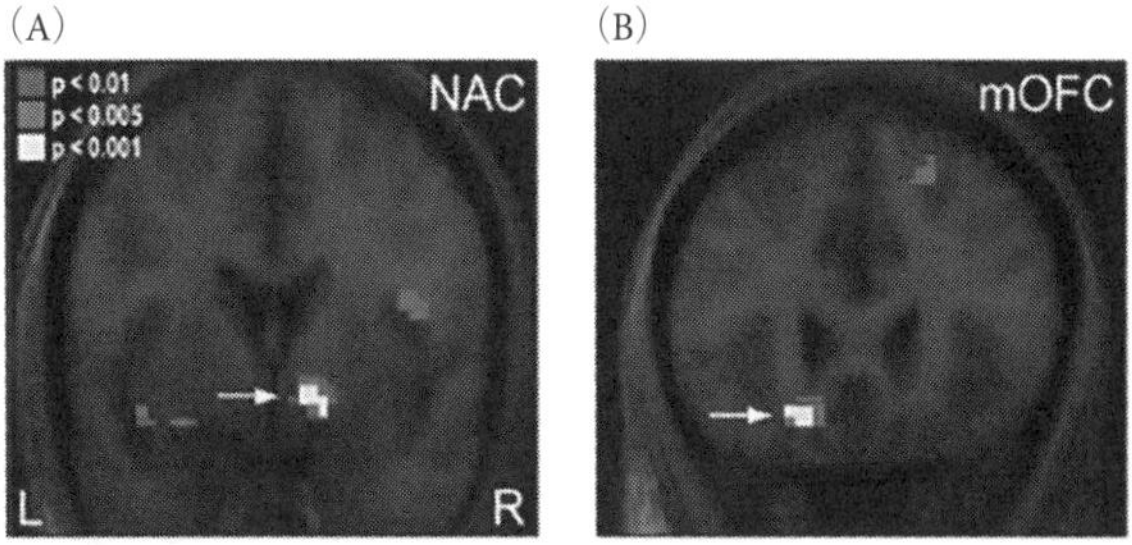

図 4-4 (A) 側坐核と (B) 内側眼窩前頭皮質の活動の様子を表す脳機能イメージング結果

(出典) Kim et al. (2007) より許諾を得て掲載。Copyright (2007) National Academy of Sciences, U.S.A.

ど)を統合する役割を果たしている。すなわち、好ましさを判断するにあたって、意識的に理由づけを行う働きである。

わかりやすく言い換えると、大脳辺縁系は、異性の顔を目にしたほぼその瞬間に、その魅力度を認識していたと言えるだろう。ペニーの言葉を借りるならば「彼はイイ男よ!」と、理屈抜きで直感的に感じ取っていたことになる。大脳辺縁系が知覚した第一印象は、その他のさまざまな情報入力とともに前頭前皮質で統合され、さまざまな理由づけを経たうえで最終的な選択がなされる。たとえば、「眉毛が太いので意志が強そう」という推論や、「お金持ちそうに見えない?」といった価値に関する認識、そして「元彼に何となく似ているわ」という過去の記憶などに基づいて、なぜ好ましいのか(あるいは好ましくないのか)について、その判断理由を論理的に組み上げようとするのである。

このように大脳辺縁系と前頭前皮質は、たいていの場合、協調的に働く。先ほど紹介した研究では、異性の顔を見たときに、大脳辺縁系が「好き!」と非意識的な選好を示すと、その情報は前頭前皮質に送られて「なぜ好きなのか」という理由づけがなされていた。あたかも、大脳辺縁系の意見を前頭前皮質が聞き入れたうえで、最終的な意思決定を行ったようなものである。

▼葛藤、そして抑制

しかしながら、時折、大脳辺縁系と前頭前皮質が1つの物事について異なる意見をもち、その間に葛藤が生じることがある。先ほど紹介したペニーの例から考えてみよう。大脳辺縁系は、彼氏のことを直感的に「イイ男」と認識し、他の女性に彼をとられたくないという衝動を熱く抱かせる。一方で、前頭前皮質は、このような状況であまり動揺したり嫉妬したりするのは社会的に不適切なことだと考えて「でも今は微妙な関係だし」「そんなに面白い人ではない」等とさまざまな理由をつけて突き放すことで、冷静さを保とうとしている。

こういった衝動抑制の機能に関わる脳の仕組みとしては、前頭前皮質の一部の領域が大脳辺縁系の各所に働きかけ、それらのニューロンの活動を低下させる回路があると考えられている（Aron, 2007）。すなわち、大脳辺縁系に端を発する不適切な振る舞いが思わず生じそうになったときには、前頭前皮質が論理的に思考する働きによってそれを意識的に抑え込んで、より適切な振る舞いになるよう調節するという関係性になっている。言い換えるならば、「○○したい」と大脳辺縁系が衝動を募らせるのに対して、前頭前皮質が「でも、そうしてはならない」と抑制をかけるというように、セルフコントロールを試みている場面であると言えよう。

このような衝動抑制の関わるセルフコントロールを実行するときの前頭前皮質の活動の様子について、ｆＭＲＩを用いて明らかにしようとした研究がある（Hare et al., 2009）。実験参加者は、実験前3時間は何も食べないようにと指示されていた。つまり、実験室に到着したときには、ある程度は空腹の（少なくとも満腹ではない）状態であった。彼らは、fMRIスキャナーの中に横たわった状態で、3種類の課題に順番に取り組んだ。いずれの課題においても、ポテトチップス、あめ、りんご、ブロッコリーなど50種類の食品の画像が1つずつ呈示され、それぞれについて判断を下すことが求められた（図4-5）。

はじめの課題（図4-5の「健康ブロック」）では、これらの50種類の食品について、どのくらい健康的だと思うかをそれぞれ5段階で評定した。1つの写真についての評定をボタン押しで回答すると、写真は消え、また数秒後に次の写真が呈示されるようになっていた。次の課題（図4-5の「おいしさブロック」）では、どのくらいおいしいと思うかを評定した。[8] このとき、おいしさについての判断は、生理的欲求や快楽／嫌悪の感覚に基づくものであり、おもに大脳辺縁系の働きに影響を受けていると考えられる。一方、健康的かについての判断は、健康を維持するという目標と照らし合わせたときの論理的思考に基づいているため、前頭前皮質の活動が大きく関与しているだろうと推察される。

最後の課題は、先ほど呈示された50種類の食品それぞれと、比較基準となる食品を比べて、いずれかを選択するというものであった（図4-5の「意思決定ブロック」）。比較基準となる食品は、健康とおいしさの両評定において「どちらともいえない」と回答された食品であった。この比較基準食品と、画面に呈示された食品を比べたときに、どちらの方を食べるかを選択するという試行を50回繰り

［8］ただし、半数の参加者については、この逆の順序（すなわち、おいしさブロックが先で、健康ブロックがあと）で回答するように設定されていた。このように、課題の順序を工夫することによって、先に回答したことがのちに回答する内容に与える影響を均等化するという方法は、心理学実験において重要な手続きであり、カウンターバランスと呼ばれている。

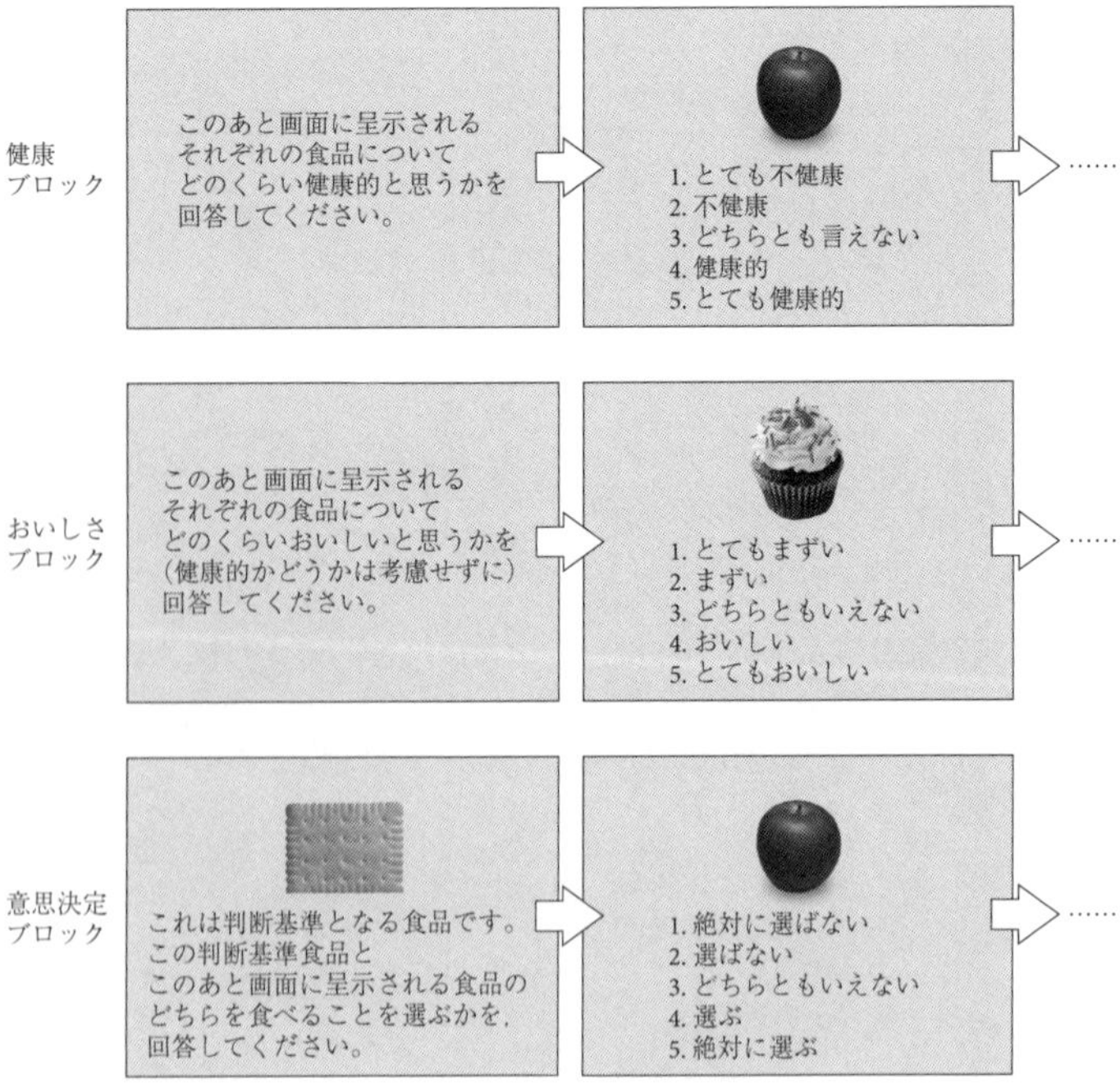

図 4-5　課題手続きの概略図

（注）　この概略図は，見やすくなるように画面内の写真や文字の配置を調整しているため，実際の課題画面における配置とは異なっている。

（出典）　Hare et al.（2009）を参考にして作成。

返した。ちなみに、選択された方の食品の中から抽選で選ばれたもの1つを、後ほど実際に食べてもらうことになっていた。どれが抽選で当たるかは、選択している最中にはまだわからないため、参加者としてはどの試行においても「本当に食べることになるかもしれない」という気持ちで臨んでいたことと思われる。この意思決定ブロックの50試行の中で、おいしさよりも健康によいことを重視して選択していた場合（つまり、味はまずいが健康的なものを、比較基準食品よりも「選ぶ／絶対に選ぶ」と回答した場合）は、セルフコントロールを実行したと見なされた（自制の成功）。逆に、おいしさの方を重視して選択した場合（つまり、おいしいが不健康なものを、比較基準食品よりも「選ぶ／絶対に選ぶ」と回答した場合）は、セルフコントロールの非実行と見なされた（自制の失敗）。

その結果、失敗した試行よりも成功した試行において、前頭前皮質背外側部がよく活動していたことがわかった。さらに、この脳部位の活動量は、前頭前皮質腹内側部の活動を調整していることも明らかになった。各部位の働きやその連携のしかたを詳細に説明するのは本書の範囲を超えてしまうため割愛するが、これを大きな枠組みから解説するならば、前頭前皮質内の複数の部位が関わり合った複雑なネットワークが構成されていることによって、セルフコントロールの実行が可能になっていると言える。

前頭前皮質がうまく機能しないとき

前頭前皮質による衝動抑制が正常に働かなくなった場合には、どうなってしまうのだろう。脳は複雑かつデリケートな器官であるため、さまざまな理由によって、その一部に機能不全が生じることがある。たとえば、外傷や手術などによって恒久的に機能が損なわれることもあれば、飲酒、薬物摂取、睡眠不足、ストレス経験などによって一時的に機能が低下することもある。そして、前頭前皮質の機能不全が生じると、セルフコントロールが著しく低下することがわかっている。

前頭前皮質の損傷例として最も有名なのは、フィネアス・ゲージ（Phineas P. Gage）という米国人男性のケースである。１８４８年、当時25歳だったゲージはバーモント州で鉄道建設の現場監督を務めていた。この工事において、岩盤に穴を開けて火薬を入れ、鉄製の長い突き棒で固めるという作業を

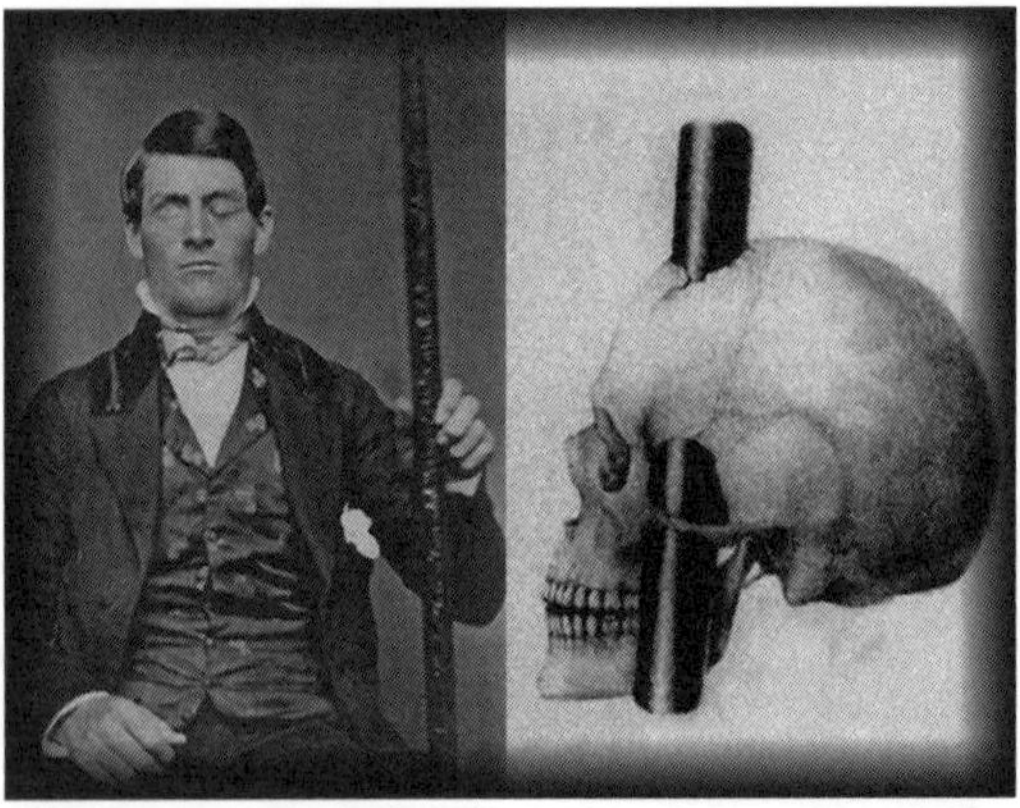

図 4-6　フィネアス・ゲージの肖像（左）と頭蓋の損傷の様子を再現した図（右）

行っていた際に、事故により火薬が暴発してしまう。長さ約1メートルの鉄棒が穴から飛び出し、ゲージの左頬から入って左目の後ろを通過し、頭頂から飛び出していった。この鉄棒は数十メートル先に落下したというから、その破壊力の大きさは凄まじいものであったろう。その場にいた誰もがゲージを即死したものと思ったが、なんとかゲージは一命をとりとめた。彼の治療にあたった医師が、当時の損傷の様子と快復していく経過を記録に残している（Harlow, 1993）。ゲージは左目と頭蓋骨の一部を失い、脳の一部に大きな損傷を負ったが、身体的な機能に大きな障害は見られず、以前とほぼ同様に日常的な動作や会話を行えるようになった。しかしながら、彼の社会的な振る舞いは大きく変わってしまった。以前は現場監督として信頼のおける人物と認められていたにもかかわらず、事故後には周りの人々に暴言を吐いたり礼儀をわきまえない行為をしたりするようになり、鉄道会社から解雇されてしまった。その後は職を転々として、36歳で亡くなるまで衝動的で無計画な生き方を続けていたという。

なぜ彼がこのように劣悪なセルフコントロールを示し、

社会的に不適切な振る舞いをするようになったのかには諸説あるが、神経科学者のアントニオ・ダマシオ（Antonio Damasio）は、前頭前皮質腹内側部を含む範囲の損傷がその原因ではないかと考えている（Damasio et al., 1996）。この脳部位は先にも述べたように、セルフコントロールを実行するための回路の一環をなしている。この部位を損傷することにより、理性的な意思決定ができなくなってしまったとダマシオらは結論づけている。

前頭前皮質の一時的な機能低下は、アルコールや薬物の摂取によっても生じることがある。お酒を飲むと人が変わったように粗暴な振る舞いをしたり、無鉄砲なことをしたりする人がいるのは、前頭前皮質による抑制機能がうまく働かなくなってしまったせいだと考えられる。すなわち、アルコールによって前頭前皮質の働きが弱められると、大脳辺縁系から生じる感情や衝動が行為に反映されやすくなるために、もし場にそぐわない言動であったとしても、そのまま表出されてしまうのである。

思春期の若者に特有の無謀な振る舞い（〝若気の至り〟と呼ばれたりもする）が生じる原因も、この年齢層において前頭前皮質の発達が未熟な段階にあるからだと考えられている。1人の人間が生まれ育つ過程において脳も大きな成長を示すが、その部位ごとに成長のスピードに違いが見られる。すなわち、神経回路の構築がいつ頃活発に行われるかが、脳内のさまざまな部位ごとに異なっているのである。図4－7に示されているとおり[9]、前頭前皮質は他の脳部位と比べると成長のピークが遅い時期にあり、その機能が完成するのは10代後半から20代前半頃と言われている（Teffer & Semendeferi, 2012）。そ

［9］　図4－7に示されているのは、神経細胞間をつなぐシナプスが多数形成された（右肩上がりのカーブ）あとに、不要な部分が剪定されて効率化される（右肩下がりのカーブ）過程である。このカーブが下がりきったところで、各部位の機能がほぼ完成したと見なすことができる。

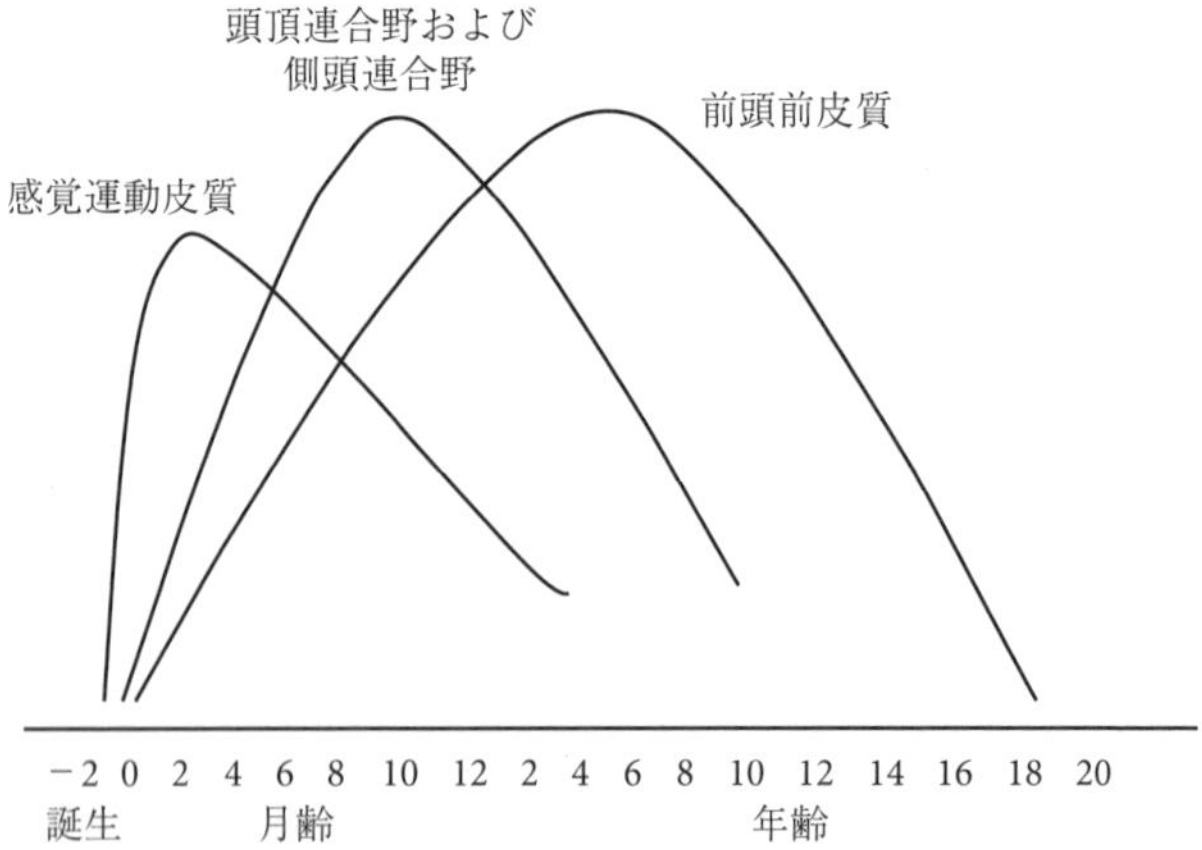

図 4-7　人間の脳の発達過程におけるシナプスの形成と剪定

（出典） Teffer & Semendeferi（2012）を一部改変。

のため、知覚や運動の能力は生後数カ月から数年以内にほぼ機能的に完成するのに対して、セルフコントロールに関わる抑制機能の発達にははるかに長い年月がかかる。たとえば、思春期の子どもたち同士がけんかをしたり、危険なことに手を出してみたり、教師や親に反抗してみたりするのはよくあることだ。しかし、こういった若者たちも、成人を迎え社会の中で働き始める頃には大きな精神的成長を見せて、責任ある大人として落ち着きのある言動を身につける。こうした〝若気の至りからの卒業〟というライフイベントも、前頭前皮質の機能がついに完成したおかげと言えるかもしれない。

▼まとめ

ここまで本章では、かなりの駆け足ではあったが、神経科学研究の視点からセルフコントロールについて考えてきた。これまでの議論について、まとめておこう。大脳辺縁系から端を発する非意識的な衝動や欲望などは、前頭前皮質においてさまざまな情報と統合され、高度な論理的思考によって処理される。このとき、不適切な衝動や欲望は抑制され、望ましい目標に沿った判断や行動になるように調整される。このような脳内の連携が成り立つことによって、望ましくない行動、判断、思考などを抑制し、より望ましい行為を優先させるというセルフコントロールを実行できるのである。

では、こうした視点に基づくならば、本書の掲げる2つの疑問について、どのような答えができるかを考えてみよう。

① なぜ自制できないことがあるのか

大脳辺縁系の働きは、状況に対して素早く機敏に対処できるように、心身の準備を整え、動機づけることである。こういった仕組みは、食べ物を摂取したり、配偶者を得たり、あるいは危険から身を守ったりといった、生命を維持し、子孫を残すために必要不可欠な機能を果たしている。こうした生存に関わる機能（まるで「生きろ！」と大声で叫び、身体中を総動員して生き延びようとするような働き）は、必然的にとても強い影響力をもつ。そのため、前頭前皮質がそういった衝動を「望ましくない」と判断し、抑制をかけようとしたとしても、充分に抑えきれない場合がある。理性的な前頭前皮質が「もうちょっと声を小さくしてください」と指令を出したとしても、生きることに必死な大脳辺縁系はそう簡単に聞き入れてくれないのだ。

また、何らかの理由によって前頭前皮質による衝動抑制の機能が低下してしまうことがある。たとえば、アルコールや薬物を摂取したときや、過度の疲労や睡眠不足のときなどである。こうした場合には、大脳辺縁系による「好き！」「嫌い！」といった情動的・衝動的な反応が、抑制や調整をあまり受けないまま表出されてしまうため、自制心不足と見なされるような言動をしかねない。

② どうすれば自制できるようになるのか

手始めに心がけるべきことは、極力、前頭前皮質の働きを妨げるような物質や状況に我が身をさらさないことだ。たとえば、お酒はほどほどに。とくに、アルコール酩酊によって自制が弱まったことにより、さらに深酒をしてしまうという悪循環に陥ることがあるので、気をつけたい。また、疲労やストレスも一時的に前頭前皮質の機能を低下させるので、疲れたと感じたなら短い休憩や気分転換をはさむなどの工夫をするとよいだろう。もちろん、夜間にしっかり睡眠をとることも重要だ。

上記をまとめるなら「節度ある健康的な生活をしよう」ということになるのだが、そんなあたりまえのことをわざわざ言わなくても……と不満を覚える方もいるかもしれない。また、そんなことは充分わかっているが、そう簡単にできるわけがない……と懐疑的に考える人もいることだろう。そもそも、これらを簡単に実行できる人なら、そもそもセルフコントロールにかなり優れていて、自制心の足りなさにあまり悩んだりしないのではないかとも思う。

そんな方のために、朗報がある。もっと積極的に、前頭前皮質の働きを〝鍛える〟こともできるという研究知見が、近年、続々と報告されているのだ。とくに注目されているのが、実行機能とそのトレーニングである。実行機能とは、（本文中でも少し触れたが）今ここで新たに起きている状況の知覚と、過去に学んだ知識や経験をあわせて思考や行動を制御することにより、目標に向けた活動を支える働きのことを指す。セルフコントロールを支える心の働きとして、非常に重要な役割を果たしていることが数々の研究により指摘されている。おもに子ども（学童期から青年期くらいまで）を対象とした訓練法が注目されているが、大人（成人期以降）にも効果があったという研究報告もある。こうした実行機能とそれを向上させるトレーニングについては、社会的認知モデルにも深く関わってくるので、その詳細はのちの第11章で重点的に述べていきたいと思う。

章末コラム④　ｆＭＲＩ

ｆＭＲＩ（functional magnetic resonance imaging：機能的磁気共鳴画像法）は、脳内の活動に関連した血流の増減の様子を画像（イメージ）として表す方法である。脳機能イメージングの中でも最新の技法の1つである。機器内に強い磁場を発生させることによって、生体を傷つけることなく、体内の構造の断面図や、血流の様子を画像化できる。心理学の実験を行うときには図4‐8のような機器（ＭＲＩ装置、もしくはＭＲＩスキャナーと呼ばれる）の中に横たわったまま入り、小さなモニター表示を見ながら手元のボタンを押して回答する。たとえば、ある課題に回答しているときに血流が増えた脳部位は、その課題遂行に関わる何らかの働きをしていることが推察できる。狭い機器内でほぼ身動きのとれない状態で実施されるため、日常的な生活のあり方とは大きくかけ離れた環境ではあるものの、人間心理と脳の働きの関係を明らかにするために強力なツールであることは間違いない。この技術を用いた研究発表数は年々増加し、大きく注目されている。

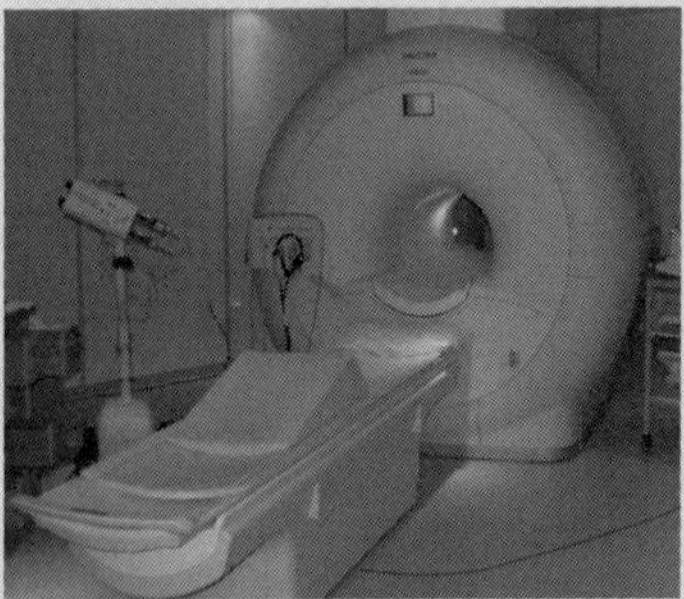

図 4-8　MRI 装置（スキャナー）

（出典）　Jan Ainali（Wikimedia Commons）。

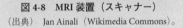

第5章

行動経済学の視点から

即時報酬 vs. 遅延報酬

セルフコントロールを求められる場面の中には、時間展望が関わるものがある。つまり〝現在〟と〝将来〟のうち、どちらを優先するかという問題だ。たとえば、目前にある娯楽のためにお金を使うか、老後のために貯蓄しておくか。今ここでおいしい食事をお腹いっぱいになるまで堪能するか、スリムな姿をキープするために腹八分目で我慢しておくか。眠いから暖かい布団にもぐりこんで寝てしまおうと考えるか、あと1時間だけ頑張ろうと心に決めて試験勉強を続行するか。こういった場面において、現在の快楽を優先した行動をしたならば、将来の幸せが損なわれてしまう恐れがある。逆に、将来の利益を確保するためには、現在の快楽を我慢しなければならない。このような時間展望の関わる葛藤状況において、現在よりも将来を優先した選択ができれば、それはセルフコントロールの成功といえる。

ここに挙げた例のように、〝今すぐ〟という現在志向的な選択肢と、〝あとで〟という将来志向的な選択肢の間で意思決定を迫られるという場面は、私たちの生活の中でしばしば発生する。明日のこと、来週のこと、来月のこと、さらには来年以降のことまで考えなければならないこともある。健康や貯金、キャリア形成、家庭構築のことを考えるなら、数十年先のことまで考慮に入れる必要が出てくる。

このように、数日どころか数年以上も先のことまで展望できるという能力は、人間に特有のものだと言われている。人間以外の動物には、〝あとで〟よいことがあるということを見越して、〝今すぐ〟手に入る快楽を我慢するという行動はほとんど観察されない。たとえば、マーモセットやタマリンといった原始的なサルの仲間は、魅力的な食べ物（ブドウ）を今すぐ2個もらうか、少し待って6個もらうかという課題において、20秒以下しか待つことができない。チンパンジーやボノボといった高度な知能をもつ類人猿においても、同様の課題において待つことのできる平均時間はたったの1〜2分である[1]（Rosati et al., 2007）。

人間は、時間展望の能力を手に入れたことによって、現在のことだけを考えるのではなく、明日のことや、さらにその先のことまで考慮に入れて、現在の振る舞い方を調整することができるようになった。とくに、現在の小さな利益をとるか、それとも将来の大きな利益をとるかという選択状況において、将来の方を優先するという合理的選択ができるようになったことは、人類の繁栄に大きく役立ってきたことだろうと推察される。なぜなら、この能力のおかげで、人間は将来を見据えた計画的な振る舞いを積み重ねることが可能になり、その結果として大きな社会を築き、文明的な発展を遂げることができたからだ。たとえば、春に種をまいて、秋に収穫できるようになるまで待つという農耕の営みも、時間展望の能力があってこそ可能なことである。

しかしながら、時間展望が関わる選択において、人間は常に合理的な判断をするとは限らない。私たちはつい、今ここにある誘惑に心惹かれて、将来のことよりも現在の快楽を優先させてしまうことがある。長期的には大きな利益を得られなくなることを理解しているにもかかわらず、すぐに手に入る小さな利益の方を選んでしまうことがあるのだ。たとえば、喫煙は将来の健康を害することを知っているのに、今ここで旨い一服を味わうためにタバコに火をつけてしまう。あるいは、引退後の生活資金を貯蓄しておくべきことを理解しているはずなのに、現在の暮らしを楽しくするための娯楽や贅沢品にお金をつかってしまう。

これらの衝動的で無計画な振る舞いは、どうして生じるのだろうか。その理由について、先の第4章では神経科学の視点から説明したが、本章では異なった方向性から——すなわち行動経済学の視点から考察を加えてみたいと思う。

行動経済学とは、「人間は必ずしも合理的に行動するとは限らず、衝動や感情に影響された非合理的な判断や振る舞いをすることがある」という心理学的な視点を取り入れた、経済学の中の一派である。この新たな視点は、「人間は合理的な判断をするものだ」という前提を置いた旧来の経済学の考え方に新風を吹き込み、大きなブレイクスルーをもたらした。その研究成果はおおいに脚光を浴び、これまでに何人もの行動経済学者がノーベル賞を受賞している。

[1] この研究では、興味深い発見として、報酬が食べ物である場合において、チンパンジーよりも人間（成人）の方が待つことのできる時間が短いという結果が報告されている（Study 2）。ただし、報酬が金銭になった場合は、人間の方がより長時間待つことができるという（Study 3）。なぜこのような結果になったのかについては議論の余地があり、決定的な解釈にはまだ至っていない。

本章では、この行動経済学の知見のうち、とくにセルフコントロールに関わりの深いところを取り上げる。すなわち、時間展望が関わる選択（〝今すぐ〟という現在志向的な選択肢と、〝あとで〟という将来志向的な選択肢の間で意思決定をすること）に関するトピックである。このトピックには、時間選好（temporal preference）という名前がつけられている。この時間選好において、将来志向的な選択肢よりも、現在志向的な選択肢の方を優先してしまうと、非合理的な判断であると見なされる。

こうした非合理的な判断をしてしまうことがあるのは、なぜなのだろう？　また、どうすればそのような非合理的な判断を防ぎ、より合理的な判断を促すことはできるのだろうか？　これらの問題に関する行動経済学の立場からの考え方や提案について、以下で解説していこうと思う。

時間選好

時間展望の関わる非合理的な選択パターンやそれに関与する要因について研究するために、行動経済学者たちは時間選好課題（temporal preference task）という実験手続きをよく使用する。

この実験手続きについて理解してもらうために、まずは、あなた自身が実験参加者になったつもりで、この時間選好課題を体験していただきたい。以下、類似した設問がいくつか続くが、それぞれが少しずつ異なる設定になっていることに注目してほしい。そして、それらの設定の違いが、あなたの選択のしかたにどのような影響を与えうるかを考えながら、回答してみてほしい。[2]

【問1】あなたは宝くじに当選し、以下のA・Bのうち、いずれかの当選金を今すぐ受け取れるという権利を得たとします。あなたなら、どちらを選びますか？

A　10000円をもらえる
B　11000円をもらえる

考えるまでもないことだろう。この選択をすることになったら、ほぼ全員が、もらえる金額の大きい方、すなわちBを選ぶはずだ。

ちなみに、この【問1】は、時間選好課題に該当しない。なぜなら、時間展望が関与していないからである。ここで、選択肢に少し手を加えて、〝時間〟という要素が絡むようになった【問2】にあらためて取り組んでいただこう。

【問2】あなたは宝くじに当選し、以下のC・Dのうち、いずれかの当選金を指定された日程で受け取れるという権利を得たとします。あなたなら、どちらを選びますか?

C　今すぐ10000円をもらえる
D　1年後に11000円をもらえる

この【問2】の設問C・Dは、金額としては【問1】の選択肢A・Bと同額なのだが、「今すぐ」か「1年後」かという時間的ズレが加えられている。ここで金額だけを見比べるならば、選ぶのは簡単だ。10000円よりも、当然ながら11000円もらえた方が嬉しい。しかし、ここに時間

[2]　これはシナリオ実験と呼ばれている研究手法であり、行動経済学や社会心理学においてよく使用される。この手法についての説明は、本章の章末コラム⑤を参照のこと。

の遅れという要素が入ることによって、話は違ってくる。1年後に11000円もらえるという喜びは、いまひとつ実感が湧きづらい。むしろ、10000円を今すぐこの手の中に握ることができると考えた方が、その喜びが大きく感じられ、魅力度の高い選択肢であるように思えてくる。こうなると、先ほどの二択と比べて、決断するのがやや難しくなることだろう。そして、全員ではないものの、ある程度の割合で、DよりもCを選択するという人も出てくることと思う。

【問1】や【問2】においては、お金をもらえるという報酬獲得場面が取り上げられていた。ただし、時間選好課題では、報酬獲得ばかりではなく、それとは逆にリスクや罰の回避を扱うこともある。すなわち、嫌なものや避けたいことを選択の対象物として、二択のうちどちらかを選ばせるという課題構成である。たとえば、以下の【問3】のようになる。

【問3】あなたはやむをえない理由で契約を解消することになり、以下のE・Fのうち、いずれかの違約金を指定された日程で支払うことになったとします。あなたなら、どちらを選びますか？

E　今すぐ10000円を支払わねばならない

F　1年後に11000円を支払わねばならない

この選択においては、いずれも基本的に嫌なことである二択のうち、いくらかは〝まし〟だと思われる方を選ぶということになる。このような設問においても、今すぐお金を失う痛みよりも、遠く離れた将来に生じる損失の方が（実際の損失額はより大きいにもかかわらず）比較的受け入れやすいように感じられることがある。そのため、一部の人々は、EではなくFの方を選好するというパターンが観察される。

DよりもCというように得られる金額の小さい方、もしくはEよりもFというように、失う金額の大きい方を選択するという判断は、一見して非合理であるように思える。時間が経っても得られる／失う金額は変化しないのだから、どれだけ遅延時間の差があろうと、利得の大きいD、もしくは損失の小さいEを選ぶのが合理的な選択であるはずだ。しかし、この選択をすることになった全員がそのように判断するわけではなく、その逆を選択する人も、ある程度の割合で存在する。また、1人の人が状況に応じて異なる選択をすることもありうる。

行動経済学が興る以前の、いわば伝統的な経済学の考え方においては「人間は合理的な行動をするものだ」という前提が置かれていたため、なぜCやFの方が好まれることがあるのかを説明できなかった。これに対して、行動経済学においては「人間は必ずしも合理的な行動をするとは限らない」という心理学的な視点が取り入れられ、時間選好課題における非合理的な選択（すなわち、今すぐもらえる小さな報酬や、後から生じる大きな損失の方を選ぶこと）が生じる原因は、時間割引にあると解釈されるようになった。

▼時間割引

時間割引について説明するにあたり、まず、主観的価値（subjective value）という概念から紹介しよう。主観的価値とは、ある人が、ある対象についてどのくらいの価値があると感じているかを意味する。当然ながら、人それぞれに感じ方は異なる。したがって、たとえ同じ対象であっても、評価する人によって、また時と場合によって、主観的価値にはさまざまな違いが生じうる。たとえば、ペットボトル1本の水は、のどが渇いたまま炎天下を歩いてきた人にとっては主観的価値が大きく感じられ、高額のお金を支払ってでも購入したいと思うだろう。しかし、とくにのどの渇きを感じていない人にとっては、主観的価値は比較的低く感じられるため、わざわざお金を支払うには値しないと考えるかもしれない。

この主観的価値に影響する要因の1つが、その対象が得られるまでの時間の長さ（遅延時間）である。すなわち、報酬を得られる時点が現在から遠くなるほど、その主観的価値が減じられていく。この現象を、時間割引（time discounting）と呼ぶ。たとえば、今のどが渇いているというときに、すぐに手に入るペットボトル1本の水は大変にありがたく、相当のお金を払ってでも手に入れる価値があると感じられるだろう。しかし、同じ量の水が3時間後に入手できると言われても、あまりありがたみは感じられないことだろう。これが3日後に入手となったら、なおさら主観的価値は下がってしまうはずだ。

この時間割引の影響によって、今すぐ得られる報酬（即時報酬：immediate rewards）と、あとから得られる報酬（遅延報酬：delayed rewards）が客観的には等価であったとしても、後者の方が主観的価値において低く感じられる。そのため、遅延報酬に対して、即時報酬と同等の主観的価値を感じるためには、遅延報酬の大きさを、即時報酬よりもいくらか割り増しておかなければならない。たとえば、「1年後にもらえる10000円」は、時間割引によって主観的価値が額面よりも低く感じられてしまう。このような場合に、即時報酬（すなわち「今すぐもらえる10000円」）とほぼ同等の主観的価値を感じさせたいのであれば、10000円にいくらかの金額を割り増して、「1年後にもらえる11000円」といった呈示をしなければならないだろう。

即時報酬と遅延報酬の主観的価値が等しくなるときの遅延分の利率を、時間割引率（time discounting rate）と呼ぶ。たとえば、ある人が時間選好課題において「今すぐもらえる１０００円」と「１年後にもらえる１１０００円」という２つの選択肢のそれぞれについて感じる主観的価値が等価なのであれば、この場合の時間割引率は年率10％ということになる。

ただし、時間割引率は、人それぞれに異なっているし、また状況に応じて変化することもある。そこで、時間割引率を測定する方法がいくつか考案されたのだが、ここではその代表的な方法として、一連の時間選好課題をセットにした測定法を紹介したい。その具体例が、図５－１に表してある。これは、私が共同研究者と行った実験において、参加者たちに実際に回答してもらった設問の一部である（Ozaki & Kaneko, under review）。

この設問のように、即時報酬の金額は固定しておき、遅延報酬の金額を少しずつ大きくしていったときに、どちらの報酬を好むかを選択させたとしよう。このような課題における選択パターンから、どのくらいの金額の遅延報酬であれば、即時報酬とほぼ等しい主観的価値として感じられるのかを明らかにできる。そして、主観的価値が等しくなったときの即時報酬と遅延報酬の値、そして遅延時間の長さに基づいて、時間割引率が算出される[3]。

時間割引率が大きい場合には、少しの遅延時間でも価値が大きく割り引かれる。図５－１の設問を例に挙げるならば、ある金額の報酬がもらえるとしても、７日間という遅延時間（即時報酬と遅延報酬それぞれの獲得時点間の時間的な差異のこと）があることによって価値が大きく減少するために、主観的

［3］　具体的な計算式（Mazur, 1987）は図５－１の脚注を参照のこと。

もらえる日程と金額について，以下の選択肢 A または B があったとします。
あなたなら，どちらを選びますか。
すべての組み合わせについてどちらかを選び，✓をつけてください。

	A を選ぶ	B を選ぶ
A：今日，8,000 円もらう ／B：7 日後に，7,900 円もらう	✓	○
A：今日，8,000 円もらう ／B：7 日後に，8,000 円もらう	✓	○
A：今日，8,000 円もらう ／B：7 日後に，8,100 円もらう	✓	○
A：今日，8,000 円もらう ／B：7 日後に，8,200 円もらう	✓	○
A：今日，8,000 円もらう ／B：7 日後に，8,300 円もらう	○	✓
A：今日，8,000 円もらう ／B：7 日後に，8,400 円もらう	○	✓
A：今日，8,000 円もらう ／B：7 日後に，8,500 円もらう	○	✓
A：今日，8,000 円もらう ／B：7 日後に，8,600 円もらう	○	✓
A：今日，8,000 円もらう ／B：7 日後に，8,700 円もらう	○	✓
A：今日，8,000 円もらう ／B：7 日後に，8,800 円もらう	○	✓
A：今日，8,000 円もらう ／B：7 日後に，8,900 円もらう	○	✓
A：今日，8,000 円もらう ／B：7 日後に，9,000 円もらう	○	✓

図 5-1　時間選好課題の例

注）A：即時報酬と B：遅延報酬の組み合わせから選択させる形式になっている。1 行目の設問は，A の価値＞ B の価値という組み合わせから始まり，この時点ではほとんどの人が A を選ぶ。ただし，A の価値は固定し，B の価値を大きくしていくと，ある時点から B の方が選ばれるようになる。この選好が切り替わった点で A と B の主観的価値が等しくなったと見なし，割引率を計算する。計算式（Mazur, 1987）は以下のとおり。

計算式：　割引率 k =（遅延報酬額 / 即時報酬額 − 1）÷ 遅延時間

たとえば，上図の場合「今日，8,000 円もらう」と「7 日後に，8,300 円もらう」が主観的に等価であると見なされ，割引率 k =（8,300/8,000 − 1）÷ 7 = 0.00536 となる。

価値として８０００円と同等、もしくはそれ以上と感じるためには、もともとの額面がかなり高額でなければ釣り合わない。したがって、この設問で上から順番にチェックをつけていくと、AからBに選択が切り替わる時点はリストの下の方、つまり、遅延報酬がかなり高額になったところである。このような場合、「すぐもらえないなら、ほとんど嬉しくない」というように、将来に得られるはずの利益の主観的価値を大きく割り引いてしまう。そのため、大きな報酬よりも、すぐ手に入る小さな即時報酬の方を選ぶという判断が生じやすくなる。したがって、時間割引率の大きな人は、将来のことをきちんと考慮せずに、目前にある誘惑に手を伸ばすという振る舞いをするだろうと予測される。

一方、割引率が小さい場合には、遅延時間があっても価値はさほど割り引かれない。図5－1の設問においては、7日間という遅延時間があっても価値の減少は低くとどまるので、主観的価値として8000円と同等（もしくはそれ以上）と感じるためには、ほんの小さな増額で充分だ。したがって、選択肢リストの早い段階で、選択がAからBに切り替わる。このような場合は、「すぐにもらえなくても、嬉しさはほとんど変わらない」というように、遅延時間が長くなっても報酬の価値がさほど減じないのが特徴である。そのため、即時報酬よりも遅延報酬の方を選ぶという選択をしやすくなる。したがって、時間割引率の小さい人ならば、目先の快楽に惑わされずに、将来のことをきちんと考慮した振る舞いができるだろうと予測される。

時間割引という現象は、金銭を獲得することに関する判断ばかりではなく、それを損失することについても観察できる。[4] さらに、金銭に関わること以外にも、主観的な価値を感じられる対象であれば、同様に時間割引が生じることがわかっている。たとえば、将来の健康状態の良し悪しや、居住地域の環境の改善・悪化といった問題についても、時間的に遠く離れたものを考えるときほど、その主観的価値が割り引かれてしまう（Hardisty & Weber, 2009）。したがって、私たちの生活のさまざまな側面における判断や行動において、時間割引が幅広い影響を及ぼしていることが想定できる。以下では、時間

［4］ ただし、損失する場合の割引率は、獲得する場合の割引率と比べて小さくなりがちである。すなわち、金銭を失うときに感じる痛みは、遅延時間が長くなっても割り引かれにくい。

割引率が大きい場合と小さい場合に、それぞれどのような行動傾向が予測できるかについて考えてみよう。

時間割引率が大きい場合には、健康状態や貯蓄、仕事上でのスキルアップや昇進など、これから先に生じうるベネフィットや幸せを充分に考慮した選択ができなくなってしまう。そして、その代わりに、今すぐに手に入る快楽として、アルコールや美食といった必ずしも健康的とは言えない食生活を好んだり、高級なブランド品や豪華旅行などのために過剰な浪費をしがちになったりする。さらに、仕事に労力や時間を割くことよりも、遊びや気晴らしを優先してしまうといったことも考えられる。また、損失の主観的価値も同様に大きく割り引いてしまうため、将来に生じうる困難や嫌なことを小さく見積もってしまう。そのため、将来の損失や危険をかえりみない行動をとってしまうことも考えられる。たとえば、数十年後に肺がんを発症するリスクがあるにもかかわらずタバコを吸ったり、将来に返済しきれないような高額の借金をしてしまったりする恐れがある。また、仕事や勉強など時間や労力をかけねばならないことに関して、時間的に先のことになるほど〝面倒くさい〟という主観的な知覚も割り引かれるために、「今やりたくないから、あとでやろう」という先延ばし傾向が生じやすくなることも予測される。

逆に、時間割引率が小さい場合には、健康や貯蓄、そしてキャリアアップなどさまざまな方面において、目の前の快楽に心揺らぐことなく、将来の利益と幸せを考慮した選択をしやすいだろうと予測される。たとえば、今すぐに買いたいものを我慢して将来のためにコツコツと貯金することや、健康維持のために暴飲暴食は避けるよう気をつけたり、早寝早起きなどのよい生活習慣を守ったりするなど、将来志向的な行動傾向が見られることだろう。あとでやることの努力量の知覚もほとんど割り引かれないので、「いつやるとしても面倒くさいのは同じなのだから今すぐやってしまおう」というように、先延ばしをせずに行動に取り掛かりやすくなると考えられる。

このような時間割引率の違いからそれぞれ予測される行動を、「せっかちで、自制できない人」と「我慢強く、自制に優れた人」と解釈することもできる。実際に、個人の時間割引率の大きさと、その人のセルフコントロールの度合いの間に関連があると主張する研究が、数多く報告されている。たとえば、国内で行われたある研究（増田、２０１２）では、大学生を対象として「レポート作成を始める予定だった日」と「実際に作成を始めた日」をそれぞれ尋ね、その差分の日数を計算することによって、先延ばしの度合いを表す指標とした。すると、この先延ばしの度合いの大きさと、別の設問によって測定しておいた時間割引率との間に、正の相関（r = .30）が見られたという。また、別の研究（畫間、２００１）では、債務問題を抱えてカウンセリングサービスを訪れた相談者と、一般有業者の時間割引率を比較したところ、前者の方が有意に大きい割引率を示したという。アメリカで行われた研究では、薬物依存者はそうでない人に比べて、そして肥満である人は標準体重の人に比べて、時間割引率が大きいことがわかった（Kirby et al., 1999; Zhang & Rashad, 2008）。また、喫煙習慣をもつ人は、そうではない人よりも、大きい時間割引率を示すことは、日米それぞれの研究者によって指摘されている（Ohmura et al., 2005; Reynolds, 2006）。これらの知見をまとめると、時間割引率の大きい人ほど、セルフコントロールに関連するさまざまな問題を抱えやすいという関連が見られるということになる。

双曲型割引と選好逆転

個人ごとの時間割引のパターンの違いや、それがもたらす影響について、もう少しくわしく見ていい

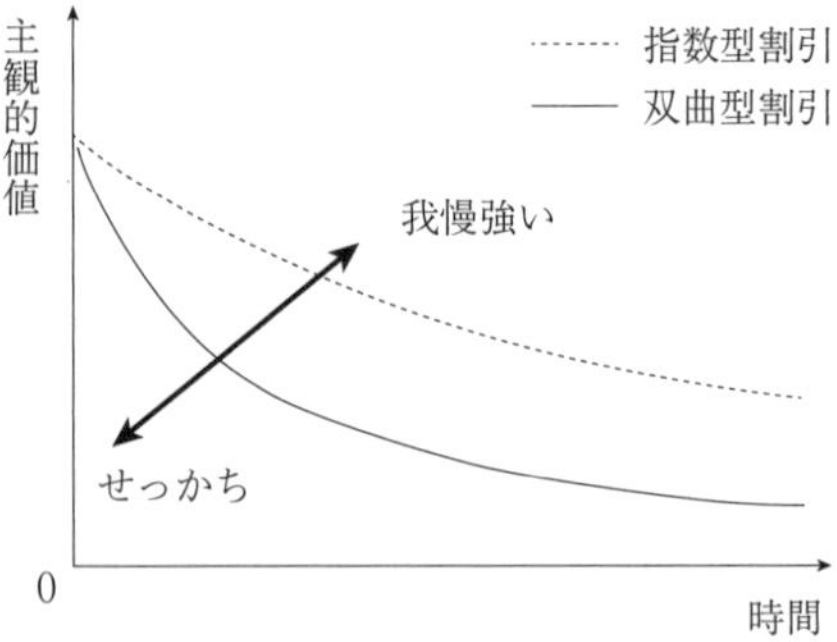

図 5-2　遅延時間に応じた主観的価値の減少

くことにしよう。図5－1のような一連の時間選好課題において時間や金額の設定を少しずつ変えながら、同じ回答者に何度も選択を繰り返してもらい、そこから明らかになった遅延時間と主観的価値の関係性をプロットしていくと、個人ごとの主観的価値の減少パターンのグラフを描くことができる。この減少パターンは直線的ではなく、図5－2に示されているとおり、現在に近いほど急激に価値が減じるが、現在から遠ざかるほどしだいに穏やかな減少になっていくという、曲線の形状になっている。

ただし、この曲線の湾曲の大きさは、個人ごとに異なっている。図5－2には、曲線が急カーブを示す場合と、比較的に湾曲が緩やかな場合がそれぞれ描かれている。時間経過の序盤あたりに割引率が大きい、すなわち急激な減少から始まる曲線で表されているパターン（実線）は、双曲型割引と呼ばれている。一方、ほぼ一貫して割引率が低く保たれている、すなわち穏やかな減少傾向を示しているパターン（破線）は、指数型割引と呼ばれる。

このうち、双曲型割引の場合には、異なる時点間の時間選好課題において興味深い判断パターンが生じやすくなることが知られている。どのような現象であるかを具体的に理解しやすくなるように、まずは課題の例を紹介しよう。

この課題は、以下のように２つの設問がセットになったものである。

【問４－１】あなたは宝くじに当選し、以下のＧ・Ｈのうち、いずれかの当選金を指定された日程で受け取れるという権利を得ました。あなたなら、どちらを選びますか？

Ｇ　今すぐ８０００円をもらえる

Ｈ　１カ月後に９０００円をもらえる

【問４－２】あなたは宝くじに当選し、以下のＩ・Ｊのうち、いずれかの当選金を指定された日程で受け取れるという権利を得ました。あなたなら、どちらを選びますか？

Ｉ　３カ月後に８０００円をもらえる

Ｊ　４カ月後に９０００円をもらえる

【問４－１】と【問４－２】は、即時報酬と遅延報酬の金額はそれぞれ８０００円と９０００円と等しく設定されており、また遅延時間の差分は１カ月という点においても同じになっている。しかしながら、２つの選択肢における報酬の獲得時点が、選択時点である現在から近い（今すぐvs. １カ月後）のか、それとも遠い（３カ月後vs. ４カ月後）のかという点においてのみ異なっている。

これらの設問に対して、【問４－１】のように現在から近い選択においては即時報酬（Ｇ）を選ぶのだが、【問４－２】のように現在から遠い選択においては遅延報酬（Ｊ）の方を好むというパターンが示されることがある。このようなパターンは、選好逆転（preference reversal）と呼ばれる。

この選好逆転が生じる理由は、双曲型割引にあると言われている。その仕組みを、図5－3を用いて説明する。まず、報酬の獲得時点と選択時点が比較的近い場合（図5－3の上部）について考えてみよう。この場合、遅延報酬（H）は大きく割り引かれて価値が減少している。この遅延報酬（H）の主観的価値の大きさは、白い矢印で表されている。一方で、即時報酬（G）は今すぐもらえるのだから価値はほぼ変わらず、その主観的価値は黒い矢印で表されている通りである。これら2つの選択肢の主観的価値、すなわち矢印同士を比べるならば、即時報酬（G）の方がより魅力的であり選択されやすいと考えられる。

ところが、獲得時点と選択時点が遠い場合（図5－3の下部）には、即時報酬と遅延報酬の主観的価値の相対的大きさが、ある時点から入れ替わる。図上では曲線2本が交差しているポイントである。このポイントを過ぎると、白い矢印の方が黒い矢印よりも大きい、すなわち遅延報酬（J）の方が即時報酬（I）[5]と比べて主観的価値が高いと感じられるようになる。結果として、遅延報酬（J）の方が選ばれやすくなるという仕組みである。

一方で、指数型割引のように価値が少しずつ穏やかに減少していくパターンの場合は、2本の曲線が交差することはない。言い換えるならば、獲得時点と選択時点が近かろうと遠かろうと、常に遅延報酬の方が即時報酬よりも大きな主観的価値を保ち続ける。したがって、選好逆転は起こらない。すなわち、指数型割引のパターンを示す人は、【問4－1】【問4－2】のいずれにおいても遅延報酬で

［5］この即時報酬（I）は「3カ月後に8000円もらえる」という選択肢のことを指すので、厳密に言うならば3カ月という遅延時間があるため「即時」ではない。ただし、2つの選択肢のうち現在に近い方という意味で「即時報酬」と呼ぶことが慣習となっているため、ここでもその呼称を用いることにした。

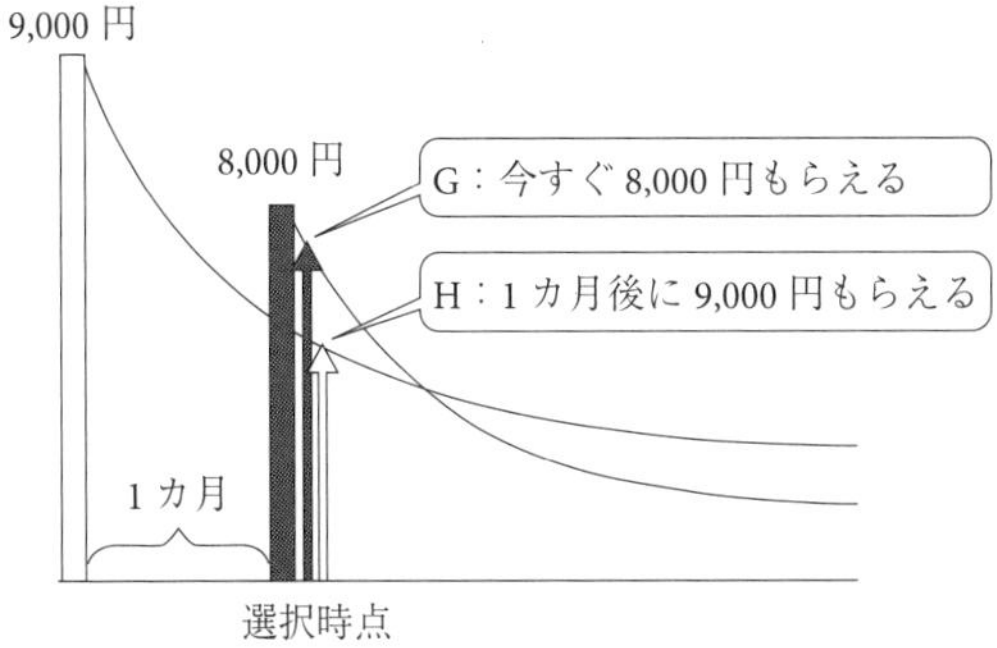

獲得時点と選択時点が近い選択では，Gの主観的価値の方が大きい。
G：今すぐ 8,000 円もらえる ＞ H：1 カ月後に 9,000 円もらえる

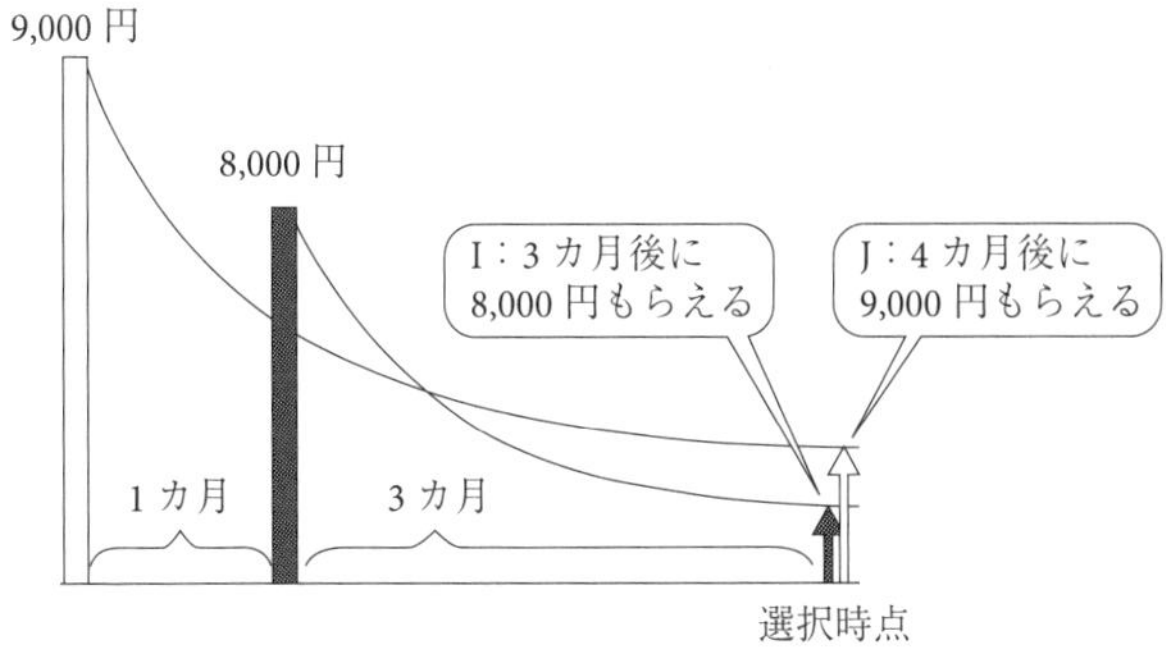

獲得時点と選択時点が遠い選択では，Jの主観的価値の方が大きい。
I：3 か月後に 8,000 円もらえる ＜ J：4 カ月後に 9,000 円もらえる

図 5-3　選好逆転の起きる仕組み

あるHやJを選びやすいだろうと予測される。

この選好逆転が原因となって、「計画倒れ」が起きやすいという問題がある。将来を考えて、時間的に遠いことについて意思決定するときには、遅いけれども大きな報酬のために、早いけれども小さな報酬を我慢するという〝将来志向的な計画〟を立てることができる。しかし、いざその計画を実行するという段になると、あとから得られるはずの大きな報酬よりも目の前の小さな報酬の方に心惹かれてしまい、計画していたこととはまったく逆の〝現在の快楽を優先した行動〟をとってしまうことがあるのだ。

将来のために貯蓄をするか、現在の楽しみのために消費するかという問題を例にとってみる。来月にボーナスが入ることを期待している時点では、「将来のための貯蓄に回そう」という計画を立てている。この計画を立てている段階では、まだ獲得時点から充分に遠いため、将来のための貯蓄（遅延報酬）という選択肢の方が、現在のための消費（即時報酬）という選択肢よりも、主観的価値が大きく感じられているからだ。ところが、実際にボーナス支給日となったときに、同じタイミングでお気に入りのブランドショップで値引きセールが始まってしまった。このように獲得時点と選択時点が直近に迫った状況においては、目前にある買い物の楽しさの魅力度はとても大きく感じられているのに対して、将来のための蓄えに対する主観的価値はまだ先のこととして割り引かれてしまっている。このような場面で、消費したいという衝動を抑えるのは、かなり難しいことだろう。そして、ついつい財布のひもを緩めてしまい、貯金するのはまた次のボーナスの機会に……と計画を先送りしてしまうことになる。

選好逆転による計画倒れの発生は、経済的な問題だけにとどまらない。たとえば、健康的な食事についての計画を例にとってみよう。すなわち、「将来の健康のために、明日から食事制限ダイエットを始めよう」という計画を立てたとする。この時点では、将来の健康（遅延報酬）の方が、明日のおいしい食事（即時報酬）よりも、大きな価値をもつものとして認識されている。にもかかわらず、実際にその翌日になってみると、主観的価値の相対的な大きさが逆転してしまう。すなわち、目前にあるおいしい食事の方が、将来の美容と健康よりもはるかに魅力的なものに感じられて、その誘惑にあらがうことができずについ食べすぎてしまう。そしてまた「ダイエットは明日から」とつぶやく……ということを何度も繰り返すことになる。

このように、双曲型割引（すなわち遅延報酬の価値を急激に割り引いてしまうこと）が、計画倒れの原因になりやすいことは、実証的なデータからも示唆されている。具体的には、双曲型割引を示す人の方が（そうでない人と比べて）、クレジットカード負債を保有する割合や負債額が大きいこと（Meier & Sprenger, 2010）、また飲酒や肥満の問題を抱えやすいこと（Richards & Hamilton, 2012）が報告されている。

▼遠い将来を〝近く〟に感じる

これまで説明してきたように、遅延報酬の獲得タイミングが〝遠い〟将来であることによって価値が割り引かれてしまい、それが非合理的な意思決定の原因となりうる。ここで、これを逆手にとって考えてみよう。もし遠い将来を〝近く〟に感じることができれば、遅延報酬の価値はさほど大きく割り引かれないのではないか？　言い換えるなら、将来までの遅延時間を主観的に短く認識させることができれば、時間割引に影響された近視眼的な選択を減らし、将来志向的な意思決定を促すことができる可能性がある。

こうした観点から行われた、ユニークな取り組みの1つを紹介したい。この研究（Hershfield et al., 2011）では、仮想現実（VR）空間の中で、自分が老人となったときの姿のアバターに対面するという経験をすることで、老後の自分自身に対して〝近い〟存在として感じさせるという操作が用いられた。このとき、大学生（20歳前後）の参加者それぞれの顔写真が撮影され、その画像に処理を施された。これによって、参加者の目から見れば、たしかに自分自身でありながら、今から約50年後の姿、つまり年齢が70歳程度に見えるアバターが作成されたのである。この将来の自分の姿を表したアバターとVR空間の中で数分間ほど向かい合うという経験をした大学生は、小さな即時報酬よりも大きな遅延報酬を好みやすくなり、また老後に向けて貯蓄しようという志向性が高まったという。つまり、将来の自分の姿を目前にすることによって、それがはるか遠い将来のことではなく、いつか必ずやってくる身近で現実的なこととして認識することが、時間選好の傾向を抑えることになったのであろうと考えられる。人間は報酬の価値を主観的に認識するばかりではなく、遅延時間も主観的に捉えていること（そして同じ50年間であっても、果てしなく遠く感じられることもあれば、手の届きそうなほどに近く感じられる場合があるということ）を活用した、興味深い実験報告であると言えよう。

この知見は、日常生活にも活用できるものだ。さすがに将来の自分の姿をしたアバターをつくり出すのはハードルが高いかもしれない。しかし、私たちは想像力を使って、将来のことをありありと思い浮かべることができる。たとえば、面倒なことを先延ばしにしてしまう悪いクセにも、想像力による対策ができるかもしれない。もしあなたが3カ月後に試験を控えているにもかかわらず、勉強をあとまわしにしたくなっているのだったら、将来のあなたがその試験に足を運び、今にも問題に取り組もうとしている姿を思い浮かべ、そのときの気持ちを想像してみるとよいだろう。より将来のためになる選択を後押ししてくれることと思う。

想像の対象となるのは、自分自身のことばかりに限らない。たとえば、30年後の日本のこと、100年後の地球のことを考えることもできるはずだ。その結果として、より大きなスケールにおいて将来のためになるような選択や、建設的な振る舞いができるようになると期待できる。

このように、想像力を駆使して、将来を〝近く〟に感じること（すなわち、遅延報酬が得られるまでの遅延時間を主観的に短く認識させること）は、時間割引による近視眼的な選択を減らし、将来志向的な振る舞いを促す推進力となりうる。

▼選択肢の構造を変える

即時報酬vs.遅延報酬という葛藤が生じることを見越して、選択肢の構造にあらかじめ手を加えておき、非合理な選択や振る舞いが起きるのを防ぐという対策法もある。この対策法にはさまざまな種類があるのだが[6]、大きく分けると、即時報酬の選択肢をなくしてしまう方法と、即時報酬や遅延報酬の主観的な価値づけを変える方法の2つにカテゴリー分けできる。

まず、即時報酬の選択肢をなくしてしまうという対策法について。とても理解しやすく、そして効果てきめんなのは、誘惑となる即時報酬を目の前から一掃し、いっさい接触を断つという方法だ。たとえば、買い置きしてあったアイスクリームをすべて捨ててしまうとか、タバコ屋の前を通る道を避

［6］　こうした行動経済学的な観点からの対策法に関心のある方は、『自滅する選択――先延ばしで後悔しないための新しい経済学』（池田、2012）や、『誘惑される意思――人はなぜ自滅的行動をするのか』（エインズリー、2006）を参照してほしい。

けて違う通勤路を使うといった例が挙げられる。あるいは、即時報酬を手に入れる手段をなくす（あるいは部分的に制限する）という方法もある。たとえば、クレジットカードの限度額を低く設定しておくことによって、「欲しい！」という衝動が起きたときに、買うすべがない状態にする。これによって、衝動的なショッピングによる無駄遣いという危険性を、あらかじめ防ぐことができる。このような予防的な方法は、先に（pre）＋約束すること（commitment）という意味を込めて、プレコミットメント（precommitment）と名づけられている。

次に、遅延報酬や即時報酬の主観的な価値づけを変えるという方法について。即時報酬の主観的価値を小さくすること、あるいは遅延報酬の主観的価値を大きくすることによって、後者を選びやすくさせるという考え方である。いわゆる〝ご褒美〟や〝罰ゲーム〟と表現すると、わかりやすいかもしれない。

〝ご褒美〟の上手な使い方は、目標を小さく分けて設定しておき、その目標を達成するごとに自分が喜びを感じられるようなシステムをつくっておくことだ。たとえば、子どもが計算ドリルに1ページ分取り組んだら、シールを1枚もらえるという仕組みをつくったとしよう。このとき、遅延報酬の主観的価値は「問題を解き終わった達成感」＋「シールをもらえる喜び」となり、こうした仕組みがなかった場合と比べると主観的価値が増えているのがわかる。

〝罰ゲーム〟も工夫を加えれば面白く活用できる。興味深い取り組みとして、募金付きモーニングコールサービスを紹介したい[7]。このサービスは「寝坊募金」と呼ばれている。3回モーニングコールをしても起床が確認できなければ、本人の預けておいたお金の中から500円分が慈善団体に寄付されるという仕組みである。寄付すること自体には嫌な気分にならないだろうが、預けたお金が減っていくという点では損失だ。「暖かい布団でゆっくり寝る」という誘惑から「寝坊すると罰金」というコストが差し引かれるので、総合すると、即時報酬の主観的価値は下がる。

〝目標を宣言する〟という方法も、即時報酬を小さく、遅延報酬を大きく感じるためのテクニックの1つである。たとえば、「ダイエットして3キロ減らします！」と周りの人に宣言したうえで減量に取り組みはじめたとしよう。その途中で出会う誘惑（間食したい、筋トレをさぼりたい）に負けてしまうと、周りの人に見咎められたら恥ずかしい思いをする。すなわち、間食やサボりといった即時報酬の追求から得られる快感の期待は、恥というネガティブな情動の予期とあわせると、総合的な主観的価値としてはかなり減ってしまう。さらに、ダイエットが成功してスリムな姿を皆の前で披露することができたなら、どんなに誇らしく思えるだろうと予想することで、目標を達成したときに得られる喜び（遅延報酬）も大きく感じられるはずだ。

ここで紹介したような対策法の多くは、のちの第10章と第12章においても取り上げ、再考する。そして、なぜこれらの対策法が効果をもたらすのかについて、社会的認知研究の観点からくわしく解説を加えたいと思う。

時間選好と脳

今すぐ得られる小さな報酬に衝動的に飛びついてしまうか、それともあとから得られる大きな利得のためにじっと我慢して待つことができるか。この問題について、本章では行動経済学の視点から時

［7］ モーニングコールセンター「寝坊募金」 https://morningcall.center/feature/donation

間選好という現象を用いて説明してきた。ただし、この行動経済学的な説明は、第4章で紹介した神経科学的な説明と食い違ったり、相容れなかったりする性質のものではない。むしろ、それらと整合的に位置づけることが可能である。

脳機能イメージング等を用いた検証により、時間選好という現象には、2つの脳内ネットワークが関与していることが明らかにされている。ある研究では、実験参加者が時間選好課題に取り組んでいる際の脳活動の様子をfMRI[8]によって測定した（McClure et al., 2004）。その結果、参加者が即時報酬を好むという選択をしたときには、大脳辺縁系の一部領域を含む脳内ネットワーク（報酬系回路）の活動が見られた。これらは、報酬の大きさを計算したり、それに対する衝動や動機づけをかきたてたりする役割を果たしている。一方、遅延報酬を選択した際には、外側前頭皮質や後頭頂葉などの脳領域のネットワークとの関連が観察された。これらは認知的制御や行動抑制と関わる領域である。

ただし、第4章でも述べたことだが、これら2つのネットワークは別個に各選択に影響を及ぼしているのではなく、いずれの選択をするときにも両ネットワークが関わり合う。たとえば、時間選好課題において即時報酬を選ぶときにも、遅延報酬を選ぶときにも、腹側線条体を中心とした大脳辺縁系のネットワークが共通して関与している。なぜなら、このネットワークが各報酬の主観的価値の大きさを感じ取ることにより、相対的に好ましい方、つまり主観的価値の大きい方を選ぶことが可能になるからである。fMRIを用いた実験研究（Kable & Glimcher, 2007）では、これらの領域の活動の強さと報酬の主観的価値の大きさとの間に関連が見られることが示された。さらに、報酬の客観的価値が大きくなるほどこれらの活動は強くなること、逆に、報酬獲得までの遅延時間が長くなるほど、活動が弱まることが観察された。これらの結果は、主観的価値の大きさを表す時間割引関数が、脳内の活動パターンによって表現されていることを意味している。つまり、行動経済学における時間選好という現象は、神経科学的にも検証可能であり、理論的にも整合性があるということがわかった[9]。

▼まとめ

セルフコントロールの問題について、本章では、時間選好という行動経済学的な視点から解釈を行った。この視点から、本書の2つの疑問についてあらためて考えてみよう。

①　なぜ自制できないことがあるのか

セルフコントロールの求められる場面の中には、より望ましいはずだがあとになって得られる利得（たとえば、健康、貯蓄、出世など）と、比較的望ましくないものの今すぐ手に入る小さな快楽（たとえば、喫煙、浪費、怠慢など）のいずれを選ぶかという、時間選好課題として捉えることが可能なものがある。もし前者のような遅延報酬を選ぶことができれば、自制に成功したと見なされる。しかし、後者のような即時報酬を選んでしまった場合には、自制の失敗ということになる。遅延報酬はより望ましいものであるにもかかわらず、それが得られるまでの遅延時間の長さに応じて主観的価値が割り引かれてしまう。すなわち、時間割引によって遅延報酬の主観的価値が減少し、即時報酬のそれを下ま

［8］　fMRIについては、第4章の章末コラム④を参照。
［9］　このように、神経科学と経済学を融合させた学問領域のことを、神経経済学（neuroeconomics）と呼ぶ。神経科学を応用することにより、人々が経済活動を行う際の意思決定の仕組みを解明する取り組みなどが進められており、近年、注目を集めている。

わってしまったときに、後者を選ぶという自制の失敗が生じる。言い換えるなら、せっかちに、今ここにある快楽に飛びつくという衝動的な行動に至ってしまう。

② どうすれば自制できるようになるのか

本章では、時間選好研究から導くことのできる自制心不足の対策法として、2つの方向性があることを説明した。1つめの方向性は、遅延時間の主観的な認識に働きかけるということ。すなわち、大きな遅延報酬が得られるはずの将来を〝近く〟に感じるということだ。もう1つは、価値構造の認識に働きかけるという方向性である。即時報酬の選択肢をなくしてしまうプレコミットメントや、遅延報酬vs.即時報酬の主観的価値づけを変えるためのご褒美や罰のシステムといったさまざまな方法がある。

章末コラム⑤　シナリオ実験と実験室実験

実験参加者に架空の場面を記述したシナリオを呈示し、このような状況においてあなただったらどのような判断や振る舞いをしますかと尋ね、推測に基づき回答してもらうという方法を、シナリオ実験（scenario experiments）と呼ぶ。第5章の本文中で【問1】から【問4】、そして図5－1に示した設問は、このシナリオ実験に該当する手続きである。行動経済学や社会心理学において、とくに意思決定に関わる研究で頻用されている。たとえば、「大災害が起きたら」「宝くじが当たったら」「友人と喧嘩をしたら」など、日常生活において観察したり、実験室内で再現したりすることがなかなか難しい環境設定であっても、文章として表せる範囲であれば幅広い状況設定が可能になるというのが、シナリオ実験の利点である。ただし、架空の状況設定であるため現実感をもちにくく、心理的に与えるインパクトが弱いという短所もある。

一方、実験室の中に操作したい環境をつくり出し、その状況を実際に経験したときに実験参加者がどのように反応するかをデータ化し、分析するのが実験室実験（laboratory experiments）である。参加者が操作された環境を実際に経験することにより、その心理に強い影響を与えることが可能である。ただし、実験室の中に日常的な環境を再現しつつ、かつ検証したい要因をきちんと操作するためには、かなりの工夫が必要となる。実験手続きには制約が多く、また倫理的な配慮も必要であるため、再現できる環境が限られてしまう。こうした特殊な環境から得られたデータに基づく研究成果を、どこまで一般化できるのかという問題も生じる。

シナリオ実験と実験室実験という2つの研究手法を併用して、1つの研究仮説を検証するという試みは、これらの手法の互いの利点を生かし、短所を補うことができるので、望ましい研究の進め方の1つであると言える。

第6章

社会的認知研究の視点から

ホットシステムvs.
クールシステム

ウォルター・ミシェル（Walter Mischel）という心理学者には、「強い好奇心とバイタリティに溢れた」という形容がよく似合う。

２０１６年2月、国際学会の栄誉賞を受けたときの彼のスピーチを聞きに行ったことがある。御年85歳だったが、コロンビア大学で教鞭をとり続けていた彼は、眼光鋭く、声には張りがあった。そして、若かりし頃に経験した研究上のさまざまなハプニング（現場調査のために訪れた中学校で、やんちゃな生徒から背広に火をつけられそうになったことなど）を懐かしむように、そして楽しそうに語る彼の表情はとても活き活きとしていて、これからも永く教壇に立ち活躍することだろうと思わせた。ところが、私が彼の訃報を目にしたのは、そのたった2年後のことだった。何とも言えない残念な気持ちになった。そして彼の成し遂げたことへの畏敬の念をあらためて強くした。

ミシェルは、セルフコントロール研究が大きな注目を集めるようになったきっかけをつくった人物である（図6－1）。彼の編み出した研究手法はとてもユニークなもので、今では「マシュマロ・テスト」という呼び名で広く知られている。ミシェルと彼の研究チームは、このマシュマロ・テストを使って自制心が人生において重要な役割を果たすことを示し、心理学領域全体に大きな影響を及ぼした。彼の名は、「20世紀中に最も多く論文が引用された心理学者１００人」のリスト（Haggbloom et al., 2002）において堂々の25位にランクインしている。彼の研究成果について世界中のメディアが特集を組み、大きく報道した。また、２０１４年に刊行された著書 *The marshmallow test: Mastering self-control*（Mischel, 2014; 邦訳『マシュマロ・テスト──成功する子・しない子』）も米国でベストセラーとなった。

図 6-1　ウォルター・ミシェル

本章では、まず、マシュマロ・テストを用いた一連の研究によって明らかにされた興味深い発見を紹介する。続いて、それらの研究結果に基づいてミシェルらが導き出した社会的認知モデル（人間の社会的振る舞いについて、入力された情報がどのように処理されて出力に至るかという情報処理プロセスによって説明するモデル）を解説する。具体的には、ホットシステムとクールシステムという2つの心理システムの関わり合いを想定し、また注意や焦点化に関する認知的方略を取り入れるといったことを通じて、セルフコントロールの心の仕組みを説明するというものである。彼らの取り組みは、社会的認知の観点から行われたセルフコントロール研究の先駆けであり、本書の考え方のベースとなる枠組みを提供するものなので、ここで丁寧に説明しておきたいと思う。

▼満足遅延課題

4歳ほどになる子どもが、実験者である大人に連れられて、机と椅子が置かれた小部屋にやってくる。実験者は、しばらく子どもと遊んで室内に慣れさせ、充分にリラックスさせたあとに、子どもに椅子に座るように促す。そして、机の上に、押しボタン式のベルと、マシュマロが1つ載せられた皿を置く。「私は今からしばらくの間、この部屋を離れますよ。ここにマシュマロが1個ありますね。私が戻ってくるまで、このマシュマロを食べずに待っていることができれば、もう1つ足してマシュマロ2個をあなたにあげましょう。でも、私が戻ってくる前にマシュマロを食べたくなったときには、このベルを鳴らしてください。そうすれば、すぐに私は戻ってきて、あなたはマシュマロを食べることができます。でもその場合、もらえるマシュマロは1個だけですよ」。そう実験者は説明して、子どもが理解したことを確認してから、部屋を離れる。そして、部屋に隠されたカメラ（もしくはマジックミラー）を通じて、1人残された子どもの様子を観察するのである。ちなみに、子どもが途中でベルを鳴らさないかぎり、実験者は15分経たないと部屋に戻ってこない。その間ずっと、子どもはマシュマロを今すぐ食べたい気持ちと、食べずに我慢してもう1つもらいたい気持ちとの間で揺れ動きながら、どうにか自制を働かせようと苦心することになる。[1] 3歳～5歳の未入学児の場合、実験者が戻ってくるまで我慢強く待つことができる子どもはむしろ少数派であり、待ちきれずにベルを鳴らしてしまう子どももかなり多い。

これが、ミシェルらの編み出した満足遅延（delay of gratification）課題の手続き概要である（e.g., Mischel et al., 1989）。あとでマシュマロ2個を得るという目標のために、子どもたちが食べたいという欲望の充足を遅らせることができる時間の長さを計測し、また葛藤を経験しそれに対処しようとする様子を観察するというものだ。ベルを押さずに待っていた時間が長いほど、欲望を抑えてより望ましい反応を優先できた、すなわちセルフコントロールを実行できたことになる。

後日、メディアがこの満足遅延課題とその研究成果を取り上げたときには、「マシュマロ・テスト」（marshmallow test）という、より親しみやすい名称がつけられた。ただし、いつもマシュマロが用いられたわけではない。子どもは事前に自分の好きなお菓子を選択できるようになっていたので、クッキーやプレッツェルが選ばれることもあった。

すでにお気づきの方もいることと思うが、今すぐ手に入る小さな報酬（即時報酬）と、あとで得られるより大きな報酬（遅延報酬）という2つの選択肢から1つを選ぶという点で、第5章で説明した時間選好課題と同じ構造になっている。ただし、マシュマロ・テストの方が、より〝リアル〟な場面設定になっている。なぜなら、時間選好課題では架空のシナリオ上で、文字情報として表記された即時報酬と遅延報酬のいずれかを選ぶだけであることが多いのに対して、マシュマロ・テストでは実際の誘惑物（マシュマロ）が目の前にある状態で、「食べたい！」と沸き上がる欲望や手を伸ばしそうになる衝動に抗い続けなければいけないからだ。こうした点で、ミシェルらの用いた満足遅延課題は、日常生活の中で自制心の発揮が求められる場面によく近似していると言えるだろう。

▼注意に関する方略

この満足遅延課題において、マシュマロを食べたいという欲望を抑えようとする子どもたちの様子

---

［1］この課題取り組みの様子を再現した動画をインターネット上で閲覧することができる。https://vimeo.com/13390367

図6-2　マシュマロ・テストに取り組む子どもの様子（再現イメージ）
（出典）　© Steven Sanders / Alamy Stock Photo

を観察することを通じて、自制するためのさまざまな試みが見出された。ある子どもは、両手で目をふさいだり、そっぽを向いて歌を歌い出したりして、魅惑的な対象からできるかぎり意識を逸らしつづけようとした。また別の子どもは、マシュマロの匂いをかいでみたり、口に含むまねをしながらその柔らかく甘い風味を楽しむふりをしたりして、頭の中でその感覚を堪能しようとした（図6－2）。

前者のように注意を逸らす方略を使った子どもたちと、後者のように感覚を楽しませる方略を用いた子どもたちを比較したところ、前者の方が長い時間待ち続けることができたという。こうした観察結果に基づき、ミシェルたちは新たな実験を計画した。すなわち、魅惑的な報酬に対する注意の向け方の違いが、待っていられる時間の長さにどのような影響を与えるかを検証したのである。

まず、物理的な存在の有無によって、魅惑的な報酬への注意を操作する実験が行われた（Mischel & Ebbesen, 1970）。待っている間、子どもの前にクッキー（もしくはプレッツェル）を置いたままにする条件と、その場に置かない（すなわち子どもの目に触れない）ようにする条件を比較したのである[2]。その

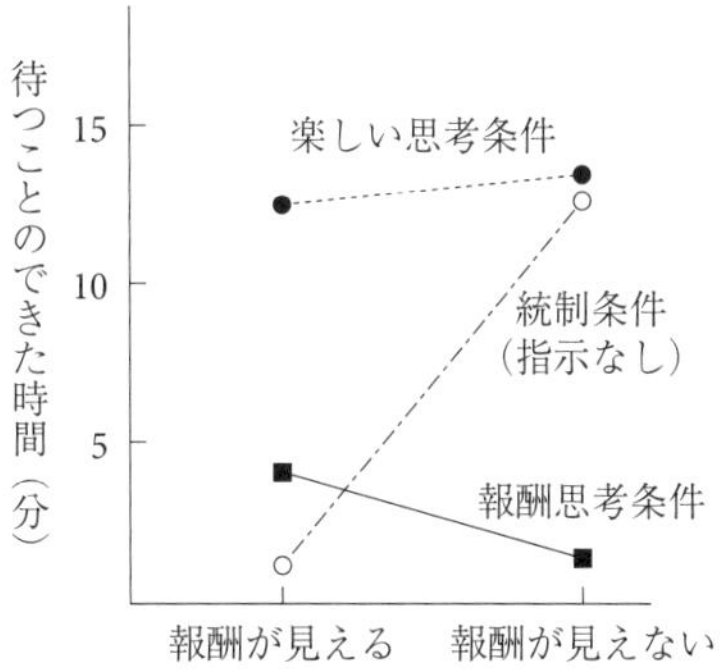

図6-3　マシュマロ・テストの各条件下における平均待ち時間

（出典）　Mischel et al.（1972）より作成。

結果、魅惑的な報酬に注意を向け続けることになった前者は平均4・9分間しか待てなかったが、報酬が目の前に存在していなかった後者は平均11・3分間も待つことができたという。すなわち、物理的な存在に対して注意を向けていなければ、衝動に負けずに待っていられる時間が長くなることがわかった。

別の実験では、注意の向け方について子どもたちに指示を与えるという操作が行われた（Mischel et al., 1972）。このとき、報酬が隠されているか、見える状態になっているかという2種類の状況の違いと、注意の向け方についての3パターンの指示をかけ合わせて、2×3＝6つの条件が設けられていた（図6－3）。「楽しいことを考えましょう」という指示を与えられた条件の子どもたち（楽しい思考条件）は、それぞれが何か〝楽しいこと〟を考えついた。たとえば、母親とすべり台

［2］　実際には4つの条件があった。遅延報酬と即時報酬の両方が見える条件、遅延報酬のみ見える条件、即時報酬のみ見える条件、いずれも見えない条件である。本文中では比較をわかりやすくするために、遅延報酬のみ見える条件といずれも見えない条件のみの結果を紹介した。

で遊んだことを思い出したり、空想の中でフラミンゴの背中に乗って空を飛びまわったり、鼻をほじって出てきたものが何の形に似ているかを考えてみたりしたのである。こういった楽しいことに夢中になり、結果として報酬から注意が逸らされた子どもたちは、その報酬が目の前にあろうと隠されていようと関係なく平均10分間以上も待つことができた。これは、とくに思考内容について指示されなかった場合（統制条件）に、報酬がその場になかった（すなわち物理的存在に注意を向けることのなかった）状況内で待つことのできた時間とほぼ同じであった。一方、「もらえるお菓子について考えましょう」という指示を与えられた場合（報酬思考条件）においては、報酬の見える・見えないにかかわらず、平均待ち時間は5分に満たなかった。この結果は、思考内容について指示されず、かつ報酬が目の前に見える状態であったときとほぼ差異のない待ち時間であった。

これらの結果から、報酬から注意を逸らす方略をとることによって、報酬に注意を向けたりそれについて考えたりした場合よりも、待ち時間が大幅に長くなることがわかった。つまり、注意のコントロールが自制の成否に関わる要因の1つであることが明らかになったのである。

▼焦点化に関する方略

注意を逸らすことだけが唯一の有効な方略というわけではない。他にも待ち時間を延ばす方法があるということに、ミシェルらは気がついた。彼らは、報酬（すなわち、魅力的なお菓子）に注意を向け、それについて考えていたにもかかわらず、実験者が戻ってくるまで我慢強く待っていることのできた子どもたちがいたことに注目した。こういった子どもたちにインタビューし、満足遅延課題に取り組んでいる最中にどのようなことを考えていたかを尋ねて丁寧に聞き取っていったところ、彼らの思考には共通点があることがわかった。それは、報酬を魅力的にしている特徴、すなわち、おいしそうという感覚や、食べたいという衝動をもたらす要素を、対象から切り離すという思考パターンであった。たとえば、ある子どもは「これはプレッツェルじゃなくて、木の枝だから食べられないと思うことにしたんだよ」と回答した。また他の子どもはマシュマロを目の前にして「雲のかたまりだから、口に入れても何の味もしない」と考えていたという。

この思考パターンの違いがもたらす効果について、実験が行われた（Mischel & Baker, 1975）。この実験では、マシュマロを報酬として欲しがっている子どもたちに対して、以下のうちいずれかの指示が実験者から与えられた。「このマシュマロを食べたらどんなに甘くて柔らかいか考えてみて。マシュマロを見たら、口の中でとろけておいしく感じられることを想像しましょう」といった指示内容か、もしくは「このマシュマロがどんなに白くて丸いか考えてみて。まるでお月様みたい。マシュマロを見たら、お月様のことを想像しましょう」という指示内容である。

前者の指示にあるように、報酬のもつ特徴のうち、欲望や衝動を引き起こす具体的で感覚的な要素に注目することを、ミシェルらはホットな焦点化（hot focus）と呼んだ。一方、後者の指示のように、欲望・衝動を喚起しにくい無機質で抽象的な特徴に目を向ける思考については、クールな焦点化（cool focus）と表現した。つまり、〝熱く〟欲望や衝動を引き起こす思考と、〝冷たく〟欲望や衝動を抑える思考を対比して表現したのである。

この実験の結果、報酬に対してホットな焦点化をした場合には、平均5・6分しか待つことができなかった。一方、クールな焦点化をした場合には平均13・5分と、待っていられる時間が大幅に長くなった。

つまり、同じように報酬に注意を向けていたとしても、その対象についての認知的解釈（つまり、どう捉えるか）に応じて、セルフコントロールの実行しやすさに大きな違いが生じることがわかった。欲望を刺激するような具体的特徴に注目するホットな焦点化は、自制の失敗につながりやすい。一方、欲望を喚起させにくい抽象的特徴に目を向ける、すなわちクールな焦点化をすることで、自制を働かせ、衝動を抑えることが容易にできるようになる。

▼ホットシステムvs.クールシステム

ミシェルらはこれらの観察や実験の成果を総合的に考察し、セルフコントロールを実行するときの思考と行動のあり方について、ホットシステムとクールシステムの関係性によって説明できると結論づけた。ホットシステム（hot system）は、第4章で述べた大脳辺縁系の働きと大きく関連している。つまり、環境の中で生き延び、子孫を残していくために必要不可欠な反応を生み出すシステム（心の仕組み）である。その機能は、身の周りの状況に対して快楽や苦痛・恐れといった情動を引き起こし、素早く反応することを可能にしている。このホットシステムは、マシュマロを認識したとたんに「食べたい！　おいしい！　幸せ！」という欲望や情動を喚起させ、それを欲しがるように強く動機づける。そして「手を伸ばしてつかみ、口に放り込んで飲み込む」という衝動的な行動実行を促す。一連の情報処理過程はたいてい自動的で、意識を介さずに進行することもよくある。

身の周りの物事のホットな特徴（具体的で感覚的な要素）に注目することによって、このホットシステムが強く活性化し、それに対して今すぐ行動を起こしたいという衝動を募らせる。アイスクリームが舌の上でとろけたときに口いっぱいに広がる甘さ。アルコールをのどに流し込んだときに身体にしみわたっていくような陶酔。自分の思うとおりに物事が進まなかったときの焦りと、その障害をもたらした（と思われる）人物に対する憤慨。こういった情動喚起的な刺激に対してホットシステムが自動的かつ即時に反応してしまうために、不適切な反応を止められないことがある。ダイエットをしているにもかかわらず、山盛りのアイスクリームをせっせと口に運んでしまう。お酒は控えると宣言したばかりなのに、1杯目で気分をよくして、もう1杯くらいなら……とグラスを重ねていくうちに、いつの間にか深酒してしまっている。職場での態度を見直さねばと思っていたのに、ミスを報告する部下に対して怒りを抑えきれずに頭ごなしにどなってしまう。

一方、クールシステム（cool system）は、前頭前皮質の機能とほぼ対応している。すなわち、複雑な情報をよく吟味して、思慮深く意思決定することを可能にする働きである。これまでに経験したことのないような新奇な状況や、絶え間なく変化していく複雑な状況に対しても、臨機応変に、そして創造的に解決法を見出していくことができる。また、時間的に離れたこと、つまり将来のことを見据えて計画的に振る舞いを調整するために、クールシステムは（必要であれば）ホットシステムが生み出す衝動的な反応を抑える役割も果たす。そのために、さまざまな方略が用いられる。たとえば、アイスクリームが目に入らないように冷凍庫の奥深くにしまったり、飲み会の場には顔を出さないようにしたりすることで、誘惑的な対象が注意の中に入ってこないようにコントロールする。あるいは、物事のクールな特徴（抽象的・本質的な要素や、判断に役立つ情報）に注意を向けることもある。たとえば、部下のミスに対して「自分の指示がよく伝わらなかったのが原因かもしれない」と考えることや、「この機会にきちんと問題を明らかにして対処しよう」という捉え方をすることが、物事に対するクールな認識をもたらし、論理的で将来志向的な反応を可能にする。ここで挙げたさまざまな方略は、本書の後半の議論にも各所で関わってくるため、第8章から第11章の中で再び取り上げ、くわしく説明する。

ホットシステムとクールシステムは緊密に連携し、互いに影響を与え合っている。一方が活発に働いているときには、もう片方の働きが弱められるという関係性にある。人間が生まれてからしばらくの間、つまり乳幼児期にある子どもたちの場合は、その振る舞いの大半をホットシステムが支配している。はいはいを覚えた頃の10カ月児は、母親の存在を求めてひたすらあとを追うし、興味をもったものにはすぐさま手を伸ばす（そして口に入れる）、そして不快なときは全力で泣きわめく。クールシステムは比較的ゆっくりと、20代前半くらいまでかけて徐々に発達する（このような時間をかけた機能発達の様子は、第4章で述べた前頭前皮質の発達と対応している）。マシュマロ・テストに参加した4歳程度の子どもたちは、まだまだクールシステムが充分に発達していない段階にある。そのため、自制を働かせようと試みるものの、たいていの場合、実験者が戻ってくる前にベルを鳴らしてしまうか、目の前のマシュマロをかじり始めてしまう。しかし、9歳、12歳と年齢が上がるにつれて、注意をコントロールする効果的な方略（たとえば、マシュマロを見ないようにする、他の楽しいことを考えるなど）を意図的に選択できるようになり、もっと長い時間待ち続けることが可能になる（Mischel & Mischel, 1987）。

その後、子どもたちはどうなったか

マシュマロ・テストは、１９６０年代当時、ミシェルが勤めていたスタンフォード大学内にある保育園において、そこに通う子どもたちを対象に実施されたのが始まりだった。ミシェルの3人の娘た

ちもその保育園に通っていたという。後日になってミシェルは、すでにティーンエイジャーとなっていた娘たちとの何気ない日常会話を通じて、保育園児たちのその後の様子を耳にすることがあった。そして、幼少期の子どもたちがマシュマロ・テストにおいてどれだけ長く待つことができたかと、青年期以降の彼らが学業や社会生活においてどのくらい成功しているかとの間に関連が見られるかもしれないということに気がついたのである。

そこでミシェルらは、これらの子どもたちの親や教師に連絡をとり、彼らが今どのように暮らしているかを追跡調査することにした（Mischel et al., 1988）。1968年から1974年までにスタンフォード大学の保育園でマシュマロ・テストに取り組んだ子どもたちは合計653名に上ったが、約10年後、このうち95名分の親と連絡をとり、彼らの現況を知らせてもらうことができた。このとき、親に回答してもらった質問票には、学校や家庭における子どもの振る舞い方や成果について尋ねる設問が含まれていた。たとえば「同年代の子どもたちと比べたときに、あなたのお子さんの学業成績はどのくらい優れていると思いますか？」という設問に対し、「1：同年代の子どもより劣っている」から「7：同年代の子どもよりも優れている」までの7段階で評定するといった形式である。

その結果、マシュマロ・テストで長く待つことのできた子どもたちは、待てなかった子どもたちと比べて、さまざまな面で優れた自制を示し、学業面でも社会面においても適切な振る舞いができていることがわかった。すなわち、未就学児のときに待つことのできた時間の長さは、高校生になったときの学業成績についての親による評定と $r = .24$ の相関[3]が見られた。社会的能力（友達や仲間との関係

[3] 相関については第3章の章末コラム③を参照。

性においてどのくらい適切に振る舞えるか）の評定とは r ＝ .35 の相関があり、そして問題対処能力（何か重要な問題が発生したときにどのくらいうまく対処できるか）の評定とは r ＝ .23 と、いずれも統計的に有意な関連が示された。

親からの評価よりも客観的な指標として、大学進学適性試験（ＳＡＴ）における点数と、マシュマロ・テストにおける待ち時間の長さの関連を分析した研究もある（Shoda et al., 1990）。その結果、読解力や数学とはそれぞれ r ＝ .42 と r ＝ .57 という正相関が示された。

彼らが成人期の頃（20代後半から30歳程度まで）にも再び連絡をとり、今度は本人による自己申告を求めた（Ayduk et al., 2000; Schlam et al., 2013）。すると、保育園児の頃に長く待つことのできた人ほど、教育水準が高かった。また、個人的な長期目標をきちんと設定し、それを達成することができていた。さらに、健康に関わる問題も少なかった――すなわち、肥満指数が低く、薬物を乱用していなかった。

中年期（40代半ば）には、ｆＭＲＩ[4]を用いて、彼らの脳活動の様子を画像化する試みがなされた。マシュマロ・テスト以来一貫して優れたセルフコントロールを示してきた人々と、そうではなかった人々との間で、反応抑制を求められる認知課題[5]に取り組んでいるときの脳機能画像を比較し、両者に違いが見られるかを検討したのである（Casey et al., 2011）。その結果、情動を喚起するようなホットな刺激に対する反応を抑制しようとするときに、顕著な違いが見られた。すなわち、40年前にマシュマロ・テストで待つことのできた時間の長かった人においては、前頭前皮質の反応が明確に表れた。一方、待ち時間の短かった人は、ホットな刺激に対して線条体（大脳辺縁系の一部。欲求や快楽経験に関連する）が大きく反応し、それによって反応抑制が困難になっているというパターンが示された。つまり、幼少期から自制を苦手としてきた人々においては、情動喚起的な対象を認識するとホットシステムが活性化して、思わず衝動的に反応してしまうというプロセスが働いていることを、脳活動のレベルで明らかにしたと言えるだろう。

ただし、近年になって、子どもの頃のマシュマロ・テスト成績がその後の人生を予測する力について疑義を投げかけるような論文が発表された。そもそも、先に述べたとおり、ミシェルらが研究対象としたのはスタンフォード大学の保育園に通う子どもたちであった。このようなサンプルは、経済的状況や親の学歴などにおいて一般的な家庭環境を代表しているとは言い難い。また、１００名以下というごく限られた数の参加者をデータ分析の対象としていたという、サンプルサイズの制約もあった。こうした問題を鑑みると、その結果をどのくらい一般化できるのか――つまり、アメリカ国民全般にも（もっと範囲を広げるならば人類全般にも）あてはめることが可能なのかという疑問が生じたのである。そこで大規模な追試が行われた（Watts et al., 2018）。ミシェルとその共同研究者たちの用いた手続き（Shoda et al., 1990）をほぼ踏襲しつつ、変数測定などに多少の改善を加え、全米各地の幅広い家庭環境で育った子どもたち９１８名を対象としてデータ収集を行ったのである。その結果、幼少期の家

［4］ fＭＲＩについては第4章の章末コラム④を参照。

［5］ このとき用いられたのは、Go/No-go 課題であった。画面に表示される顔写真に対して、ターゲットの性別（たとえば男性）なら Go 反応としてボタンを押し、非ターゲットの性別（たとえば女性）なら No-go 反応としてボタンを押さないという課題である。ターゲット刺激の方が高頻度で呈示されるため、Go 反応（ボタンを押す）が優勢となりやすく、非ターゲット刺激に対して正しく No-go 反応する（ボタン押しを抑制する）ことが困難になるようにデザインされている。この実験においては Go/No-go 課題に2パターンが用意されていた。すなわち、クールな刺激（無表情写真）を用いた課題と、ホットな刺激（喜び／恐れの情動表出のある写真）を用いた課題であった。

庭環境に関する要因の影響を統計的に取り除くと、54か月児のマシュマロ・テストの待ち時間と、その子どもの15歳時点での学業成績や問題行動との関連は、ほとんど見られなくなったという。したがって、子どもの頃のマシュマロ・テストの成績と大人になってからの成功との関連を示す研究結果については、慎重な解釈が必要だ。すなわち、マシュマロ・テストで測定された幼少期のセルフコントロールの優劣が青年期の学業や社会適応に影響しているという関連性は、見せかけの相関[6]にすぎない可能性を考慮しなければならない。そして、実際には、幼い頃の家庭環境（経済状況や親子の関わり合い方など）の方が、後年の成功に対して大きな影響力をもっていたことが考えられる。

パーソナリティについての考察

このような見せかけの相関である可能性が指摘されているものの、ミシェルと彼の共同研究者たちが行った一連の追跡研究の結果を見ると、子どもの頃にマシュマロ・テストで「待てなかった」こと——すなわち幼少期の自制心の低さはその後の長い人生にわたって常にずっと変わることなく、あたかも烙印のように一生つきまとうもののように思えるかもしれない。あるいは逆に、マシュマロ・テストで「待てた」ことが、その後の人生の成功を約束するもののように捉える人もいるかもしれない。少なくとも、当時のメディアはそのように解釈して大々的に報道したことにより、彼らの研究成果は一躍有名になった。

しかし、そういった考え方に対して、ミシェルは異を唱えている。彼の考えでは、セルフコントロールの優劣の個人差とは、普遍的に（いつでも）、もしくは永続的に（ずっと）続くものではない。保育園でマシュマロ・テストを受けた子どもたちを何十年にもわたって追跡調査した成果は、幼少期のテスト成績、つまり待つことのできた時間の長さが、彼らのその後の人生の〝一部〟を説明できることを表しているにすぎない。けっして、その〝すべて〟を予測するわけではないのである。

また、マシュマロを欲しがる気持ちを我慢できた子どもが、他のいかなる場面においても優れたセルフコントロールを示すとは限らない。そして、大人になって異なる種類の誘惑にさらされたときに、そのすべてに対して自制心をもって接することができるわけではない。たとえば、政界のトップまで登りつめた政治家が、愛人や収賄の事実などが発覚してあっけなく失脚してしまうことがある。彼らは、政治という分野においては人並ならない忍耐と用意周到さをもって突き進んできたのだろうが、お金や異性の魅力に対する自制はいまひとつだったのかもしれない。つまり、ある場面でセルフコントロールを実行することが得意であったとしても、また別の場面においてはまったく自制が利かないということがありうる。

セルフコントロールと関連の深いパーソナリティ特性[7]である、几帳面さについて考えてみよう。そして、身近な例として、私の家族を取り上げて説明したいと思う。

私の娘は今、小学校4年生だ。彼女の自室にはたくさんのぬいぐるみや本がゴチャゴチャに積み上げられている。「片づけなさいよ」と声をかけたとしても「はぁい」と気の抜けた生返事がかえってくるだけで、いつまで経っても整頓される様子はない。読書やテレビに夢中になって、部屋の整理などはそっちのけなのだ。しかし、学校の宿題となると、真剣なまなざしでノートに向かい、漢字を1文字1文字丁寧に書き上げていく姿は、親ながら感心するほどだ。つまり、部屋の片づけとなると自

[6] 見せかけの相関についての説明は、本章の章末コラム⑥を参照。
[7] パーソナリティ特性についての説明は、第1章の章末コラム①を参照。

制心のきざしはいまだ見えないのだが、学校の筆記課題となると目を見張るような几帳面さを見せる。

一方、私の夫は片づけ上手だ。彼のクローゼットは、いつ見ても、びしっと整頓されている。シャツはきちんと角を揃えて畳まれているし、ズボン類はきれいに一列に吊り下げられている。家事全般に対して、この几帳面さは発揮される（とてもありがたい！）。しかし、手書きで文字をしたためるとなると話が違ってくる。丁寧に整えられているとは到底言えず、本人以外の者にはなかなか判読しづらい。小学生の娘の方が整ったきれいな文字を書くことは、夫自身も認めるところだ。

こんな娘と夫のうち、どちらが几帳面さにおいて優れている／劣っていると言えるのだろう。一概には言えないというのが正直なところであろう。1人の人間が、すべての場面を通じて、他の人間よりも優れた几帳面さを示しているわけではないからだ。つまり、几帳面さにおいて、通状況的なパーソナリティ特性の個人差というものを見出すことは困難だ。

ただし、1人の人間が同じような状況に繰り返し遭遇したときには、ほぼ毎回のように、同じような振る舞いが観察されると期待される。言い換えるならば、ある個人の状況ごとの振る舞いのパターンには、かなり安定性がある。たとえば、私の場合は、整理整頓に関して娘と同じような問題を抱えている。クローゼットや靴箱、キッチンの棚、そしてデスクの引き出しも、雑多なものたちが整理されずに積み上げられており、夫の言葉を借りるなら「おおいなる混沌」状態となっている。ものを仕舞う状況となると、必ずと言ってよいほど中身を溢れさせてしまうのだ。とりあえず何でも放り込んでしまい、一度そこに入れたものは、いずれ不要になってもなかなか捨てることができないからである。つまり、私のパーソナリティ特性を状況特定的に——つまり、状況ごとのパターンとして表現するならば、「ものをしまうという場面においては几帳面ではない」と言うことができる。

ここまで述べてきたことは、几帳面さの問題に限られたことではなく、パーソナリティ特性全般にあてはまる。すなわち、外向性や協調性・攻撃性といったさまざまなパーソナリティ特性のどれをとっても、1人の人間がすべての場面を通じて同じような考え方や振る舞い方の特徴を示すわけではない。たとえば、友人たちの中ではとても話好きで明るく振る舞う人が、初対面の人ばかりに囲まれているときにも同様の積極性を見せるとは限らない。家庭ではまったく穏やかで非難や小言を口にすることはないのに、職場となると他人のミスはどんな小さなものでも声を荒げて追及する人もいる。ただし、こういった状況ごとの振る舞いのパターンには安定性があり、1人の人が同じ状況に出くわすたびに、同じような行動をするのを繰り返し観察することができる。

このように、パーソナリティ特性には通状況的一貫性が示されないこと、しかし状況ごとに異なる行動傾向のパターンを安定して見出すことができることを指摘したのは、ミシェルたちの研究グループの大きな功績の1つであると言えるだろう。[8]

▼ 〃ホットスポット〃がどこにあるか

ミシェルと、その共同研究者である正田佑一（Yuichi Shoda）がこの洞察を得たのは、またもや子ど

［8］ 従来のパーソナリティ研究においては、1人の人間はさまざまな状況を通じて同じような振る舞い方の特徴を示すという通状況性が暗黙の前提とされていた。たとえば、外向的な人はいかなるときでも他者との交流を好み、攻撃性の高い人はどのような相手でも攻撃しやすいといった想定である。これに対してミシェルがこのような指摘を行い、状況要因の影響を大きく取り上げたパーソナリティ論を展開したことは大きな注目を集め、状況主義（situationism）と呼ばれた。

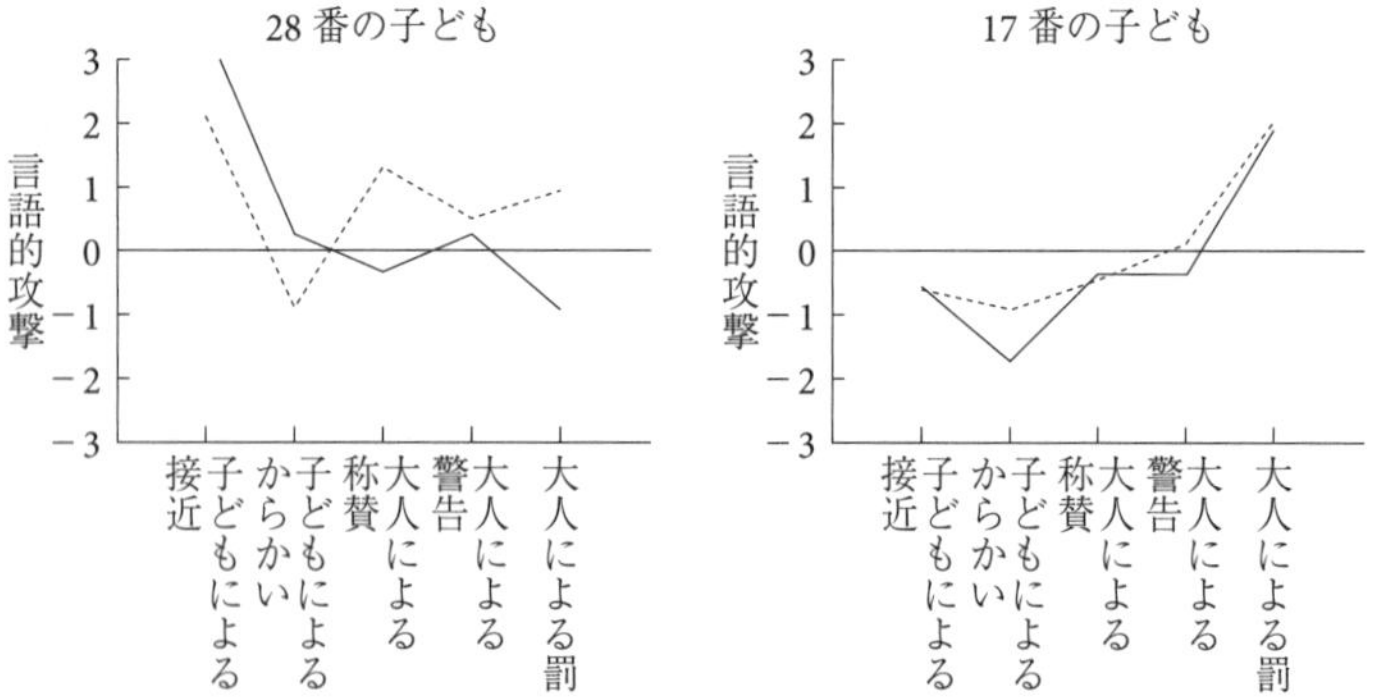

図 6-4　状況ごとの言語的攻撃の発現頻度

（出典）Shoda et al.（1994）より作成。

（注）実線は1回目の観察，点線は2回目の観察。縦軸は，攻撃頻度について個人内で標準化した *z* 値。この値は，各状況について，1人の対象者の攻撃頻度から，全対象者の攻撃頻度の平均（全体平均）を引き算してから，標準偏差（*SD*）によって割り算することで算出した。この *z* 値を算出することにより，各個人のパターンとして，全体平均からどのくらい乖離しているかを数値化することができる。マイナスの数値は全体平均よりも頻度が低いことを，プラスの数値は全体平均よりも頻度が高いことを表す。

もたちの観察を通じてであった（Shoda et al., 1994）。彼らは、攻撃性や引きこもりなどの社会適応の問題を抱えた7歳から17歳までの子どもたちがセラピーを受けている合宿地を訪れて、6週間かけて彼らの行動を観察した。この観察の目的は、ホットシステムが引き起こす衝動的な攻撃行動が、いつ、どのように生じるのかを分析することであった。

この観察や、合宿スタッフおよび子どもたち自身へのインタビューを通じて、特定の子どもが特定の状況において攻撃的になるという〝ホットスポット〟（hot spot）がありそうだということがわかってきた。つまり、状況と行動を組み合わせたパターンとして、観察された子どもそれぞれの特徴が見えてきたのである。その例として、図6-4には2人の子どもの観察データがグラフ化されている。この観察では、合宿中に経験するさまざまな状況のうち、子ども同士の関わり合いについての2カテゴリー（接近／からかい）、そして大人との関わり合いについての3カテゴリー（罰／警告／称賛を受けたとき）という、計5カテゴリーのいずれかにあてはまる場面において、観察対象の子どもがどのくらい言語的攻撃を表したか[9]をカウントしたものである。たとえば、図中の17番の子どもは、大人による罰を与えられる状況において、（子どもたち全員の平均頻度よりも）攻撃行動が出現しやすいことがわかる。一方で、他の子どもにからかわれる状況においては、比較的、攻撃行動を表しにくい。さらに、こういった状況ごとの傾向は、1回目の観察（実線）と2回目の観察（点線）で似通ったパターンであることがわかる。また、図の左側の28番の子どもについては、状況と行動の組み合わせについて異なったパターンが示されている。すなわち、大人による罰にはそれほど攻撃性を示さないが、子どもによる接近があったときには攻撃行動が表出されやすい。そして、1回目（実線）と2回目（点線）の観察結果を表す折れ線グラフは、17番の子どもほど一貫性の高い形状をしているわけではないが、やはり、ある程度の一貫したパターンがあることを見て取れる。

ミシェルらは、このように個人のパーソナリティ特性を状況－行動の組み合わせによって表すことを、「if… then…パターン」（if … then … pattern）と呼んだ。すなわち、「もし…という状況なら、…と行動する」という条件つきの行動傾向のことを意味する。このif…then…で表すことにより、そのif…で表された状況に面したときの個人の振る舞いをより正確に予想できるようになるのだ。

さらに、自分自身のホットスポット、言い換えればif…then…パターンを知ることが、そういった

［9］　表出される攻撃は、身体的攻撃と言語的攻撃の2種類に大きく分けられる。身体的攻撃は、殴る、蹴るといった、相手に対して物理的危害を加える（または、その意図をもって行われる）行為のことを指す。

〝危険な〟状況に対する自分自身の認識のしかたや反応パターンを見直すきっかけとなり、セルフコントロールの問題を改善できる可能性があるとミシェルらは指摘している。たとえば、攻撃性の問題を抱える子どもは、まず自分がどのような状況で攻撃的な振る舞いをしやすいのかを（おそらく大人の手助けを得ながら）認識することで、どうすればその状況に対して自分をよりよくコントロールできるかを考えるきっかけを得られ、そこから改善の道のりが始まる。

攻撃性の問題ばかりではない。無駄遣いしがちで貯金ができない人も、まずは自分がいつ何に対して浪費をしているのかを知るところから、効果的な節約生活がスタートする。つまり、何らかのセルフコントロールの問題に関して、みずからのif…then…パターン（状況と行動の組み合わせ）を認識することによって、問題となる行動実行を抑制し、より適切な行動に変えていくことが可能になるのだ。

なぜif…then…パターンを知ることがセルフコントロールの改善をもたらすのか、そして具体的にどのような対策をすれば効果的な改善がもたらされるのか。この問題についての研究は、後年、ドイツの研究グループによって目覚ましい発展を遂げる。しかし、その詳細は本章のテーマ範囲を超えてしまうので、のちの第8章にてこの問題を再び訪れ、くわしく論じたいと思う。

まとめ

本章で述べてきたことをここでまとめておきたい。ミシェルと彼の研究チームは、マシュマロ・テストを用いて誘惑に抵抗しようとする子どもたちの様子を観察した。そこから導かれたのは、ホットシステムとクールシステムという2つの処理プロセスの関わり合いを想定することで自制心の仕組みを説明するモデルである。また、このモデルに基づいて、注意や焦点化に関する認知的方略の有効性が検証された。彼らの取り組みは、社会的認知の観点から行われたセルフコントロール研究の先駆けであり、本書でのちほど提案するモデルにもつながっていく。

この考え方に基づくなら、本書の中心となる2つの問いについては、以下のように答えることができるだろう。

① なぜ自制できないことがあるのか

自制できないという問題は、ホットシステムの働きに起因していると考えられる。この働きを刺激するようなホットな焦点化や注意の向け方は、衝動的な反応を導きやすい。したがって、自制に失敗してしまう危険性が生じる。

② どうすれば自制できるようになるのか

クールシステムを働かせるような焦点化や注意制御を行えば、論理的で熟慮的な反応を実行しやすくなる。そのため、自制に成功できる見込みが高まる。ただし、人それぞれにホットスポットは異なる――すなわち、個人ごとにホットシステムが強く刺激される状況が違っている。したがって、通状況的にセルフコントロールの優劣が表れるわけではなく、状況特定的に自制に成功しやすい／失敗しやすいパターンを見出していくことが重要となる。

章末コラム⑥　見せかけの相関

見せかけの相関（spurious correlation）は、2つの変数の間に相関が示され、まるで因果関係があるかのように見えるのだが、じつは隠れた要因の影響によって相関が発生しているだけであり、実際には因果関係がない（もしくは、見た目よりも弱い関連でしかない）ことを指す。擬似相関と呼ばれることもある。

わかりやすいたとえ話として、変数X「ある国のアイスクリーム売上額（1日ごと）」と変数Y「ある国における熱中症による死亡者数（1日ごと）」の間に正の相関が示されたという架空のデータを考えてみよう。一見すると、アイスクリームを食べることによって熱中症で死亡しやすくなるという因果関係があるように思えるかもしれないが、これは見せかけの相関にすぎない。指摘するまでもないが、変数X、Yともに、もう1つの変数Zとして「その日の気温」に大きく左右されるため、あたかも関連しているように見えるだけである。したがって、2変数間に相関が示されている場合でも、隠された変数の影響がないかをよく精査し、見せかけの相関に惑わされずに適切に解釈することが重要であると言える。

本章で取り上げた大規模な追試研究では、変数X「54カ月児のマシュマロ・テストの待ち時間」と変数Y「15歳時点での学業成績」との間に正の相関が示された（Watts et al., 2018）。この分析結果だけを見ると、ミシェルたち（Shoda et al., 1990）の研究結果が再現され、マシュマロ・テストで測定された幼少期のセルフコントロールの優劣が、その後の人生における成功の度合いに影響を与えていることがより明確に示唆されたと思われるかもしれない。しかし、変数Xと変数Yはいずれも「幼少期の家庭環境」といった別の変数の影響を受けており、それらの影響を取り除いてしまうと変数Xと変数Yの間の関連はほとんど見られなくなってしまったという。つまり、見せかけの相関であった可能性が高い。このような場合、幼少期のマシュマロ・テストの成績と青年期のパフォーマンスとの間に、直接的な関係性を推察することはできない。

Ⅲ

自制のプロセスを読み解く

「Ⅲ　自制のプロセスを読み解く」セクションでは、いよいよ本書の本題に入る。

本書がこれから説明するのは、**心理学から見たセルフコントロール**である。心理学の中にも多様な領域があるのだが、本書において中心的に取り上げるのは、社会的認知という領域で行われてきた研究成果の数々である。これらの研究は、第6章で紹介したミシェルらの理論をその原点の1つとしており、認知心理学や社会心理学における最新の研究展開の影響を受けながら、近年、大きく発展を遂げてきた。

これから説明する心理学（とくに社会的認知）の視点と、これまでに取り上げた生物学（とくに神経科学。第4章を参照）や経済学（とくに行動経済学。第5章を参照）のそれぞれの視点は、どのように異なっているのだろうか。ここで一端、整理しておきたいと思う。

生物学の視点から行われたセルフコントロール研究は、「人間の脳の中で何が起きているのか？」に注目して、自制の仕組みを明らかにしてきた。一方、経済学はどのような視点をもっているかというと、「人間は何にどのくらい価値を感じているのか？」という問いを中心にして、自制心について解明を進めてきたと言えるだろう。

これらに対して、心理学（とくに社会的認知）の視点からセルフコントロールを研究するにあたって問われることとは、何だろうか。それは、「人間は物事をどのように捉えているのか？」という問いである。つまり、どのように物事を捉えるかに応じて、セルフコントロールに成功したり、失敗したりすることがあるという着眼点から、自制心の仕組みを説明しようというのが、社会的認知研究のアプローチである。

物事の捉え方の違いによって、自制に成功するか失敗するかが左右される——この考え方は、第6

章で紹介したミシェルらの研究の中にも見受けられる。たとえば、ある実験では、マシュマロが目の前にあるという同じ状況に際して、注意を操作すること（すなわち、マシュマロに注意を集中するか、それともマシュマロから注意を背けて頭の中で楽しいことを想像するか）によって待ち時間に大きな差が出ることが明らかになった（Mischel et al., 1972）。このように、何に注意を向けるかということも、〝物事の捉え方〟の1つであり、その違いに応じて自制の成否に影響が及ぼされるということがわかる。また別の実験では、焦点化を操作すること（すなわち、マシュマロについて「甘くて柔らかくておいしいもの」と考えるか、それとも「丸くて白いお月様」と考えるか）によって、待つことのできる時間が大幅に変化したという（Mischel & Baker, 1975）。これもまさに、〝物事の捉え方〟がセルフコントロールに影響を与えることを示した実験結果の一例であると言えるだろう。

そもそも、認知（cognition）とは、人間が物事を捉えるということ――すなわち、状況を理解するということや、さらに、その理解に基づいて反応することも含めて、そうした人間の営みに関わる心の働きを意味している。この〝物事を捉える〟ということは、ありのままの現実をそのまま受け取るということではなく、そこに何らかの情報選択や解釈・推論などが加わることが前提となっている。当然ながら、人によって、また時と場合によって、その捉え方（つまり情報選択、解釈、推論のしかた）には多様な違いが生まれることだろう。そして、その捉え方の違いに応じて、その人がその場面でどのように反応するかが異なってくるはずだ。このように、人間は、自分の身の周りで起きている物事に対して情報選択、解釈、推論などを加えながら、「こういうものだ」と理解し、その理解に基づいて「だったらこうすればよい」と反応していく。このような、物事を捉えることに関わる一連の心の働きのことを総称して、認知と心理学者は呼んでいる。

社会的認知（social cognition）とは、その名のとおり、認知に社会的要素をプラスしたものだ。認知の対象が「物事一般」だとすると、社会的認知はそのうち「社会的な物事」にフォーカスしたものであると言える。社会的な物事とは、すなわち、人と人との関わり合いのことを指しており、その中には自分自身との関わり合い（つまり、自分自身をどのように認識しているか、また自分の振る舞いをどのようにコントロールするかといったこと）も含まれている。こうした社会的な物事の捉え方——すなわち、人と人との関わり合いや、その関係性の中に含まれる自分自身のあり方について理解し、その理解に基づいて反応することや、それに関わる心の働きのことを指して、社会的認知と呼んでいる。たとえば、今目の前にいる相手が話している内容について自分が関心のある情報だけに注意を向けたり（情報選択）、過去に出会った人のことを思い出して「あの人とよく似ているから、きっと優しい性格なのだろう」と思ったり（解釈）、だからこの人とのつき合い方もあのときと同じように対応すればうまくいくだろうと考えたりする（推論）。このように、物事の捉え方によって思考や感じ方・振る舞い方が大きく影響を受けるという前提に基づいて、社会的関係性における心の働きについて説明するのが、社会的認知研究の特徴である。

セルフコントロールに関わる心の働きについても、社会的認知の観点から読み解いていくことができる。つまり、情報選択、解釈、推論といった認知のしかた（すなわち、物事の捉え方）が、私たちが自分の振る舞いをコントロールするうえでどのように関わり合い、影響をもたらしているのかを明らかにするということだ。

こうした社会的認知の視点からセルフコントロールについて説明するにあたって、重要なキーワードとなるのは、目標（goal）である。ただし〝目標〟や〝ゴール〟という言葉から多くの人がイメージするものとは、少々意味合いが異なっているかもしれない。一般的な〝目標〟という言葉から連想されやすいのは、本人が夢や希望として追いかけていることではないかと思う。ただし、社会的認知研究における目標という概念には、もっと幅広いものが含まれている。「働かなければいけない」といった義務感や、「眠りたい」といった生理的欲求なども、心理学では（広義の意味で）目標の中に含まれるものとして扱われている。わかりやすく言うならば、普段の生活の中で「〇〇したい」や「〇〇しなくてはいけない」などと感じられることは、いずれも目標であると思ってよい。

こうした目標を目指して、私たちは考えたり、感じたり、行動したりする。このような目標を目指す心の働きにも、物事の捉え方が大きく影響を与えている。たとえば、今目の前で起きている物事のうち目標達成に役立ちそうな情報に注目したり（情報選択）、この状況で達成できそうな見込みがどのくらいあるのかを見極めたり（解釈）、その見込みに応じてどのように振る舞うべきかを考えたりする（推論）。こうしたときに、人によって、また時と場合によって、目標とそれに関連する状況の捉え方（つまり、認知のしかた）には、さまざまな違いが生まれてくる。そして、このような捉え方の違いに応じて、その人がその状況の中でどのように目標を目指そうとするかが異なってくるはずだ。

このような、目標とそれに関連する状況の認知、つまり〝目標をめぐる物事の捉え方〟という観点から、セルフコントロールを解き明かしていこうというのが、社会的認知研究のアプローチである。

第7章

目標に向かう心の仕組み

本章では、人間はどのようにして目標を追求するのかというテーマについて解説していきたい。こうした研究テーマのことを、心理学では自己制御（self-regulation）と呼んでいる。まず、この自己制御の仕組みに関して理解を深めてもらうために、キーワードや重要な考え方について説明していく。これらのポイントを把握しておくと、次章以降から議論を組み立てていくセルフコントロールの心理プロセスについても、さらに理解しやすくなることと思う。

こうした自己制御の過程、すなわち、人間が目標を追求するための心の働きをわかりやすく解説するために、ここでは〝自動操縦機能を搭載した車〟になぞらえて説明を進めていきたいと思う。なぜならば、こうした自動操縦システムは、周りの状況について必要な情報を取り入れながら（情報選択）、収集された情報に基づいて進行状況の良し悪しを判断して（解釈）、その状況理解に応じてどのようなルート設定やドライビングが最適であるかを推定する（推論）といったように、人間の認知とよく似た働きをしているからだ。また、自動操縦システムが目的地を設定し、そこに至るまでの道のりを進んでいくというやり方は、人間が目標を定め、その達成を目指して努力を重ねていくという姿勢とも重ね合わせることができる。こうしたアナロジーを各所に用いながら、人間の自己制御の仕組みについて説明していきたいと思う。

▼目標とは何か

ここで、目標（goal）という概念についてあらためて説明を加えたい。目標とは、自動操縦にたとえるなら、ナビゲーション（進路決定）システムにおいて設定される目的地のようなものである。すなわち、目指したい状態や、望ましい行為、到達したい基準などのことを指している。たとえば、「数学の問題を解く」「人と交流する」「お金を稼ぐ」や「自信をもつ」といったように、さまざまな目標がありうる。

心理学用語としての〝目標〟という言葉には、日常語として使われるときよりもはるかに広い意味が含まれる。みなさんが〝目標〟という言葉からイメージするのは、本人が夢や希望として追いかけていることではないかと思う。たとえば、テストに合格したいとか、いつか一軒家をもちたいとか、人気者になりたい等といったものだ。心理学における〝目標〟という概念には、上記のようなものももちろん含まれるが、ただし、そればかりではない。義務や責任を果たすこと（例：家族を養わねばならない）や、回避したいこと（例：面倒なことはやりたくない）、社会的要請やルールに合わせること（例：図書館では静かにする）、もっと単純な行為遂行（例：階段を降りる）、基本的な欲求・欲望の充

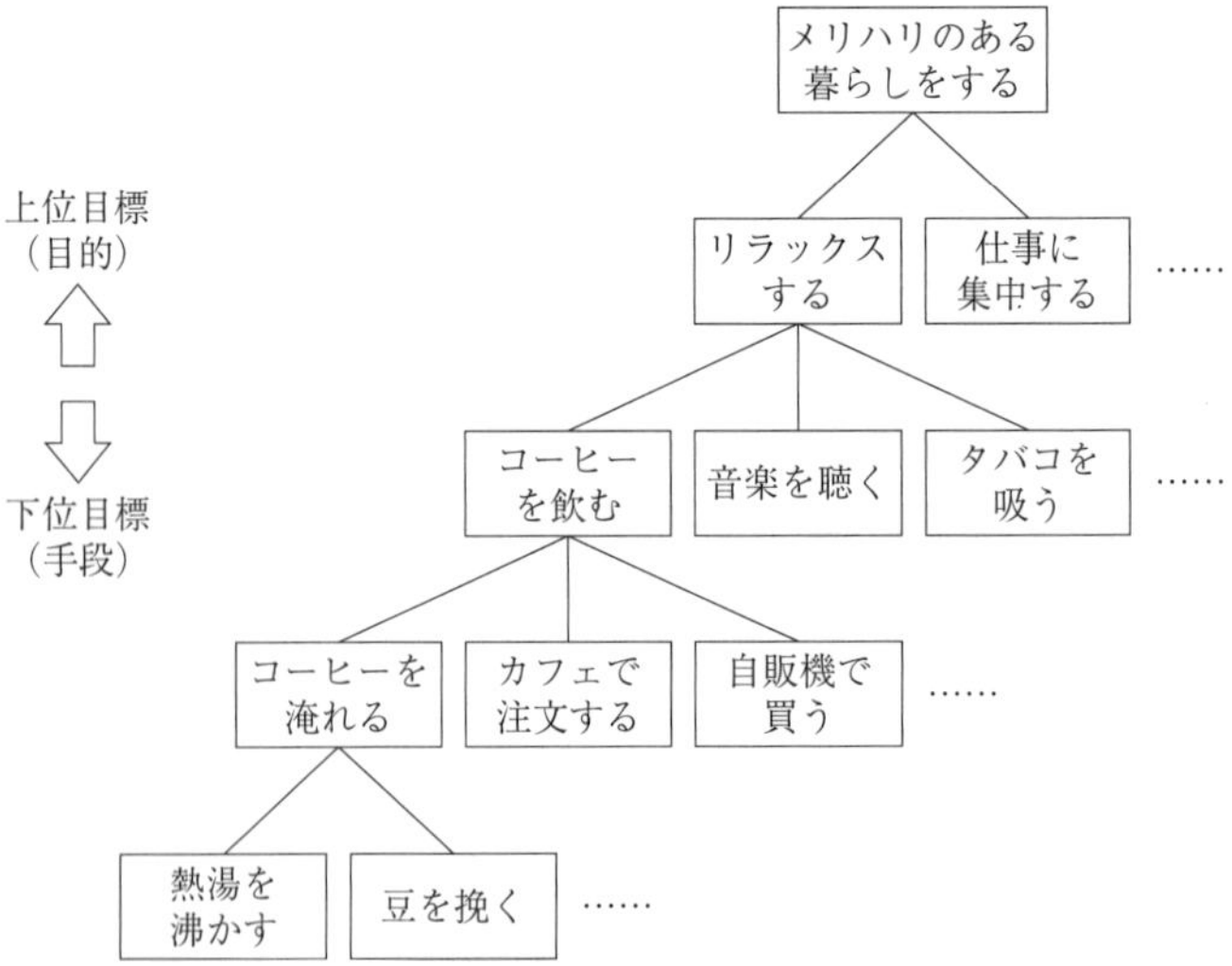

図 7-1　目標の階層構造

足（例：寝る、食べる）に至るまで、多様なものが含まれる。

目標が設定されると、その目標とされる状態を目指そうと動機づけられる。ここでいう動機づけ（motivation）とは、行動をスタートさせ、それを維持し、それに関わる心と身体の仕組みを連動させながら、目標へ向かおうとする心の働きのことを表している。目的地（目標）に向かおうとする自動車にたとえるなら、エンジンをまわして車輪を動かす力を生み出したり、多数の部品やシステムを総動員して1つの方向性へと向かわせたりといった機能をもった、動力システムのようなものである。

ただし、目的地に向かうルートには複数の候補がありうるのと同様に、ある1つの目的を達成するための手段（means）としては複数のものが存在しうる。こうした目的と手段の関係性について表したのが、図7－1である。ここに表された階層構造では、上に行くほど「何のために（why）行うのか」を表す抽象的な目的を、逆に下に行くほど「どのように（how）行うのか」という具体的な手段を表すように、異なる抽象度－具体度レベルで表された目標の関係性が示されている。あるレベルに表されている目標は、その下層に記されているものに対する目的であり、またその上層に記されているものに対する手段となっている。

たとえば、図中の「コーヒーを飲む」という目標に注目してほしい。この「コーヒーを飲む」は、その上層にある「リラックスする」ことを目的（上位目標）としたときに、選択可能な具体的手段（下位目標）の1つである。また、「コーヒーを飲む」の下層には、それを目的（上位目標）としたときの達成手段（下位目標）、たとえば「コーヒーを淹れる」「カフェで注文する」「自販機で買う」といった複数の手段が結びつけられている。

また、「コーヒーを淹れる」という手段に注目してみると、そのもう1つ下位レベルには、さらに具体的な一連の手順が組み合わさっている。たとえば「熱湯を沸かす」や「豆を挽く」といったものだ。これらの動作が順序よく協調的に実行されることによって、スムーズな動きで「コーヒーを淹れる」という行為を遂行することが可能になっている。

一方、「リラックスする」という目的に対しても、さらにその上位目標にあたるものとして、「メリハリのある暮らしをする」といった長期目標や価値観に関わるようなものが挙げられる。つまり、人生において大切にしたい物事や、本人が重要だと認識している事柄などが、この目標の階層構造の最上位のあたりに位置づけられることになる。

▼自動的な行為実行

図７－１の例に表されているような、階層性をもった目標の知識構造は、記憶システム内に蓄えられている（Shah et al., 2003）。記憶システム内に蓄えられた知識は、表象[1]（representation）と呼ばれる。これらの表象間の結びつきを、連合（association）という。図７－１においては、四角の枠で囲まれたものが表象を、それらをつなぐ線が連合を表している。

記憶システム内には膨大な量の表象が蓄えられている。しかし、そのすべての知識情報を常にフル活用しているわけではない。状況にあわせて適宜、必要な情報を思い出すような仕組みになっている。このように記憶システム内に蓄えられていた情報（表象）にアクセスして、今ここで生じている認知過程のためにその情報を利用することを指して、表象の活性化（activation）という。

目標表象が活性化すると、それと連合している手段の表象にも活性化が広がり、その行為が実行される。たとえば「テレビを観る」という目標が活性化されたときには、それと連合した「リモコンをもつ」や「電源を入れる」といった行為表象も活性化され、振る舞い方をコントロールするための情報として利用されることによって、一連の身体運動として実行される。たとえば、テレビを観ようとするときに、「よし、リモコンをもったぞ、次は何をするのだったかな」などと手順に頭を悩ませることなく、スムーズに一連の動作を行動に移すことができるのは、このおかげである。

こういった行為表象の活性化や、その行為を実行する過程は、意識されることなく進行しうる。つまり、自動的に情報処理され、実行される。このような自動的な過程[2]（automatic process）によって、私たちはいちいちその場の状況や振る舞いを気にしたり考え込んだりすることなく、スムーズかつ的確に行動をコントロールすることができる。たとえば今からテレビを観ようとするときに、手を伸ばした先でいつもと同じようにリモコンに指が触れたならば、とくに意識することもなくそれを持ち上げ、電源スイッチを押すといった行為を遂行できるだろう。特段の注意を払わずに、たとえばよそ見などしていたとしても、問題なく一連の動作を完了できるはずだ。

この例に限らず、日常的に行われるさまざまな行動は、そのうちかなりの部分が自動的に制御されている。そのために、とくに意図していないのに行動を始めることがあったり、そのまま流れに乗って一連の振る舞いを完了できたりする。すなわち、何かを意図したり、意識的にコントロールしたりせずとも、自動的な過程が迅速かつ効率的に働くことによって、私たちの判断や行動を導いてくれているのだ。

たいていの場合、自動的な自己制御は、日常生活において必要な行為を適切なタイミングで始発さ

---

［1］ 表象にはさまざまな種類がある。目標を表す目標表象（goal representations）や、振る舞い方を表す行為表象（action representations）の他にも、物事の意味や概念を表す意味的表象（semantic representation）などが含まれる（Föster et al., 2008）。ただし、本章ではテーマと関連の深いもの、すなわち目標表象と行為表象に議論を絞り、それ以外については取り上げない。

［2］ 自動的な過程には、以下の4つの特徴があてはまる（Bargh, 1994）。①非自覚的。環境内の刺激に気づかないうちに影響を受ける。あるいは、刺激の存在には気づいていても、それが自分の思考や行動に影響を与えていることに気づかない。②非意図的。本人は何かをしようという意図をもっていないにもかかわらず、思考や行動が始発される。③効率的。注意が他に逸れていたり、膨大な情報量が速いペースで与えられたりしても、素早く処理して思考や行動に反映させられる。④抑止困難。思考や行動がいったん始発されると、それを意志によってとりやめたり、影響を受けないようにしたりすることは難しい。これら4つの特徴のうち、いずれか1つでもあてはまれば、自動的な過程であると見なされる。

せ、つつがなく実行し、それに応じた順当な結果をもたらす。たとえば、私たちはとくに考えなくても必要なときに適度なスピードで階段を降り、行くべきところにたどり着くことができる。他の人と会話をすることと、階段を踏み外さずに歩き続けることという複数課題の同時遂行（マルチタスキング）が可能であるのも、そのおかげである。こうした自己制御プロセスは、自動的な判断と実行の仕組みに任せておけば目標とするところに導いてくれるという意味においても、自動操縦システムと似通っていると言える。

▼自動的な目標設定

行為制御ばかりではなく、目標を設定することについても、自動的な過程によって行われている。すなわち、本人が注意を向けたり意図したりすることがなくても、適宜、目標を設定し、それを追求するための行動を開始することができる。意識せずとも目標を設定できる――これは多くの人々の直感に反することかもしれないが、日常生活においては、このような自動的な目標設定（とそれに応じた行動制御）が頻繁に行われていると考えられている。

自動的に目標が設定されるきっかけの1つとして挙げられるのは、外的要因、すなわち、周辺環境内にあるもの、人、出来事などについての知覚（見る、聴く、嗅ぐ、触る、味わうなど）である。何らかの目標について思い出させるようなものや出来事が知覚されたとき、それに対応した目標表象が活性化する。たとえば、親しい人の姿を見かけたときに「話しかける」という目標が活性化したり、パンの焼けるおいしそうな匂いをかいだときに「食べる」という目標が活性化したりする。

外的要因の知覚によって自動的な目標設定とその追求が生じることについて検証した、興味深い実験がある（Bargh et al., 2001）。この実験では、参加者にパズルを解くという課題が与えられた。このパズルは、10×10マスに並べられたアルファベットの中に隠された単語を見つけ出すというものであった。このときに、参加者に気づかれないように、パズルの中にこっそりと「成功する」に関する単語（win, succeed, achieve など）をいくつか混ぜておいた。これらの単語（つまり外的要因）を視覚的に呈示することによって、「成功する」という目標を活性化させようというのが、この実験手続きのねらいであった。この目標活性化の手続きのあとに、また同様の単語探しパズルに取り組んでもらい、その中でいくつの単語を正しく見つけることができたかをカウントした。その結果、「成功する」に関する単語を呈示された実験群では平均26・0語、これらの単語を呈示されなかった統制群では平均21・5語であった。したがって、単語という外的要因の知覚が、自動的な目標設定をもたらした――すなわち、意識を介さずして「成功する」目標を活性化させ、またその目標に応じた「パズルを解く」行動の実行を促したと言えるだろう。ちなみに、実験群の参加者のうち誰一人として、パズル中に「成功する」関連の単語がいくつも含まれていたことや、それが課題成績に影響を与えていたことに気づいていなかった。つまり、非意識的にこうした目標設定や追求が生じていたのだと考えられる。

この実験手続きのように、外的要因の知覚によって目標表象が活性化される（さらに行為表象の活性化やその実行にも影響が生じる）ことを、目標プライミング（goal priming）と呼ぶ[3]（Custers & Aarts, 2005）。こうした目標プライミングとその効果は、実験室の中でのみ生じるとは限らない。日常生活の中で目にするものや耳にすることなどの外的刺激が、自動的な目標の活性化をもたらすこともある。たとえ

［3］プライミングについての説明は、本章の章末コラム⑦を参照。

ば、誰かがアルバイトをして働いている様子を見ることで「お金を稼ぐ」という目標の活性化と遂行行動が生じるというように、他者の振る舞いについて見聞きすることが目標プライミングとして作用することもありうる[4]（Aarts et al., 2004）。このように、私たちの周囲環境に存在するもの、人、出来事といった外的要因を知覚すると、目標表象が自動的に活性化し、その追求行動が実行されるということが、日常生活の中でもしばしば生じていると考えられる。

▼習慣化と自動的な行動実行

ある目標に対して、特定の手段によって追求するということを繰り返していると、しだいにその振る舞い方のパターンが定着してくる。これを習慣化（habituation）と呼んでいる。わかりやすく言うならば、習慣として身に付くということだ。たとえばAさんが仕事の合間の休憩時間に「リラックスする」という目標をもったときに、その手段として「コーヒーを飲む」という振る舞いを繰り返していたとしよう。これを続けるうちにその振る舞い方のパターンが定着し、いつしか休憩時間になったときには必ずコーヒーを口にするようになったならば、その振る舞いは習慣化したと言えるだろう。一方、同僚のBさんは、同じ目標に対して「タバコを吸う」という異なる手段を用い始めた。そして、リラックスするために煙をくゆらせるという行為を何度も繰り返していると、それが習慣化して、休憩のたびに喫煙することが欠かせなくなってくる。このように、繰り返せば繰り返すほどに振る舞いは習慣化し、その習慣は長期にわたって持続されやすい。

なぜこのような習慣化が生じるかというと、目標に対して特定の手段を用いるという経験をするたびに、記憶システムにおいて目標と手段の間の結びつきが強められるからだ。すなわち、目標－手段の表象間の連合が強化される。連合が強化された結果として、ある目標表象が活性化されると、それと強く結びつけられた手段が実行されやすくなる。つまり、特定の目標をもつたびに、習慣化した行動が自動的に実行されやすくなるということだ。

たとえば、ある人がどこかに出かけるときに、いつも自転車に乗って移動していたとしよう。このような経験を日々繰り返すことによって、「移動する」目標と「自転車に乗る」手段の間に強い連合が形成される。したがって、「移動する」目標が活性化したときに「自転車に乗る」手段が自動的に活性化され、結果として行動選択に反映されやすくなる（Aarts & Dijksterhuis, 2000）。これが、特定の行動パターンが習慣化することに関わる心の仕組みである。

このような習慣化による目標－手段の連合強化や、その連合に支えられている自動的な自己制御によって、私たちは日々の暮らしの中で繰り返し行う振る舞いについて、頭を悩ませることなく迅速に手段を選び、実行に移せるようになっている。たとえば、休憩時間に缶コーヒーを飲む習慣をもつAさんは、休憩しようと思い立ったら、迷うことなく自販機のところに直行することだろう。一方、愛煙家のBさんにとって、休憩時間が来たらまず手にとるのはタバコの箱だ。こうしたスムーズな行為実行の流れによって、限られた休憩時間を目いっぱい活用して、それぞれのリラックスタイムを楽しむことができるというわけだ。

こうした習慣化に関わる心の働きは、自動車にたとえるなら、学習機能つきのナビゲーションシステムのようだと言えるだろう。このシステムには過去の運転ルートが情報として記憶されていて、1

［4］　このように他者の目標追求行動を知覚することがきっかけとなり、自分も同じ目標を追求し始めるという現象は、目標伝染（goal contagion）と呼ばれている。目標伝染については、のちの第12章においても取り上げる。

つの目的地に対して何度も同じルートを使うことを繰り返すと、そのパターンを学習する。その結果として、過去に繰り返してたどったルートが優先して設定され、自動的に実行されるようになるのだ。

モニタリング（監視）

ここまで説明してきたとおり、自動的な自己制御は、たいていの場合、状況に適した効率的な振舞いを生じさせる。しかし、まれにではあるが、何らかのエラー（不具合）が生じて、状況にそぐわない不適切な行動が実行されてしまうことがある。このような状態に気づかずに放置していると、結果として、目標に近づくことができないという問題が発生してしまう。

こうした問題を未然に防いだり、あるいは問題が発生したら素早く修正したりするためには、エラー（不具合）が起きていないかを常に監視することが大切だ。このように、自己制御過程を監視する働きのことを、モニタリング（monitoring）と呼んでいる。監視によって、もし目標に向かって順調に近づきつつあることがわかったならば、そのままの行動実行を継続することで、そのうち目標にたどり着けることだろう。しかし、もし目標に近づいていなかったり、近づいていたとしても遅すぎたりするという問題のある進捗状況が検知された場合には、このままでは目標を達成できない恐れが出てくる。そのようなときには、再び目標に向かって進むことができるように、行動の見直しや修正が求められる。つまり、目指すべき目標にきちんと近づけているかどうかを監視するのがモニタリングであり、そのモニタリング結果に応じて目標達成行動が調整されるという関係性になっている。

こういった自己制御過程におけるモニタリングと行動調整の仕組みに関して、情報工学の考え方を援用して説明したのが、サイバネティクス理論[5]（cybernetic theory; Carver & Scheier, 1982）である。この理

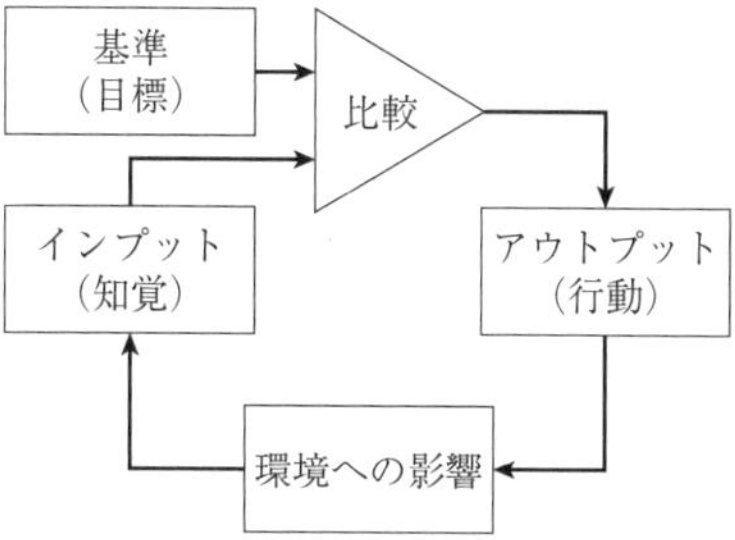

図 7-2　自己制御のフィードバックループ

（出典） Carver & Scheier（1982）より作成。

論では、知覚インプットが行動アウトプットに影響し、そのアウトプットから生じた変化が再びインプットされるというループ状の回路（フィードバックループ）が想定されている（図７－２）。

このフィードバックループでは、まずインプットとして現状が知覚され、それを目標とする基準と比較する。このときに基準と現状の間に乖離が認識されると、その乖離を減少させるための目標追求行動がアウトプットとして実行される。[6] このアウトプットは環境への影響を与え、状況が変化する。その変化後の新たな現状は、再び知覚としてインプットされる。ここであらためて基準と現状の間で比較がなされる。もし両者が一致していると認識されたならば、目標は達成されたと認識されて、ループ状の回路はそこでストップするため、それ以降は目標追求行動が実行されない。一方、もしいまだに乖離があると認識されれば、行動実行が促される。

［5］ 同じ理論を指して制御理論（control theory）と呼ぶこともある。ただし、他の理論や概念用語との混同を避けつつ、理論的な特徴を明示するために、本書ではサイバネティクス理論の呼称を用いる。

［6］ 図７－３で示されたフィードバックループについて、ポジティブな基準と現状の乖離減少を目指す接近的な自己制御システムとしてここでは説明しているが、カーヴァーとシャイアーの論文（Carver & Scheier, 1982）ではネガティブな基準と現状の乖離増大を目指す回避的な自己制御システムも想定されている。ただし本章では、議論を理解しやすくするために、より中心的な役割を果たすと考えられている接近的な自己制御システムのみを取り上げて説明している。

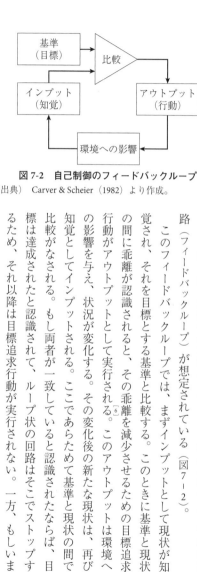

たとえば、「カップに入ったコーヒーを口に入れる」という目標があったとしよう。これに対する現状知覚のインプットは「コーヒーは口に入っていない」である。この目標と現状の乖離が知覚されると、コーヒーを飲むための一連の行動（たとえば、カップに手を伸ばしてつかみ、口元まで運んで、コーヒーをすする）が実行される。このようにして順調に環境に働きかけて、「コーヒーを飲んだ」という知覚のインプットが得られれば、この目標達成のサイクルは完了し、そこでストップする。しかし、ここで何らかの障害（たとえば、手を伸ばしたところにカップがなかったり、口元まで運ぼうとした途中で中身をこぼしてしまったり、口に入れてみたらコーヒーではなくて紅茶であったり、など）が発生することもある。すると、結果的に「コーヒーは口に入っていない」という知覚がインプットとして回路に戻ってくる――すなわちフィードバックされる。これが目標と比較され、乖離があることが認識されると、再びコーヒーを飲むための達成行動が始動されるという仕組みである。

自動車のナビゲーションシステムにおいても、こうしたフィードバックループと同様の仕組みが用いられている。すなわち、現在地がどこであるのかという位置情報を常にモニタリングしており、そのインプットを目的地（基準）と比較することによって、どれだけの距離があるのか、どのような経路で進めばよいのかを随時計算し、その結果が運転というアウトプットに反映される。この繰り返しによって目的地にしだいに近づき、最終的に目的地と現在地が一致したところでシステムは「目的地に到達した」と認識し、運転をストップさせるのだ。

▼モニタリングと行動調整

自己制御におけるモニタリングの仕組みについて、もっとくわしく見ていくことにしよう。先に示

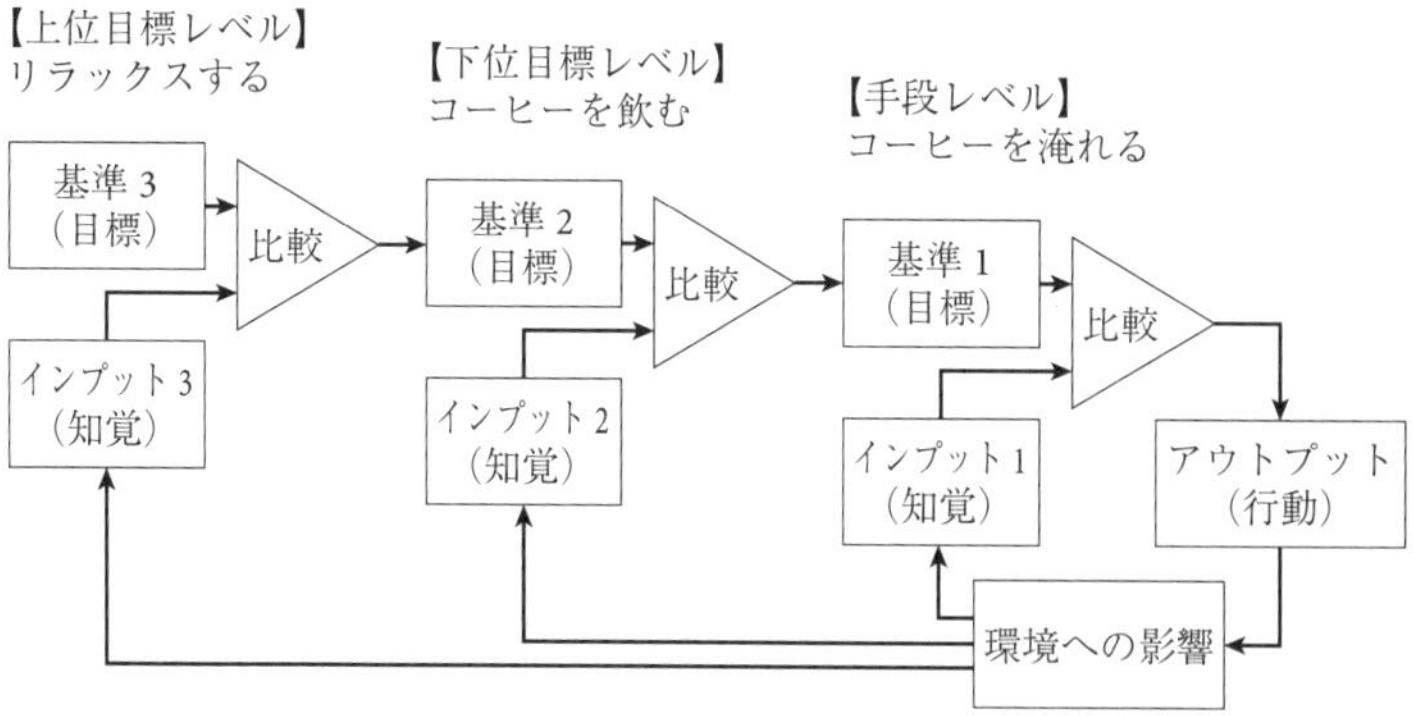

図7-3　階層性のある自己制御のフィードバックループ

（出典）　Carver & Scheier（1990）より作成。

した図7－2のフィードバックループは最もシンプルに模式化されたものだが、実際の自己制御にはより複雑な多重ループ構造が関わっている。この階層性のある自己制御過程を図示したのが、図7－3である。ここに表された複数のループの階層性は、図7－1の目標の階層構造の一部と対応している。すなわち、上位目標（「リラックスする」）を基準としたフィードバックループの中に、下位目標（「コーヒーを飲む」）を基準としたもう1つのループが入っており、さらにその下位レベルには具体的な手段（「コーヒーを淹れる」）に関するループが入るというように、入れ子構造になっている。

　この過程では、上位のループが下位のループにおける目標達成の進捗状況をモニタリング（監視）する役割を果たす。そして、このモニタリング結果に応じて、下位のループにおける目標設定に修正や変更が加えられる。すなわち、上位の目標達成のフィードバックループにおける進捗状況のモニタリングが、その下位にあるフィードバックループによる行動調整に影響を及ぼす仕組みとなっている。

　具体例を用いて説明しよう。もし、この図7－3に示されている下位目標（「コーヒーを飲む」）へと向かう進捗状況が順調に進んでいるならば、「熱い液体が口内に広がる」といったように状況変化の知覚インプットがフィードバックされる。また、この行為が実行されたことにより「よい香りを満喫する」といった環境刺激やそれに伴う感覚的経験が生じ、上位目標である「リラックスする」という基準にも接近していく。この上位ループによる進捗状況のモニタリング結果として、目標とする基準に順調に向かいつつあることが検知されれば、「コーヒーを飲む」という下位目標の設定とそれに応じた達成行動の実行サイクルは続行される。すなわち、引き続きコーヒーを口へ運ぶための一連の行為が繰り返される。そして、いつしか上位目標が充分に満たされたならば、そこで「コーヒーを飲む」目標設定とそれに応じた行為実行のサイクルはストップする。いわば、充分にリラックス感が得られたので、そこで基準が満たされた（主観的には「満足した」と感じることだろう）ことによって、コーヒーを飲み終えるという状態である。

一方、このモニタリングの過程で、もし進捗の妨げや遅れといった問題状況が検知されれば、その問題に対応するための何らかの調整が行われる。たとえば「コーヒーを飲む」行為を実行したものの、その上位目標である「リラックスする」に近づくことができなかった場合を考えてみよう。こうした進捗状況の障害や遅延が上位ループのモニタリングにおいて検知されると、外的・内的状況の見直しや障害・遅延の原因帰属[7]が行われ、それにあわせて下位ループの目標設定が修正される。たとえば、コーヒーを飲んでもリラックスできなかった原因としてはさまざまなものが考えられる――コーヒーが好みの味ではなかったのかもしれない。そのとき流れていた音楽が耳障りだったのかもしれないし、何か他の心配事で頭がいっぱいだったということもありうる。このときに帰属された原因に対処しつつ、上位目標である「リラックスする」に向かうべく、何らかの修正目標（たとえば「コーヒーを淹れなおす」）が再設定されたり、別の視点からアプローチを試みたり（「心地よい音楽を聴く」）、まったく新たな目標（「まずは心配事の方を解決しよう」）に方向転換したりする。

また、「コーヒーを飲む」よりも下位レベルのループにおいて障害が発生し、そのモニタリング結果に応じた行動調整が起きることもある。たとえば、コーヒー豆のストックを切らしていたことが障害になって「コーヒーを淹れる」目標への進捗が妨げられていることが検知されたならば、実行されるべき行為目標は「カフェで注文する」や「自販機で買う」などに切り替えられる。すなわち、上位目標である「コーヒーを飲む」に照らし合わせて、その達成に向かうべく下位目標の再設定が行われたのである。

モニタリングと情動

ここまで説明してきた自己制御のフィードバックループにおいては、情動（emotion）が重要な役割を果たしている。心理学においては、情動も〝物事の捉え方〟に関わる心の働きの1つであるとされている。そもそも、情動とは、何なのであろうか。日常的な言葉遣いを用いて表現するなら、感情の起伏と言い換えることもできる。私たちは生活のさまざまな場面で、感情の起伏を経験する。たとえば、人前でパフォーマンスやプレゼンテーションをするような機会に際して、強い不安や緊張を感じることがあるかもしれない。あるいは、誰かの理不尽な発言に対して、ふつふつと湧いてくる怒りを覚えるようなこともあるだろう。時には、大きなチャンスを迎えてわくわくするような興奮を味わっ

［7］　原因帰属とは、物事の原因が何にあるのかを推論することを意味する。

たり、願いが叶って大きな満足感で心が満たされたりすることもあるはずだ。こうした例に表されているように、不安や恐怖、嫌悪、怒りといったネガティブなものから、喜びや満足感といったポジティブなものまで、多種多様な感情が目まぐるしく入れ替わりつつ、まるで大波のように押し寄せたり、また引いていったりする。

このように、情動とは、短時間で大きな起伏を示す感情経験のことを指す[8]。情動は、何らかの状況変化が知覚されると、その状況に対する評価（つまり、それが自分にとって好ましいことなのか、それとも好ましくないことなのか）に応じて生じる。このとき、自律神経系や内分泌系などの生理反応（たとえば発汗や心拍の高まり）や、表情や姿勢などの行動反応（たとえば見開かれた目やこわばった身体）、そして主観的な情動経験（たとえば「恐ろしい」と感じること）といった複数の要素が合わさって生じる。そして、これらの情動経験は、めまぐるしく変化する環境に対応するための行動を迅速に起こす身体的準備と動機づけを高める役割を果たしている[9]。

情動には、第4章においても触れたとおりに、大脳辺縁系の働きが関わっている。脳の中でも奥深くに位置しており、そして進化的に〝古い〟時期から存在する（爬虫類にもある）部位である。ここから生み出された情動は、報酬や罰、快楽や苦痛などに対する直感的・衝動的反応を引き起こし、私たちを突き動かす原動力となる。生きるための、そして子孫を残すための反応を生み出す、必要不可欠な働きであると言えよう。そして、これも第4章ですでに述べたことだが、大脳辺縁系に起因する情動が、前頭前皮質における高度な思考過程に取り入れられ、情報として統合されていくことによって、私たち人間が高次の判断を下すことを可能にしている。

情動の働きは、高次の判断に関わる情報処理過程のみならず、自己制御過程にも関与している。すなわち、自己制御のフィードバックループにおいて、その動機づけを強めたり弱めたりするシグナル（信号）の働きをしているのだ。たとえるなら、信号機のように「止まれ」や「進め」といったタイミングを教えてくれるのが、情動のシグナル機能である。

先に述べたとおり、フィードバックループにおいては、達成行動がどのくらい効果的に実行されているか――すなわち、目指すべき基準に向けて順調なペースで近づいているかどうかという進捗状況がモニタリング（監視）されている。このモニタリング結果は、情動経験に反映される（Carver & Scheier, 1990）。もし進捗状況が良好ならばポジティブな情動が経験される。良好な進捗状況とは、達成行動によって現状が目標に近づきつつあり、さらに順調なペースで進んでいる場合を指す。一方、もし進捗が劣悪ならば、ネガティブな情動が経験される。このとき劣悪と見なされるのは、現状が目標に近づくことができていない場合か、あるいは近づきつつあるものの進み方のペースが遅すぎる場合である。

まとめると、ポジティブな情動がシグナルとして伝えているのは、今現在、好ましい状況にあるということである。つまり、何か気をつけるべき危険や障害が存在しておらず、目標追求が順調に進んでいるということを意味している（Izard, 1977; Lazarus, 1991）。自動車の運転においては、青信号が「安

［8］ 比較的緩やかに長時間持続する強度の弱い感情については、気分（mood）と呼び分けている。また、情動と気分を包含する上位概念として、感情（affect）を定義づけることもある。ただし、情動、気分、感情の各概念間に厳密な区分はなく、研究者によって異なる定義を用いる場合もある。

［9］ 情動の機能についてよりくわしく知りたい場合は、『エモーショナル・ブレイン――情動の脳科学』（ルドゥー、２００３）も参照してほしい。

全なのでそのまま進め」を意味するのと同じような働きであると思ってほしい。このような安全かつ順調な状況においては、思考や行動に〝遊び〟を取り入れる余裕がある――すなわち、習慣にとらわれず、考え方や振る舞い方の幅を広げて、創造的に取り組んでみることを可能にする（Fredrickson, 1998）。

一方、ネガティブな情動が喚起されるのは、今そこに障害や危険がある、もしくは予期されるという状況である。こういった好ましくない状況が知覚されたときに、その危機的事態に迅速に対処することを促すのが、ネガティブ情動の機能である（Frijda, 1986; Lazarus, 1991; Tooby & Cosmides, 1990）。赤信号の点灯や点滅が「危ないから止まれ」や「もうすぐ急カーブだから減速せよ」といった警告を発しているのと類似している。このような障害のある状況に適切に対処するためには、妨げとなっている原因が何なのかを把握することや、どのようにすれば解決できるのかという対処法を推論することなど、複雑で高度な情報処理が求められる。そのため、一般的に、ネガティブな情動（すなわち障害の存在を示すシグナル）は、注意を引きつけたり、慎重に思考・判断したりする傾向を強める（Phelps et al., 2006）。

▼目標間の葛藤とセルフコントロール

ここまで、目標を追求するための心の仕組み、すなわち自己制御の心理プロセスについて説明してきた。このような目標に向かうための心の働きをひととおり理解したうえで、次の問題に進もう。それは、セルフコントロールとは何なのかという問いだ。

この問いに答えていくために、まず、目標間の葛藤についての説明から始めよう。

葛藤（conflict）とは、相容れない2つの選択肢の間で、どちらを選ぶかという迷いが生じている状態のことを指す。したがって、目標間の葛藤とは、相容れない2つの目標追求に動機づけられている状態のことを意味する。どちらか片方の目標を追求したら、もう一方の目標達成が阻害されてしまうという状況である。このようなときには、2つの目標を同時に追求することはできないので、いずれかを優先し、他方を（少なくとも一時的には）あきらめなければならない。たとえるならば、ナビゲーションシステムに、別々の方向にある2つの目的地が設定されてしまったというような状態だ。こんなとき、異なる二方向へと同時に進むことは当然できないので、どちらかを優先的に目指すことになる。

こうした目標間の葛藤に際して、どちらかの目標を優先的に追求するように動機づけや振る舞いを調整するのがセルフコントロールの働きである。とくにセルフコントロールが必要とされるのは、望ましい目標として目指しているものがあるにもかかわらず、それとは相容れることのできない目標（つまり、望ましくない目標）に動機づけられてしまったという葛藤状況である。

たとえば、こんな状況を思い浮かべてほしい。「あと3キロやせよう」と思ってダイエットに取り組んでいるにもかかわらず、焼肉食べ放題のチラシを目にして「お腹いっぱい食べたい」という強い食欲を感じたとき。あるいは「出社しなければいけない」とわかっているのに、暖かい布団にくるまれたまま「あとちょっとだけ寝たい」と眠気に負けそうになったとき。「お客様には丁寧に接するべし」と心に決めていたのに、横暴な態度の相手に「どなり返してやりたい」という衝動を感じたとき。

ここに挙げたような「食べる」「寝る」「どなる」といった目標やそれを実行することは、そもそも人間が生きていくために必要であったり、役立ったりするものだ。したがって、これらの目標に動機づけられること自体が、悪いものだとはけっして言えない。しかし、こうした目標を追求することが、より大きな価値をもつ重要な目標の達成を妨げてしまうときに、問題となる葛藤状況が発生する。たとえば、「（健康のために）やせる」「（労働のために）出社する」「（ルールや信条を守るために）丁寧に接する」といったように、大切な長期目標や価値観、社会規範などと結びついた望ましい目標を目指そうとしているときには、それらと相容れることのできない「食べる」「寝る」「どなる」といった欲求や衝動に従うことは、望ましくない目標――つまり、誘惑（temptation）であると認識される。

こうした望ましくない目標（誘惑）vs. 望ましい目標という葛藤に際して、前者に向かいそうになることを抑え、後者を優先的に目指すことができるように、みずからの動機づけや振る舞いを調整する心の働きが、セルフコントロール（self-control）である。つまり、望ましくない目標が生じたときに、それを追求しようとする動機づけや行動を抑制したり、より望ましい目標を追求する動機づけや追求行動を優先させたりすることと言えるだろう。このときに、望ましくない目標を追求してしまうことがセルフコントロールの失敗にあたる。一方、望ましい目標を追求することができれば、それはセルフコントロールの成功ということになる。

▼目標間の葛藤対処プロセスモデル

ではここで、本書全体を通じた2つの問いを思い出そう。①なぜ自制できないことがあるのか、②どうすれば自制できるようになるのかという問いである。

これらの問いについて、本章（第7章）において説明してきたような、心理学（とくに社会的認知の視点から、読み替えてみることにしよう。すなわち、セルフコントロールについて、目標間の葛藤に際して動機づけや振る舞いを調整する心の働きとするならば、これらの問いは以下のように言い表すことができる。

望ましくない目標 vs. 望ましい目標という葛藤状況に際して、①なぜ望ましくない目標を追求してしまうことがあるのか、そして、②どうすれば望ましい目標を追求できるようになるのかという問いである。

これらに対する答えのヒントは、本章で説明してきたような、自己制御に関わる心の仕組みの中にある。つまり、人間はどのように目標を追求するのかについての理解は、なぜ（望ましくない）目標を追求してしまうのか、そしてどうすれば（望ましい）目標を追求できるようになるのかについて考えるうえで、重要な手がかりとなるのだ。だからこそ、本章ではしっかりとページを割いて、目標を追求する心の仕組みについて説明してきた。

こうした社会的認知の考え方に基づいて、本書のこれ以降の章では、セルフコントロールの成功や失敗をもたらす心の働きを説明していく。その詳細についてはあとの章で丁寧に解説するのだが、今後の議論の進め方の見取り図として、セルフコントロールに関わる心理をモデル（理論的枠組み）として表したものを、ここでお見せしたいと思う。

図７－４をご覧いただきたい。これは、セルフコントロールに関する社会的認知研究において提案されてきたモデル（Hofmann & Kotabe, 2012; Myrseth & Fishbach, 2009; Ozaki et al., 2017）をいくつか組み合わせて、それらの長所を活かしつつ整理したものだ。これを目標間の葛藤対処プロセスモデル（Conflict Coping Process Model）と名づけることにする。

このモデル図には、ステージ０からステージ４までの５段階のプロセスが描かれている。ここ

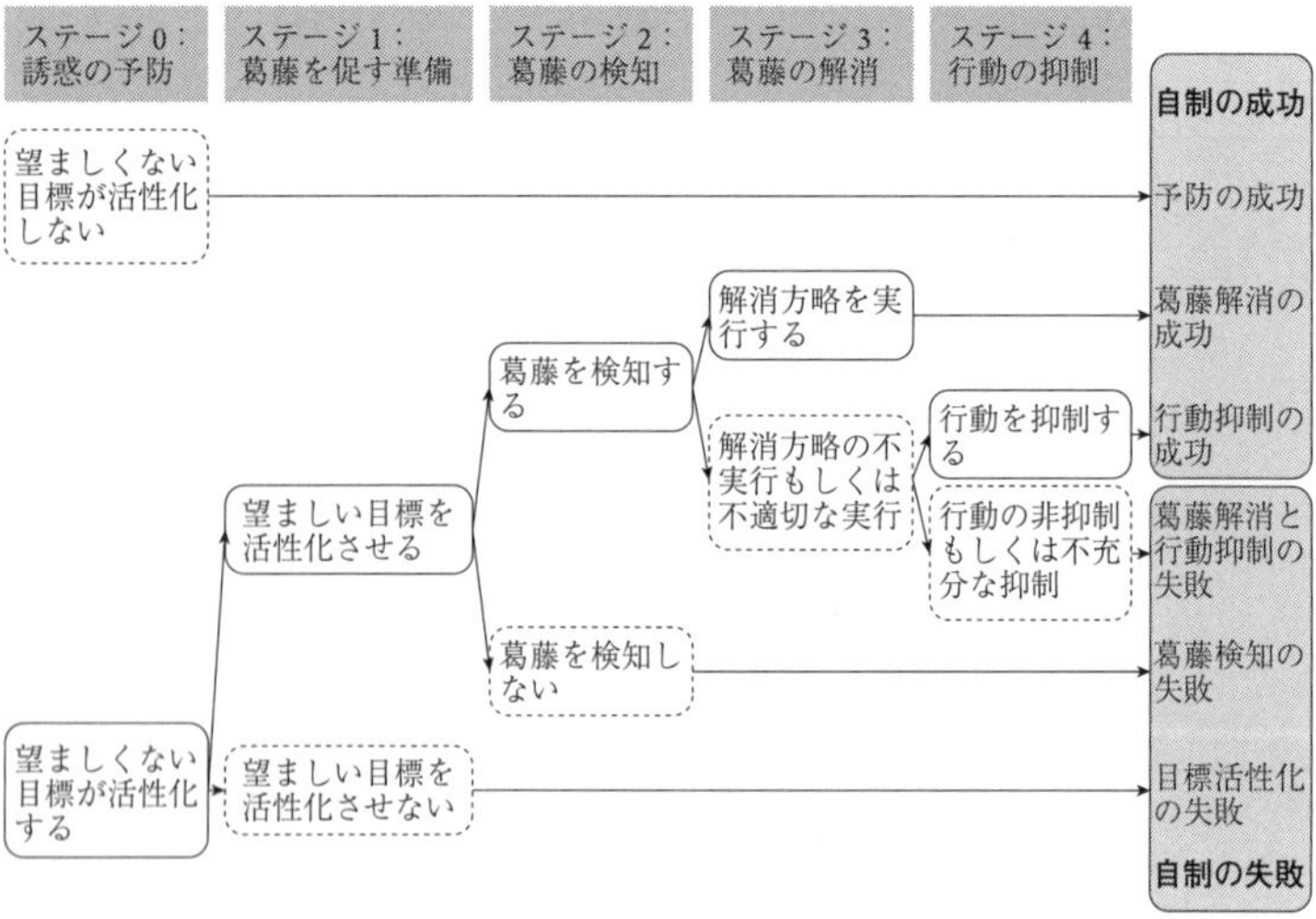

図 7-4　目標間の葛藤対処プロセスモデル

でいうプロセスとは、心理過程（psychological process）のこと、すなわち心の中でどのような働きがどのような順序で進んでいくのかという流れのことを表している。その流れの進み方を矢印で結んで表現したのが、図7－4のダイアグラムである。

ここで指摘しておきたい重要なことは、ひとことでセルフコントロールの成功や失敗といっても、それぞれについて異なるパターンが複数含まれるということだ。図7－4の右端の部分をご覧いただきたい。セルフコントロール（自制）の成功として括られた灰色部分の中に、〝予防の成功〟〝葛藤解消の成功〟〝行動抑制の成功〟という3つのパターンが含まれていることが見て取れるだろう。また、セルフコントロール（自制）の失敗として括られた部分にも、3つのパターンが含まれる。

ここで失敗の3つのパターンに注目しよう。モデル図中の下から順に取り上げ、端的に表現すると、以下のようになる。〝目標活性化の失敗〟とは、「思わず、つい」や「うっかりして」というように、気づかずにやってしまった／やりそこねてしまったことを指す。〝葛藤検知の失敗〟は、本来ならば「いけない！」と自覚すべきところを「まぁいいか」や「あとでやろう」というように見逃してしまい、やってしまった／やらなかったことを意味する。〝葛藤解消と行動抑制の失敗〟とは、「いけない！」とわかっていながら、気持ちや行動を止めることができずに、やってしまった／やらなかったことを示している。

これらの失敗に至る原因はどこにあるのだろう。ダイアグラム上の矢印を指でなぞっていくと、ある失敗のパターンに至るまでに、どのようなプロセスを経てきたのか（どの矢印を経由してきたか）が読み取れる。さらに、ステージ0からステージ4までのいずれの段階で、成功や失敗のパターンを規定する分かれ道があったのか――つまり、どのような原因によって失敗に至ったのかを知ることができる。

第1章で出題したクイズを、覚えているだろうか。じつは、このクイズにおける回答選択肢（ア）から（オ）までは、それぞれ順に、ステージ0からステージ4までの各段階における分かれ道のあたる要因を、わかりやすい言葉で端的に表現したものだった。ここで、そのクイズを再掲しておこう。

【問い】 セルフコントロールに失敗してしまう原因とは、何でしょうか。以下の（ア）から（オ）までのうち、原因の説明として適切と思われるものに○を、不適切と思われるものに×をつけてください。

（ア） 誘惑となるものが手の届くところにあったから

（イ）　大切な目標を思い出せなかったから
（ウ）　「いけない！」という自覚が足りなかったから
（エ）　気持ちの整理や切り替えができなかったから
（オ）　自分を律する意志力が足りなかったから

これらの選択肢が表していることは、目標とそれに関連する状況（周囲環境や自分の心の中の状態も含む）の認知である。このような〝目標をめぐる物事の捉え方〟を説明要因としてセルフコントロールを解き明かしていこうというのが社会的認知研究のアプローチであり、本書がこれ以降で説明していく「目標間の葛藤対処プロセスモデル」のベースとなる考え方である。

各選択肢についてのくわしい説明はのちの章のためにとっておくことにするが、1つだけ例として取り上げて説明を加えておきたい。「（オ）自分を律する意志力が足りなかったから」だが、これはプロセス最後のステージ4に位置づけられている。「行動を抑制する」と「行動の非抑制もしくは不充分な抑制」という分岐が表されている部分だ。しかし、モデル図から見て取れるとおりに、この要因が関与しているのはダイアグラムのほんの一部でしかない。ここから導かれる示唆は、意志力だけで自制の問題をすべて説明できるわけではないということである。他にも複数の要因がもっと早い段階で関与しているのだから、考えるべきことはそれ以外にもたくさんあるはずだ。

他の要因、つまり（ア）から（エ）までについても同様であり、いずれか1つだけでセルフコントロールに関わる心の働きのすべてを説明できるわけではない。これらの各要因の影響についてきちんと理解し、それらの関係性をモデル上に位置づけて整理することによってはじめて、セルフコントロールの仕組みの全体像が見えてくる。

そこで、このモデルの全体像を組み上げていくことを目指して、以降の章では各ステージを1つずつ取り上げながら解説したい。

まず第8章では、ステージ1：葛藤を促す準備に焦点をあてる。この段階で「大切な目標があることを思い出す」ことができないと、うっかり気づかぬうちにやってしまった／やりそこねてしまったという失敗（目標活性化の失敗）に至ってしまうことについて説明する。次の第9章では、ステージ2：葛藤の検知を取り上げ、「『いけない！』と自覚する」ことの重要性について考察する。この「いけない！」と気づくべきタイミングで「まぁいいか」や「あとでやろう」などと見逃してしまう失敗（葛藤検知の失敗）について説明し、その落とし穴に陥らないために何ができるかを考えたいと思う。さらに第10章では、ステージ3：葛藤の解消に関して、「気持ちの整理や切り替えをする」ための方法を考える。この段階で葛藤をうまく解消するというのが、自制の成功パターンの1つだ。ただし適切に解消できなかった場合には、次の段階、つまりステージ4：行動の抑制に、自制の成否がかかってくる。この段階に焦点をあてる第11章では、「意志の力でこらえる」ことや、それに関わる心の働きについて解説する。最後に、第12章ではモデルの最も初期段階のところに戻ってくる――すなわち、ステージ0：誘惑の予防である。ここでは〝賢いセルフコントロール戦略〟として「誘惑されないようにする」という方法を紹介し、その効果について考えていきたい。

章末コラム⑦　プライミング効果

プライミング効果（priming effect）とは、事前に呈示された刺激を知覚することが、その後に続く思考・判断・感情・行動などに影響を及ぼすことを指す。事前に呈示する刺激のことを先行刺激、もしくはプライムと呼ぶ。先行刺激の呈示の仕方には、視覚、聴覚、嗅覚などを通じたさまざまな方法がある。この先行刺激を知覚することによって、それに対応する表象が記憶システム内で活性化され、その後の情報処理に用いられやすくなることから、このような現象が生じると考えられている。

プライミング効果を観察するためには、影響を受ける側の人（つまり実験参加者）に、先行刺激の存在やその影響をなるべく気づかせないようにすることが重要である。なぜなら、もし先行刺激によって何らかの影響が及ぼされる可能性に気がついてしまうと、その影響をあたかも受けているかのようなそぶりで回答する場合や、あるいは逆に、その影響をできるかぎり受けまいと慎重になる場合など、意図的に反応をゆがめることがあるからである。

このような実験参加者による気づきを防ぐために、先行刺激を呈示する手続きにはさまざまな工夫がなされる。たとえば、反応を測定する課題とはまったく無関連なように見える、パズルのような課題に取り組ませることによって、先行刺激をさりげなく呈示するという方法がある。本文中で紹介した、10×10マスに並べられたアルファベットの中に隠された単語を見つけ出すという手続きも、その1つである。ここでは、もう1つの例として、単語並べ替え課題（word sorting task）を紹介する。具体的には、「以下に、バラバラな順番で並んだ言葉が表示されています。これらの言葉を並べ替えて、意味の通る文章をつくってください。」といった教示に続いて、「角を　病院が　まがると　見えてくる　次の　右に」や「もう　のことだ　叔母が　したのは　手術を　三年前　大きな」などの言葉のセットが与えられ、実験参加者はこれらを並べ替えて文章をつくる作業を行う。この単語並べ替え課題の中で「病院」や「手術」といった単語がさりげなく呈示されることがプライミングとして働き、実験参加者は気づかないうちに影響を受け、これらの単語に関連のある表象（たとえば「医者」）を記憶システム内で活性化させる。このような単語並べ替え課題に取り組んだのちに、関連のない別課題のように見せかけて、反応を測定する手続きが行われる。たとえば、白衣を着た人物の写真を呈示して「この人の職業は何だと思いますか」と尋ねたとしよう。このときに、（科学者や理系教員など、白衣を着用する職業は多数あるにもかかわらず）「きっと医者だろう」という判断を下すという反応が（プライミングされなかった場合と比べて）増加したならば、プライミング効果が観察されたということになる。

第7章の本文中で述べた目標プライミングとは、プライミング効果の一種であるが、その中でもとくに目標表象を活性化させ、対応する心理状態や追求行動を促進するようなものを指している。たとえば、清涼飲料水のコマーシャルソングを耳にすることによって「飲む」という目標が活性化し、のどの渇きを感じやすくなったり、飲料の自動販売機を探すようになったりする。

一般的に、プライミングによってある表象が活性化した場合、時間の経過に伴ってその活性化の度合いがしだいに低下していくというパターンを示す。一方で、目標表象が活性化したときには、それに対応した追求行動が完遂されるまで活性化の高い状態が続き、目標が達成されると活性化が低下するという特徴的なパターンが観察される。

第8章

大切な目標があることを思い出す

葛藤を促す準備

しまった！　帰りが遅くなるときは妻に連絡を入れると約束していたのに、うっかり忘れていた。これは帰ったら叱られるだろうな、困ったなぁ。そう思いながら帰宅すると、玄関で待ち構えていたのは、機嫌の悪い妻である。しっかりしてよね、なんで連絡くらいできないのよ……といった小言の連続にイライラしてきて、思わず「うるさいなぁ。俺だって疲れているんだ」とどなってしまった。その直後に、あんなことを言うんじゃなかった、悪いことをしてしまったと後悔したが、すでに口から出てしまった言葉を取り消すことはできない。

こうした経験を実際にしたことがある方にとっては、読んでいるだけで頭が痛くなるようなシナリオかもしれない。このように、あとから考えてみると、なんであんなことをしてしまったのだろう、なぜそのときに気づかなかったのだろうかと後悔するような自制の失敗は、生活の中でときどき生じうる。うっかりしていてレポートの提出締め切りを過ぎてしまったこと、思わず購入ボタンを押してしまい必要でもないものを買ってしまったこと、とっさに口から出てしまった暴言や嘘のためにあとから激しく反省すること、などなど。こうした出来事を人生の中で一度も経験したことがないという人は、どこにもいないのではないだろうか。

本章で取り上げるテーマは、このような「うっかり忘れていた」とか「思わずやってしまった」というような自制の失敗と、それをもたらす原因についてである。すなわち、望ましい目標をタイミングよく思い出すことができるか否かという問題だ。つまり、自分が望ましくない振る舞いをしそうになったタイミングで、それとは相容れない望ましい目標を思い出せるかどうかということにフォーカスする。

セルフコントロール（自制心）とは、望ましくない目標vs.望ましい目標という葛藤に際して、前者に向かいそうになることを抑え、後者を優先的に目指すように動機づけや振る舞いを調整することだ。これは先の第7章ですでに述べたとおりである。ただし、このセルフコントロールを実行するためには、1つの前提がある。望ましくない目標を追求しそうになったタイミングで、それと相反するような望ましい目標（あなたがしなければいけない、価値のある、大切なこと）を思い出さねばならないということだ。つまり、自制を成功させるためには、望ましくない目標が活性化したときに、間髪を入れずに、望ましい目標も活性化させる必要がある。なぜなら、価値のある大切な目標を思い出していなければ、そもそも望ましくない目標vs.望ましい目標という葛藤は生じないからだ。これはすなわち、今から自分が行おうとしている振る舞いを「望ましくない」と認識できないということを意味している。そして結果として、セルフコントロールが実行されないということになってしまう。

たとえば、大好物のチーズケーキを「食べたい」という目標が活性化したときに、「減量したい」という望ましい目標を思い出せなかったとしよう。そんな場合には、「食べたい。でも、そうしてはいけない」という葛藤は生じない。そもそも、食べること自体を〝望ましくない〟と認識することもなく、心ゆくまで食べるという行為を満喫することだろう。ケーキという誘惑を目の前にしたときに、それに対する自制心を働かせるためには、「減量したい」という目標があることを思い出す必要があるのだ。

それも、「ここぞ!」という適切なタイミングでなければならない。すなわち、誘惑を認識したらすぐに（遅くとも、誘惑追求行動が実行されてしまう前に）、望ましい目標が活性化される必要がある。ケーキでお腹がいっぱいになったあとになって「そうだった、ダイエットしていたのだった」と思い出したとしても、それではあとの祭り、手遅れになってしまう。重要なのは、自制がまさに必要とされるその時点で、望ましい目標が活性化されるということだ。

この段階は、モデルの中でステージ1として位置づけられている（図8-1）。ここが、「でも、そうしてはいけない」という葛藤の検知とその対処に向けて踏み出すための第一歩となる。

本章では、自制が必要とされるタイミングで望ましい目標を活性化させるという心の仕組みについて、まず説明したいと思う。さらに、この働きを促進する方略、すなわち、適切なタイミングで目標を活性化させるためのテクニックをいくつか紹介していきたい。

目標を適切なタイミングで思い出す

ここまで読み進めてきて、こんな疑問をもった方がいるかもしれない。そもそも〝大切な目標があ

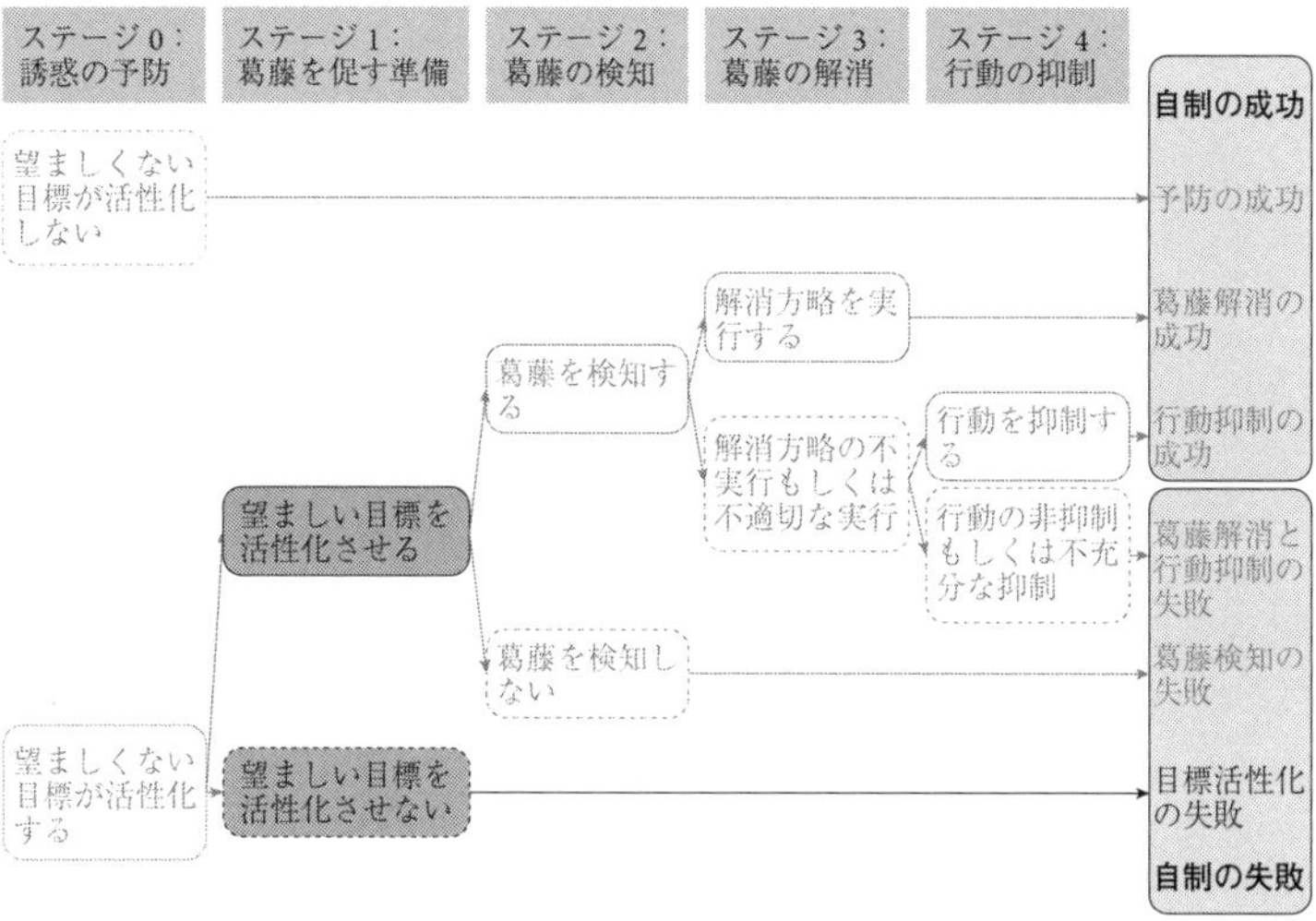

図 8-1　目標間の葛藤対処プロセスモデルにおける「葛藤を促す準備」の位置づけ

ることを思い出す〞とはどういうことなのだろう？　大切な目標だったら、忘れるわけがないのに？　ダイエットをしているなら、常にそのことを気にかけているはずだ。だから、もし魅惑的な食べ物に出会ったとしても、「でも、食べてはいけない」と、すぐに気がつかないなんてことがありうるのだろうか。また、もし試験合格を目指しているのだったら、四六時中それを目指して頑張っているべきだ。たとえ怠けたり遊んだりする誘惑があったからといって、「勉強しなければいけないのを忘れていた」なんていう言い訳が成り立つわけがないだろう。

その疑問も当然のことと思う。やらなければいけないことをうっかり忘れていたとか、やってはいけないということに考えが至らなかったとか、そのような説明を聞いても、なんだか薄っぺらな言い訳に聞こえてしまうことは否めない。

しかし、人間の心の仕組みから考えると、〝目標をいったん忘れる〞ことは、じつはあたりまえのことであり、むしろ非常に重要な働きなのである。第7章で説明したとおり、身の周りで起きている物事を知覚することによって目標の活性化が生じ、それによって私たちは周囲環境やその変化にスムーズに対応できるようになっている。ただし、人間の脳が一度に処理できる情報量には限りがあるため、あまりに多数の目標を同時に活性化させ、それらの追求行動を並行的にコントロールすることは不可能だ。だからこそ、今必要なことに限って目標の活性化とそれに伴う行動制御を行うことが大切となる。そのために、必要でないときには、目標をいったん忘れる――つまり、目標の活性化を低下させておくのだ。

しかし、いつまでも忘れたままにしておくわけにはいかない。将来のある時点で実行するべき目標であったり、今後繰り返し行わなければいけない目標だったりする場合は、〝あとから思い出す〟ことが重要だ。たとえば、1時間後に取引先に電話をかけるとか、毎食後に薬を飲むといったものである。このような場合は、これらの目標をいったん忘れた（少なくとも、意識しなくなった）のちに、必要なタイミングで思い出すことが求められる。

これには、人間の記憶の仕組みが関わっている。ここで、記憶の仕組みについて少し説明を加えておこう。記憶というと、過去に経験した出来事や情報を覚えていることというイメージが強いかもしれない。これは回想記憶と呼ばれるものだ。じつはこれ以外にも、記憶にはとても重要な機能がある。それが展望記憶であり、あとでやるべきことを覚えておくという働きだ（McDaniel & Einstein, 2007）。すなわち、「□□のときに○○する」という目標は表象として記憶システムに保存され、いったんその目標表象の活性化は下がる。そして「□□のとき」がやってきたときに、自発的にその記憶を想起する――つまり、「○○する」という目標表象がもう一度活性化され、それを追求するべく行動制御がスタートするのである。「□□のときに」は、目標表象を活性化させるタイミングを知らせる手がかりであるが、これには時間ベースのもの（たとえば「明日の正午になったら」や「1時間後に」など）と出来事ベースのもの（たとえば「ポストを見かけたら」や「見知らぬ他人に声をかけられたら」など）がある。時間ベースの展望記憶には、頭頂葉皮質（とくに、下頭頂小葉や下前頭回といった脳部位）の関与が指摘されている（Harrington et al., 1998）。一方、出来事ベースの展望記憶には、前頭前皮質の働きが大きく関与しているという（Cheng et al., 2008）。

セルフコントロールにとくに関係が深いのは、この出来事ベースの展望記憶である。すなわち、何か望ましくない目標を活性化しそうな出来事を経験したら、間髪を入れずにそのタイミングで、相容れない望ましい目標を思い出すということだ。たとえば、レストランのメニュー表の中に、とてもおいしそうだが明らかにカロリーの高い食べ物を見かけたら、今ダイエット中であることを思い出す。協議を積極的に進めたいのに、ちっともハッキリしない相手の態度にイライラしてきたら、なるべく冷静沈着でいようという心がけを胸に言い聞かせる。飲み会でいかにもあなたに関心がありそうに近寄ってくる異性がいたら、家で待っているはずの妻（もしくは夫や恋人）の顔を思い浮かべて、そうだ、あの人のことを大切にしなくてはと思いやる。

ここに挙げたような望ましい目標は、朝起きてから夜寝るまでずっと意識しておかなければならない類のものではない。普段はめったに気にかけたりしないだろう。しかし、これらは深く胸に刻まれており、いざここぞというタイミングで思い出される。言い換えるなら、こうした目標は表象として記憶システム内に保存されており、望ましくない目標（誘惑）の追求が開始しそうな場面においてタイミングよく想起されることによって「でも、そうしてはいけない」という葛藤を促すのだ。

誘惑を知覚したら望ましい目標を活性化させる

このように、望ましくない目標（誘惑）追求を引き起こしそうな出来事を経験したときに、それとは相容れない望ましい目標を活性化させるという心の働きに関して行われた興味深い実験があるので、ここで紹介したい[1]（Fishbach et al., 2003）。

この実験に参加したのは、アメリカの大学生53名であった。参加者には、まず、「あなたが頑張らなければいけないと思っている目標を挙げてください」という設問と、それに続いて「あなたにとって楽しいと感じられる、でも上記の目標を達成したいならば、するべきではないことを挙げてください」という設問に答えてもらった。この2つの設問によって、参加者それぞれの望ましい目標vs.望ましくない目標（誘惑）の組み合わせが報告されたことになる。たとえば、貯金－海外旅行、勉強－バスケットボールといった組み合わせである。続いて、先に各自が報告した望ましい目標や望ましくない目標（誘惑）を表す言葉を用いて、プライミング課題が行われた[2]。その手続きの概要を示したのが、図8－2である。コンピュータ画面上に、先に報告してもらった単語のうち2つが連続呈示される。図中では、先行刺激（プライム）と後続刺激（ターゲット）と記された部分にあたる。先行刺激はきわめて短時間（50ミリ秒）しか呈示されないので、参加者にとっては「何か見えたかな？」程度にしか認識できず、文字はまったく読み取れない。ただし、これは非意識的な処理をするには充分な長さである。すなわち、この短い時間のうちに文字情報が視覚的に入力され、単語の意味理解までが進められるのだ。これほどに、脳内の非意識的処理は素早いのである。そして、知覚者本人には自覚されないまま進行する。次に、700ミリ秒のインターバル（間隔）を空けた後、後続刺激が呈示される。実験参加者にはここで呈示されたものが意味のある単語か、それとも無意味な文字列であるかを

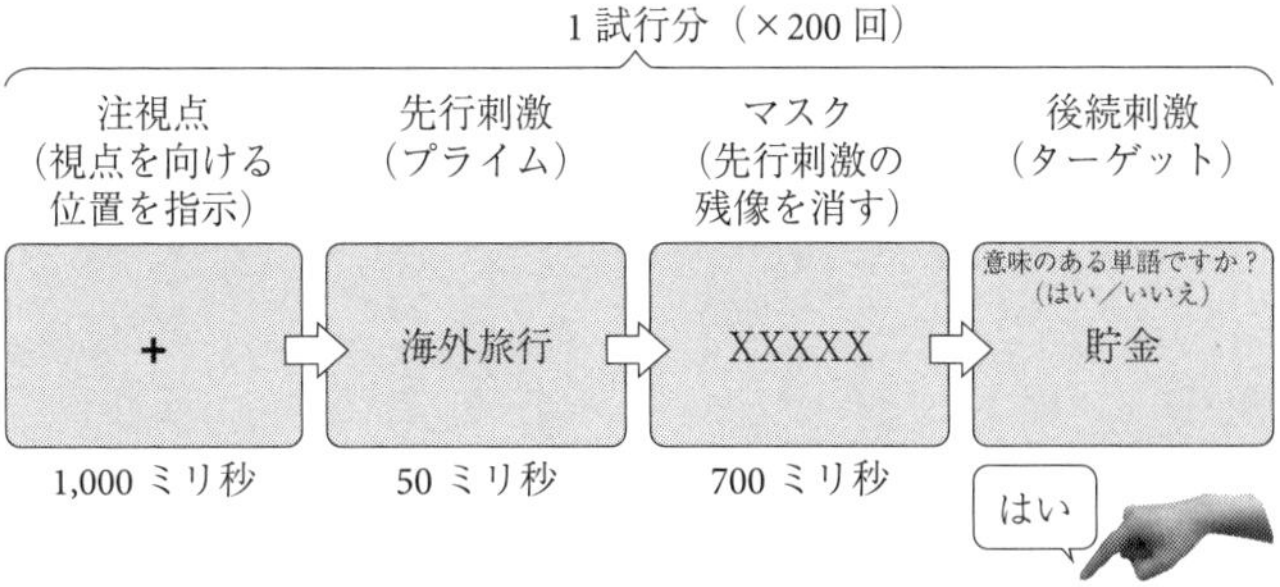

図8-2 プライミング課題の手続き

判断し、ボタン押しで回答する。これを語彙判断と言う。このとき、後続刺激の単語が画面に呈示されてから、その語彙判断が下されるまでの反応時間が短いほど、その単語の表す目標表象が強く活性化していたということを意味する。この実験では、先行刺激と後続刺激の組み合わせをさまざまに変更しながら、200回の試行を繰り返した。このとき、先行刺激として誘惑の単語を呈示してから、それとは相容れない目標を後続刺激として呈示すると、（それ以外の組み合わせと比べたときに）語彙判断の反応時間が短くなることが明らかにされた。たとえば、先行「海外旅行」→後続「貯金」の組み合わせのときの方が、先行「バスケットボール」→後続「貯金」の組み合わせよりも、同じターゲット単語であるにもかかわらず素早く語彙判断を下すことができた。この結果から推測されるのは、「海外旅行」という誘惑関連語を知覚したときに、その誘惑とは相容れない望ましい目標表象を活性化することにより、目標関連語（「貯金」）を文字情報から読み取って意味を理解するまで素早く処理す

[1] この研究は、反作用コントロールと呼ばれる研究テーマのもとで行われた一連の実験研究に含まれる1つである。反作用コントロールについては、第10章でくわしく説明する。

[2] プライミングについては、第7章の章末コラム⑦を参照。

ることができたのだろうということだ。それも、本人に意識されないまま、非常に短時間のうちに処理されていたのだ。

つまり、誘惑を目のあたりにしたときに、タイミングよく、その誘惑と相反するような望ましい目標が活性化され、その目標が追求されやすい状態になったのだと考えられる。したがって、誘惑に心惹かれそうになる危機的状況に対して、瞬時に、自制心の働きをスイッチオンするための自動的な心の仕組みがあるということが、この実験から示されたと言えるだろう。

ただし、すべての人がこのような心の仕組みを働かせられるわけではない。誘惑場面に際してタイミングよく自制心をスイッチオンすること（すなわち、誘惑を知覚したら相容れない目標が素早く活性化される働き）は、その望ましい目標を重要視しており、さらに目標達成に向けて優れた自制を発揮できている人々だけに見られたという（Fishbach et al., 2003）。つまり、勉強に重きを置いていて、かつ学業成績が優秀である人は、「遊び」誘惑に対して「勉強」目標を活性化させやすかった。また、スリムな体型を維持することを重視しており、きちんと体重管理ができている人のみについて、「高カロリー食」誘惑に対して「ダイエット」目標を活性化させやすいというパターンが見られたのだ。こうした結果パターンから、セルフコントロールの得意な人々は、意識しなくても、誘惑を目前にしたときに相容れない望ましい目標を活性化させるという習慣ができているのだろうと推察できる。

▼ホットスポットを特定する

どうすれば、自制心の働きをスイッチオンするための自動的な心の仕組みをつくることができるのだろうか。言い換えるなら、望ましくない目標の追求が始まりそうになったタイミングで、それとは相容れない望ましい目標があることを思い出すためのテクニックとして、何ができるのかという問題だ。

これについて考えていくうえで重要なのは、「今こそ自制しなければ！」と思い出すべきタイミングがいつなのかということである。すなわち、望ましくない目標が活性化しそうな状況を、きちんと特定する必要がある。

いつ、どこで、何が起きたときに、あなたは望ましくない目標を追求しそうになるのだろうか。ここで、第6章で説明したホットスポットの話を思い出してほしい。攻撃性や引きこもりなどの社会適応の問題を抱えた子どもたちの行動を観察し、ホットシステムが引き起こす衝動的な攻撃行動が、いつ、どのように生じるのかを分析したという研究である（Shoda et al., 1994）。この分析を通じて、特定の子どもが特定の状況において攻撃的になるというホットスポット（「危険な場所」の意味）があることが明らかになった。このような個人ごとの状況－行動の組み合わせの特徴を、「if… then…パターン」と呼ぶ。自分自身のホットスポット、言い換えればif…then…パターンを知ることが、そういった〝危険な〟状況に対する自分自身の認識のしかたや反応パターンを見直すきっかけとなり、セルフコントロールの問題を改善できる可能性があると、ミシェルらは指摘した。

つまり、自分自身のセルフコントロールの問題に、どのようなif…then…パターン、つまり状況と行動の組み合わせが関与しているかを明らかにすることが重要だ。とくに、望ましくない目標とその追求行動を導きがちな、特定の状況を見つけ出さねばならない。このような個人的なホットスポットこそ、「でも、そうしてはいけない」と葛藤を認識し、「いざここぞ！」と自制心のスイッチを入れるべきタイミングなのだ。

たとえば、禁煙するという目標があるにもかかわらず、あなたが思わず「吸いたい」と感じてしまったのは、いつ、どのような状況であっただろう。ストレスを感じたとき？　ふと、口寂しいなと思ったとき？　それとも、職場の同僚が喫煙しているのを目にしたとき？　このように、「してはいけないはずなのに、やってしまった」出来事をいろいろと思い出しながら、その共通点を探していくと、あなたのホットスポットがどこにあるのかが見えてくる。

もう1つ別の例について考えてみよう。資格試験の合格を目指そうと計画しているのに、あなたが何らかの理由によって勉強に取り掛かる機会を逸してしまったのは、どんなときなのだろう。友人からの飲み会や遊びの誘いに乗ってしまったとき？　分厚い参考書を目にして「面倒だな」と感じてしまったとき？　それとも、今日は仕事をたくさん頑張って疲れているのだから、1回くらい勉強をサボってもいいよねと、自分に言い訳をしてしまったとき？　こうした「しなければいけないはずなのに、できなかった」出来事たちも、それらに共通することを発見できれば、それはあなたが自制に失敗しやすい状況という意味で、ホットスポットにあたるのだ。

このように、自分の過去の振る舞いを振り返りながら、ホットスポットを探そうと試みるのは、とても効果的だ。ただし、それ以外にもできることはいくつかある。まず、自分自身が普段何気なく振る舞っていることに対してあえて注意を向け、自分の行動をよく観察することをお勧めしたい。また、あなたと長い時間を一緒にすごしている身近な人に尋ねてみることも、参考になるだろう。このような客観的な視点は、あなた自身が見過ごしてしまっているような状況－行動の組み合わせを見つけ出すための手がかりとして、とても有効である。こうした個人的なホットスポットを見出していく試みから、より優れた自制心の発揮を促すための工夫が始まるのだ。

あなた自身のホットスポットが特定できたら、どうしたらそのif…then…パターンを変更していくことができるかについて考えよう。つまり、「(if) もし特定の状況を知覚したら、(then) 望ましくない目標(誘惑)の追求行動が実行される」という関係性から、「(if) もし特定の状況を知覚したら、(then) 望ましい目標の追求行動が実行される」という新たな関係性に変えるのだ。つまり、ホットスポットの状況認識を、誘惑にはまっていく泥沼の入り口ではなく、望ましい目標追求を始動させるスイッチとして置き換えていくことを目指して、次の節ではその具体的な方法を考えていこうと思う。

▼目標を活性化させるスイッチ

ここから、誘惑場面に際してタイミングよく望ましい目標を活性化させるテクニックをいくつか紹介する。言い換えるなら、望ましい目標追求の始動スイッチをつくるということだ。ただし、スイッチといっても、いわゆる「やる気スイッチ」(動機づけを高めるきっかけ)と巷で言われるようなものではないので、ご注意いただきたい。ここでいうスイッチとは、誘惑に心惹かれそうになったタイミングで、本来目指すべき目標を思い出させる仕組みのことを指している。具体的には、①状況手がかりによる目標プライミング、②ナッジ、③実行意図の3つを紹介する。

① 状況手がかりによる目標プライミング

まず、状況手がかりによる目標プライミングについて説明する。目標プライミングについては第7章で説明したが、ここで簡単に復習しておくと、外的要因の知覚によって目標表象が活性化されることを指している(Custers & Aarts, 2005)。この目標プライミングの効果を検証した実験(Bargh et al., 2001)

では、参加者に“win, succeed, achieve”といった単語が含まれるパズルを解かせることで、これらの単語刺激を知覚させることによって、「よい成績を得る」という目標が活性化され、それに伴い実際の成績もよくなることが示された。

このような研究成果を活用して、何らかの状況刺激を知覚することがスイッチのように働いて、望ましい目標が活性化する仕組みをつくることが、目標プライミングによる介入法である（Papies, 2016a, 2016b）。具体的に言うと、誘惑が生じそうな場面において、目標に関連するような視覚刺激を呈示るということだ。つまり、ここぞというタイミングで、望ましい目標を思い出させるようなものを“見せる”という方法のことを指す。文字で表された言葉のこともあるし、写真などの画像の場合もある。こうした文字や画像といった視覚的な状況手がかりは、タイミングよく呈示することで、行動を導くために安定した効果を挙げることが期待できる（Weingarten et al., 2016）。

望ましい目標に関連する視覚刺激を呈示するという方法が、セルフコントロールを促進するかどうかを検証したフィールド実験[3]がある（Papies & Hamstra, 2010）。この実験は、オランダの小さな街にある肉屋で行われた。この入り口に「スリムな姿のために」と書かれた低カロリー・レシピの宣伝ポスターが貼られていた場合と、この掲示がなかった場合で、買い物客の振る舞いがどのように異なるかを比較したのである。とくに注目したのは、おいしそうなグリルチキンの匂いが漂う店内で、試食トレイに載せられた食品（小さく切ったミートボール）を目にしたときに、そこから何切れをつまみ上げて食べるかということだ。結果として、普段から体重管理を心がけていた買い物客については、ポスター掲示があった場合の方が、なかった場合よりも、試食品を食べる量が少なかった。つまり、目標プライミングが行動に影響を与えたと言える（ただし、体重管理の必要性を感じていなかった買い物客については、ポスターの有無による摂食量の違いは見られなかった。これらの人々は、そもそも「体重を管理する」という目標をもっていないので、関連する視覚刺激を目にしたとしても、目標の活性化やその追求行動が生じないのである)。

このように、文字や画像によって望ましい目標をプライミングするという方法は、とても簡単で、誰にでも使いやすいものだ。そのため、日常生活のあちこちでその例を見つけることができる。工事現場に「安全第一」といった標語が掲示してあるのも、その一例と言える。また、興味深い取り組みとして、ＹｏｕＴｕｂｅのスマートフォンアプリには、長時間だらだらと動画を視聴し続けてしまうことを防ぐための機能がついている[4]。これは、あらかじめ設定しておいた視聴時間が経過すると「休憩しませんか?」というメッセージを表示するというものである。動画に夢中になっているとあっという間に時間が過ぎてしまうことになりがちだが、こうしたメッセージが表示されることによって、「節度を守って動画を楽しむ」という目標をタイミングよく思い出すことができるという仕組みだ。

我が家でも、「手を洗う」目標をプライミングしようという試みを行ったことがあった。私の娘は、おそらく多くの子どもたちと同様に、トイレが済んだらすぐにでも外に駆け出したくなってしまい、きちんと丁寧に手を洗わずに出てきてしまうことがたびたびあった。手を洗うことの大切さについては、父母から何度も根気強く説明したし、本人もそれは理解しているのだが、なかなか行動が改善しない。どうしてなのか本人に尋ねてみると、「うっかり、忘れちゃうの……」とうつむいてしまう。意図的に洗わないというわけではなく、適切なタイミングで思い出すことができていない様子だ

［3］ フィールド実験については、章末コラム⑧を参照。
［4］ https://support.google.com/youtube/answer/9012523

った。このような場合、トイレで用が済んで「すぐ外に出て遊ぶ」という誘惑を追求してしまいそうになったその瞬間を逃さずに、望ましい行動目標「手を洗う」を活性化することが大切だ。そこで私は、「トイレのあとは、せっけんで手を洗う」という小さな手製のポスターをつくり、トイレ内の目につきやすい場所に貼っておいた。ちょうど、水を流すボタンのあるところで、用が済んだら必ずそこに視線が行きやすい場所である。ここにポスターを貼っておくことで、まさにセルフコントロールが必要となるタイミングで望ましい目標をプライミングすることができる。この作戦は効果があったようで、娘の手洗い忘れをかなり減らすことができた。

ちなみに、このポスターは約2カ月の間貼り続けられていた。この期間中、娘は毎日この場所で同じプライミングを受け、その行動を繰り返したということになる。こうした行動の反復は、第7章で説明したとおりに、習慣化をもたらす。その結果として、この状況（トイレで用を済ませたこと）自体が手がかりとなって習慣化された行動（「手を洗う」）を促すようになるので、文字表現によるプライミングは不要となる。私の娘も、今ではポスターがなくてもきちんと手洗いができるようになった。このように、目標に関連する視覚刺激を〝見せる〟という方法は、望ましい行動を習慣化させるための手助けとしても役に立つ。

目標そのものを表すような言葉やイメージばかりではなく、その目標を連想させるようなものであってもかまわない。たとえば、結婚指輪は、大切な人との家庭生活を守るという目標を思い出させる。また、信心深い人にとっては、その宗教を表すシンボル、たとえば十字架などを目にすることで、戒律に従った振る舞いをしようと心新たにすることだろう。個人的な目標として「毎日感謝する」などと小さな紙に書いて、キーホルダーなどに入れて持ち歩く人もいる。こうした目標を連想させるもの

（結婚指輪や十字架のネックレス、願掛けキーホルダーなど）をリマインダー（reminder）と呼ぶ。リマインダーを常に身につけていることによって、それを目にするたびに望ましい目標を活性化させることも、それに向けた行動実行を後押しする効果があるという（Desmet & Sääksjärvi, 2016）。

ただし、状況手がかりによるプライミングが、どんな場合でもよい効果をもたらすとは限らないことに気をつけよう。ねらいどおりに望ましい目標が活性化され、自制的な振る舞いが促されるために、必要な条件がある。それは、プライミングを受ける本人が、日頃からその目標に向けて動機づけられていること――わかりやすく言い換えるなら、本人に〝やる気がある〟ということだ。たとえば、先に紹介した、肉屋でのポスター掲示による影響は、日頃から体重管理することを目指している人のみに対して有効だった（Papies & Hamstra, 2010）。また、信心深くない人には、宗教のシンボルを見せてもとくに振る舞いは変わらない（Shariff et al., 2016）。それと同様に、そもそも結婚の誓いを守るつもりがない人にとって、薬指の指輪の存在は浮気を止める力にならないだろう。普段から、望ましい目標を目指すモチベーションのある、つまり日頃からやる気のある人にとって、「あ、そうだった！」と思い出させる効果をもたらすのが、状況手がかりによるプライミングなのである。

②　ナッジ

行動する本人の動機づけが低い、あるいは、やる気があるかどうかよくわからない場合には、どうしたらよいのだろう？　たとえば、（またトイレの話になってしまい申し訳ないのだが）公共トイレの使い方について考えてみよう。自制的な利用のしかたを促したい、すなわち、だらしなく使って汚してしまうのではなく、清潔さを保つためのルールを守ってほしいというときに、どのような介入ができるだろうか。残念なことだが、公共物の清潔さを守ろうという動機づけをすべての利用者がもっているとは言い切れない。このような場合には、もし望ましい目標を表す状況手がかり（たとえば「きれいに使いましょう」といった掲示）でプライミングしても、それが全員の行動に反映されることはあまり期待できない。なぜなら、そうした目標をそもそももっていない人については、プライミングに応じた目標の活性化が生じないからだ。

そこで、本人のやる気や目標に頼ることなく、また、ポスターやリマインダーなどによる〝あからさまな〟プライミングをするのではなく、もっとさりげない方法――つまり、身の周りの環境が（人々に気づかれることなく）行動に与えている影響力を活用することで、望ましい行動を実行しやすくなるように仕向けようというテクニックが考え出された。このテクニックは、ナッジ（nudge）と呼ばれている。ナッジという言葉は、もともと英語で「肘でつついて相手に何かをさせようと示唆する」ことを意味する。このナッジという方法の前提にある考え方は、知覚や注意に関わる心理的な仕組みに合わせて環境を整えておくと、人間は特定の選択肢を選びやすくなったり、特定の行動に動機づけられやすくなったりするということである。この考え方は行動経済学者のリチャード・セイラー（Richard H. Thaler）によって提唱され、この業績によって彼は2017年にノーベル経済学賞を受賞した。

ナッジにはさまざまな手法が含まれる。その詳細はセイラー自身の著書『実践 行動経済学』（セイラーとサンスティーン、2009）を参照してほしいのだが、ここではその中から著名な2つの例を取り上げて紹介しよう。まず1つめは、先に挙げた問題提起、すなわちどうすれば公共トイレを清潔に使ってもらえるかということだ。彼らはとてもユニークな方法でこの問題を解決した。男性用小便器の中央あたりに、小さなハエの模様のシールを貼ったのである。これによって、男性利用者は小用を足すときにこのハエをねらうようになった。その結果として、周囲への飛び散りが劇的に減少し、清掃の回数と人件費を大きく減らすことができたのだという。もう1つは、カフェテリアを訪れるお客が健康的なメニューを選択するように促す方法である。その仕組みは簡単で、メニューの並び方を変えただけなのだ。すなわち、お客がみずから食品を選び取りながら進む通路において、まずはじめに目につくところにサラダバーを設置したのである。そして、フライドポテトなど高カロリーな食品は、もっと目につかず、手も届きにくい奥の方に移動させた。これによって、このカフェテリアを利用した人々は（おそらく本人たちはそう意識していたわけではないにもかかわらず）以前よりも健康的な食品を選び取りやすくなったという。

このように、環境を整えるというナッジの介入法には、そこに意図的な介入を加えてあることに人々が気づかないことが多い。したがって「やらされている」といった圧迫感が少なく、それに対する反発も感じにくいという長所がある。また、望ましい行動を促す働きばかりではなく、そもそも望ましくない目標を活性化させにくい環境づくりとなっていることも、ナッジの大きな利点の1つである。たとえば、カフェテリアの配置換えというナッジは、サラダを選ぶという望ましい行動が促進すると同時に、フライドポテトを食べるという望ましくない目標に動機づけられることも防いでいる。したがって、「フライドポテトを食べたい。でも、そうしてはいけない」という葛藤に悩まされることなく、スムーズに自制的な振る舞いができる仕組みとなっている。

ただし、このナッジは、使うことのできる場面に制約があり、いくつかの条件をクリアしなければ導入できない。1つめの条件は、いつどのような環境で望ましくない行動が生じるのかを予測可能であること。2つめの条件は、その環境に手を加えることが可能であること。ナッジの導入には、これら2つの条件が揃っている必要がある。言い換えるなら、望ましくない行動を引き起こすホットスポットが、あなたの生活範囲のどこにあるのかがピンポイントでわかっており、そこにナッジとなるような環境をつくり出せる場合のみに限られる。たとえば、あなたの家の冷蔵庫などは、ナッジを導入するのに格好の場所だ。先に紹介したカフェテリアの配置換えのテクニックを使って、ヘルシーな食材をよく目につき手にとりやすい中央の段に置いておき、健康的とは言えない食品は上の段や奥の方などにしまい込んでおくことができる。しかし、これと同じような並べ方を、あなたが訪れるすべてのコンビニやスーパーの食品売り場に適用してもらうよう依頼することには、かなりの困難が伴う──というよりも、ほぼ不可能なことだろう。このような点から考えると、ナッジの導入は、一個人による取り組みとしてよりも、組織や行政といったレベルで実践した方が、より幅広く、また大きな効果を見込めるかもしれない。

③ 実行意図

ナッジを日常生活に導入できる場面は限られてしまうのだが、その一方で、どんな問題場面においても適用可能なテクニックがある。この方法は、実行意図（implementation intention）と呼ばれており、ドイツの心理学者ペーター・ゴルヴィッツァー（Peter M. Gollwitzer）によって提唱および検証が進められてきたものだ（Gollwitzer, 1999; Gollwitzer & Brandstätter, 1997; Gollwitzer et al., 1990）。

この介入法は、第6章、および本章の前半で説明した、ホットスポットの考え方と深く関連している。ホットスポットとは、個人ごとに特徴のある if…then…パターン、すなわち状況 - 行動の組み合わせのうち、衝動的な問題行動を引き起こしやすいもののことを指す。つまり、望ましくない目標とその追求行動を導きがちな特定の状況があるということだ。

この特定の状況（if…の部分）と連合している望ましくない行動目標（then…の部分）のうち、後半の部分を望ましい行動目標に入れ替えてしまおう、というのが実行意図の発想である。言い換えるなら、これまで問題行動の起きやすかった特定の状況（if…の部分）に対して、より望ましい行動目標（then…の部分）が結びつけられるように、記憶システム内の連合をつなぎ変えてしまうということだ。

具体的なやり方について説明しよう。その仕組みはいたってシンプルだ。if…の部分に、あなたが望ましくない行動をしがちな状況、すなわちホットスポットを簡潔な文章で表したものを入れる。そして、then…の部分には、その状況における望ましい振る舞い方を表した文章を入れる。

たとえば、もしあなたが「（if）夜中にお腹が空いたと感じたら、（then）冷蔵庫を開けて甘いものを取り出し、ソファに座ってテレビを観ながら、だらだらと食べ続けてしまう」という問題行動をどうにかしたいと願っていたとしよう。そんな場合には、実行意図（すなわち、特定の状況と望ましい行動目標の組み合わせ）を以下のように文章化するところから始める。「（if）夜中にお腹が空いたと感じたら、（then）冷蔵庫を開けて低カロリーヨーグルトを取り出し、食卓の椅子に座って、ゆっくりと、よく味わって食べる。」この文章ができたら、心に焼きつけるように、口に出して3回唱える。以上で、実行意図の介入手続きは完了である。

この一連の手続き（if… then…構文を作成し、3回唱える）の過程で、特定の状況と望ましい行動目標を記憶システム内で結びつけられる。これによって、if…の状況を知覚したら自動的に望ましい行動を実行しやすくなる。またもう1つの特筆すべき効果として、if…の状況になったときに素早くそれを検知できるようになるという利点が挙げられる。本章の前半で述べたとおり、「いざここぞ！」とばかりに、望ましい目標追求の始動スイッチを入れるべきタイミングを見逃さないことが、優れたセルフコントロールを発揮するために重要なのだ。

　こんなシンプルな方法なのに、本当に効果があるのか？と疑問に思われる方がいるかもしれない。しかし、これまでの研究成果から、さまざまに自制を求められる場面にわたって幅広い効果があるということがわかっている。誘惑に気をとられてしまうといった問題ばかりではなく、やるべきことになかなか取り掛かることができないという先延ばしの問題や、あとに得られる大きな利益よりも目先の小さな利益を欲しがってしまうという問題、だらだらと続けてしまい切り上げられない問題まで、いずれについても実行意図による介入によって改善が見られたという（Gollwitzer & Sheeran, 2006）。

　たとえば、大学生がレポート執筆を先延ばしにしがちであり、なかなか締め切りを守ってくれないという問題（私も大学教員として非常に頭が痛い）について、実行意図による介入を行った実験がある。大学生にレポート課題を与えるときに、どのタイミングでどのように執筆に取り組むかについてif…then…形式の実行意図をつくらせたのである。たとえば、「（if）家で夕食を食べ終わったら、（then）自室の勉強机に向かい、1時間集中して作業する」といった具合である。このように、あらかじめ実行意図をつくっておいた学生は、約7割が予定どおりにレポートを完成することができた。一方で、実行意図をつくらず、ただ「期日までにレポートを書き上げる」という目標のみをもたせた学生については、そのうちたったの3割しか予定どおりに完了できなかった。これと比較すると、実行意図の作成は目覚ましい効果をもたらしたと言えるだろう。

　また、セルフコントロールがあまり得意ではない人々にも、効果があることが示されている。たとえば、ダイエットに失敗しがちな大人たちや、ADHD（注意欠陥・多動性障害）の子どもたちにも、実行意図をつくることによる行動改善が見られたという（Gawrilow & Gollwitzer, 2008; Kroese et al., 2011）。

実行意図をつくるときに、ぜひ心がけてほしいポイントがある。それは、then…のあとに続ける望ましい行動目標は、できるかぎり具体的に表現するということだ。たとえば、「何かヘルシーなもの」ではなくて、「低カロリーヨーグルト」と指定する（もちろん、冷蔵庫にはこのヨーグルトを常備しておく必要がある）。また、「食卓の椅子に座って」と、その行為が生じる場所も指定しておく。このように、望ましい振る舞いと、それを実行する場所を具体的に指定しておくことによって、いざそのタイミングになったときに自動的な行動実行が起きやすくなるのだ。つまり、意識的な思考・判断を加えなくても、素早く効率的に望ましい行動をとることができる。それによって同時に、望ましくない行動目標の活性化やその追求行動も抑えられる。たとえば、冷蔵庫を開けたときに「えぇっと、どれにしようかな」と眺めまわし、望ましくない選択肢（生クリームたっぷりのケーキなど）に目が行ってしまうことを防いでくれる。また、「どこに座ろうかな」と周りを見渡して、慣れ親しんだ悪習慣のままにテレビの前のソファに座ってしまうのを避けたりすることができる。

また、望ましい行動を表す文章は、否定形を避け、肯定形で表現するとよい。たとえば「甘いものを〝選ばない〟」ではなく「低カロリーヨーグルトを〝選ぶ〟」、そして「テレビの前に〝座らない〟」ではなく「食卓の椅子に〝座る〟」とする。なぜなら、自動的な情報処理システムは、否定形の処理があまり得意ではないからだ。たとえば、「食べない（not to eat）」という文章を認識したときに、その中に含まれる「食べる（eat）」という単語に反応して、むしろ摂食目標を活性化させてしまったりする。したがって、望ましくない目標を否定する形で〝××しない〟と表現するよりも、望ましい目標を肯定する形で〝○○する〟と表現した方が、ねらいどおりに、望ましくない目標を抑制しやすく、また望ましい目標の活性化と実行を引き起こしやすくなる。ある研究（Adriaanse et al., 2011）では、否定形で「××を食べない」と表現した実行意図をつくることによって、その後の摂食量がむしろ増えてしまったという皮肉な効果が生じたという実験結果が報告されているので、気をつけたいところだ。同様の理由から、子どもたちに特定の場所での振る舞い方のルールを教えるときにも、「ろうかでは、はしらない」「でんしゃでは、さわがない」という否定形の伝え方ではなく、「ろうかでは、ゆっくりあるく」「でんしゃでは、ちいさなこえではなす」と肯定形で表された実行意図の伝え方をする方が、より効果的だ。

▼まとめ

本章では、ステージ1：葛藤を促す準備として、望ましくない行動を誘発しがちな状況（ホットスポット）を経験したときに、タイミングよく望ましい目標が思い出されることによって、「でも、そうしてはいけない」という葛藤が促されるということを説明した。ここが、自制の始発に向けて踏み出すための第一歩となるのだ。

こうした説明に基づいて、本書の掲げる2つの疑問について考えるならば、どのような答えができるだろうか。

①　なぜ自制できないことがあるのか

セルフコントロールの得意な人は、ホットスポットにあたる状況（つまり、望ましくない目標を追求しそうになる場面）を知覚すると、すぐさま望ましい目標を活性化させるという自動的な心の仕組みを働かせている。一方で、自制しなければいけないと思いつつも、つい失敗しがちになってしまう人は、誘惑場面に際して望ましい目標を活性化させるというパターンが見られないという。

つまり、望ましくない目標（誘惑）を追求しそうになるタイミングで、それとは相容れないような望ましい目標を活性化させるということが、自制の成否を分ける要因の1つだと言えるだろう。このようなタイミングで望ましい目標が活性化されなかった場合には、「でも、そうしてはいけない」という葛藤が生じず、そのまま望ましくない目標（誘惑）を追求する行動が実行されてしまう――その結果として、「うっかり」とか「思わず」といった形容がつけられがちなセルフコントロールの失敗に陥ってしまう。これが、目標間の葛藤解消プロセスモデルで言うところの〝目標活性化の失敗〟である。

② どうすれば自制できるようになるのか

本章では、望ましい目標のタイミングよい活性化を促進するテクニックとして、状況手がかりの呈示や、ナッジ、実行意図といった方法があることを紹介した。こうしたテクニックは、望ましくない目標に惑わされそうな危機的状況を素早く検知し、もっと大切な目標をタイミングよく思い出すことで、「いけない！」と気づいて望ましい方向性へと軌道修正するための〝スイッチ〟のような働きをする。こうしたスイッチを、あなたが自制に失敗しがちな場面（ホットスポット）において適切に利用することによって、セルフコントロールを促すために大きな成果を挙げることが期待できる。

次章では、ステージ2：葛藤の検知について説明したい。大切な目標を思い出したからといって、必ずしも「いけない！」という葛藤を自覚できるとは限らない。目標間の葛藤が起きていることに気がつかなかったり、あるいは「まぁいいか」や「あとでやろう」などと言い訳をしたりすることで、葛藤を見逃してしまうことがあるのだ。すると自制しようという意図が生じず、だらだらと自制の失敗に至ってしまう。こうした「いけない！」と自覚できないという落とし穴から脱するにはどうしたらよいかという問題について、次章で考えていこうと思う。

章末コラム⑧　フィールド実験

フィールド実験とは、現実の生活場面の中で実験を実施するという手法のことである。人々が自然体で生活している環境の中で、何らかの実験操作を加えることで、その要因が人々の振る舞いにどのような影響を与えるのかを検証する。たとえば、本章で紹介した研究（Papies & Hamstra, 2010）のように、肉屋の入り口に「スリムな姿のために」という目標関連語を含んだポスターを掲示するか、掲示しないかという操作を加え、それぞれの条件下で人々の摂食行動を記録するといった手続きが、このフィールド実験にあたる。また、男性用の小便器にハエの模様のシールを貼るという試みや、カフェテリアの配置換えの実験なども これに該当する。

こうしたフィールド実験は、日常における心の働きをダイレクトに検証できることや、心理学的知見を現実社会に応用できることをアピールするという点で、大きな意義がある。ただし、実験室実験のように人工的に周囲環境を整えたり、人々の情報の受け取り方を厳密にコントロールしたり（たとえば、視覚刺激を○ミリ秒呈示するなど）といった実験的統制が難しい。そのため、本来検証したい要因とは異なる、何か余分な要因（剰余変数）の影響を受けやすいという短所もある。また、実験現場であることを人々に気づかれてはいけないため、本人から実験参加承諾を事前に得ておくことが難しく、事後承諾になってしまいがちであるため、倫理的な問題にもよく配慮しなければならない。

第9章

「いけない！」と自覚する

葛藤の検知

冬の寒い朝、ベッドから出るのには勇気がいる。暖かい布団の誘惑が、あまりにも強すぎるのだ。「もう起きる時間なのはわかっているけれど、あとちょっとだけ、このまま夢見心地でまどろんでいたい」と身をよじらせながら、しばらくベッドから出られないままでいることがある。このときに、「いけない！　今すぐ起きなければ！」と心に決めて、えいやっと布団を出ることができれば、セルフコントロール成功だ。しかしここで、「あと5分だけなら、いいよね……」と自分に二度寝を許してしまったら？　はっと飛び起きたときには、とんでもない時間になっていたりする。あぁ、こうなるのはわかっていたはずなのに、なんであのとき、やめようとしなかったのだろう？

このような落とし穴――すなわち、「いけない！」と自覚すべきタイミングを逃して、ついやってしまったという失敗の危険性は、日常生活の中のあちらこちらに潜んでいる。たとえば、宴会に招かれて、豪華な料理が目の前に次々と運ばれてくるとき。減量中だからほどほどにしようと心に決めていたはずなのに、楽しい会話に興じながら食べ進めているうちに、かなりの量をお腹に納めてしまった。その結果として、翌日に体重計に乗ったときに後悔することになる。ショッピングサイトで買いたいものを見つけたときにも、似たような顛末になることがある。預金残高のことを考えたら節約した方がいいと頭の片隅では思っているのに、「まぁこのくらいの出費なら大丈夫でしょう！」と考えて、クレジットカードで払ってしまうのだ。そして月末に請求額を知ったときには、こんなに使ってしまったのかと青ざめてしまう。お酒などの誘惑を目の前にしたときも、同じようなことが起きがちになる。禁酒しなさいと医者に言われたことはよく覚えているけれど、今日はいやなことがあったから、気晴らしにお酒を飲んでも、まぁいいか……とウィスキーボトルに手を伸ばす。そして、翌朝にひどい二日酔いに苦しむことになる。

これらの例に共通している興味深い特徴とは、「もう起きなければいけない」とか「ダイエット／節約／禁酒した方がいい」というように、望ましい目標を思い出すことはできていたにもかかわらず、望ましくない目標（誘惑）の追求を抑えようとしなかったということである。目標間の葛藤対処プロセスモデルで言うならば、先の第8章で取り上げたステージ1：葛藤を促す準備において、望ましい目標を活性化するところまでは問題なくできたということを意味している。それなのに、なぜ結果としてセルフコントロールの失敗に至ってしまったのだろう？

じつは、望ましい目標をタイミングよく思い出したからといって、きちんと自制ができるとは限らない。なぜなら、私たち人間は、望ましくない目標（誘惑）vs.望ましい目標という葛藤が生じている状況であるにもかかわらず、それを充分に認識できないことがあるからだ。もしくは、あえてそこから目を逸らしてしまうこともある。つまり、葛藤の見逃しである。わかりやすい言葉で言い換えるなら、「○○したい。でも、そうしていけない」といったジレンマ状態に直面していることに気づくべきタイミングであるのに、そのときに限って気づかなかったり、あえて見逃したりしていたということだ。とくに「まぁこのくらいならいいか」「あとでやればいい」といった言い訳をしてしまうと、このような見逃しに陥りやすい。そのために、本来ならば葛藤を感じるべき場面なのに、「いけない！」と自覚することができなくなるのである。結果として、望ましくない目標追求を抑えるための努力を始めるべきタイミングを逃し、ずるずると自制の失敗に向かってしまう。

本章は、このような葛藤の見逃しによって、望ましくない目標追求を抑えるための意図的な努力が加えられないという問題に焦点をあてる。

まず、このような葛藤の見逃しによる失敗がどのように位置づけられるのかを、目標間の葛藤対処プロセスモデルに照らして確認しておこう。先の第8章において説明したのは、ステージ1：葛藤を促す準備であった。すなわち、望ましくない目標を追求しそうになったときに、それと相容れない望ましい目標を思い出すということである。この次の段階として、ステージ2：葛藤の検知がある（図9－1のハイライト部分）。すなわち、望ましくない目標（誘惑）vs.望ましい目標の葛藤を認識できるかどうかという段階だ。ここで葛藤が認識されると、「○○したい。でも、そうしてはいけない」（もしくは「○○したくない。でも、そうしなくてはいけない」）と表されるような、ジレンマ状態として経験される。ここで「いけない！」と自覚すること、すなわち葛藤の検知ができるかどうかに応じて、望ましくない目標追求を抑える努力を開始できるか、そのタイミングを逃してしまうかの分岐点となっている（Myrseth & Fishbach, 2009）。

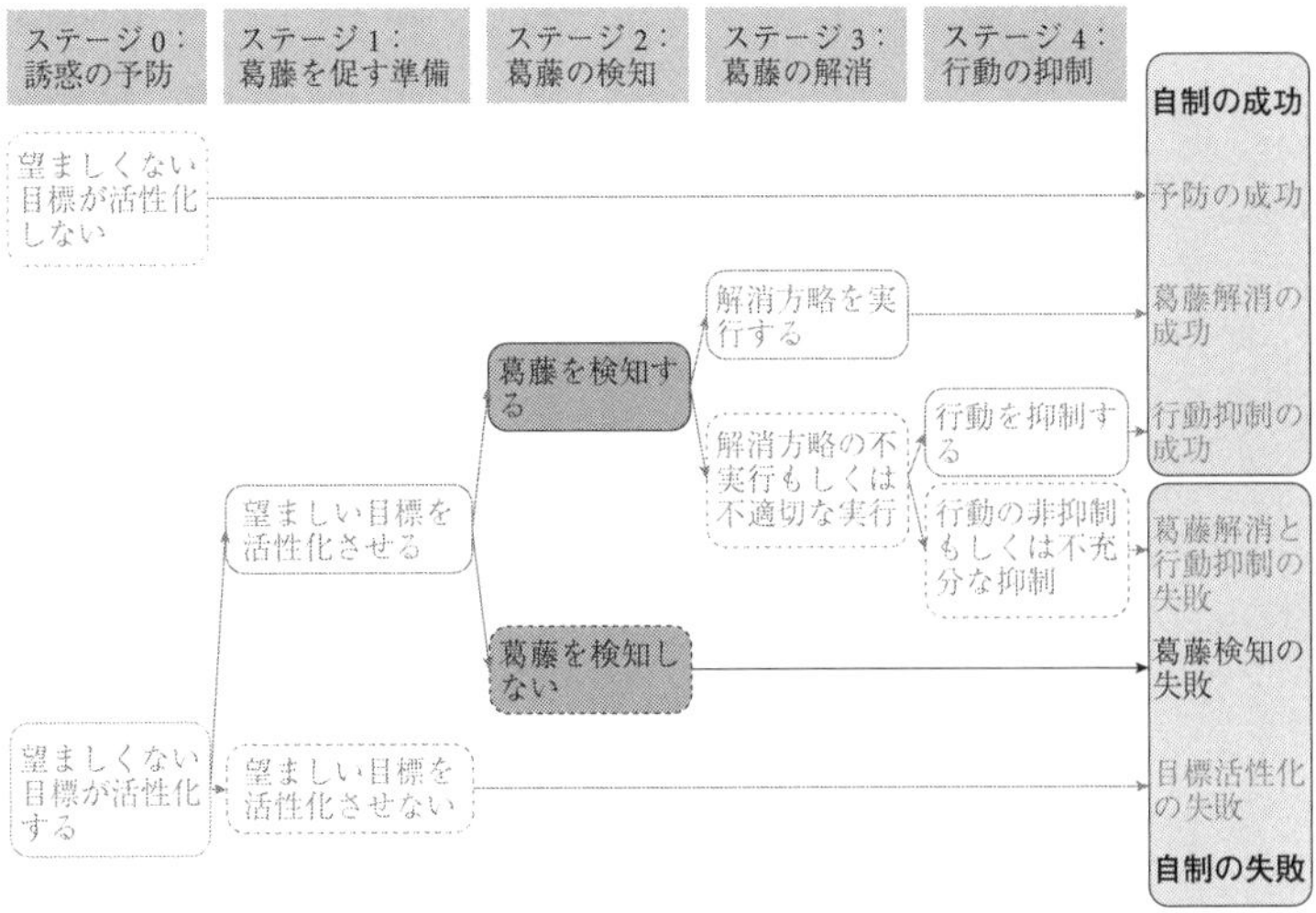

図 9-1　目標間の葛藤対処プロセスモデルにおける「葛藤の検知」の位置づけ

もしこの段階で葛藤の検知ができなかった場合には、どうなるだろうか。図中において「葛藤を検知しない」から右方向に延びる矢印をたどっていくと、〝葛藤検知の失敗〟とカテゴライズされたセルフコントロールの失敗に至る。これは、「でも、そうしてはいけない」という葛藤を見逃したために、誘惑追求を抑える努力が加えられず、そのまま望ましくない行動が実行されてしまう――つまり、自制の失敗に陥ってしまうということを表している。たとえば、自分の振る舞いが望ましくない方向性に向かっているのに、何か別のことに気をとられていたために、気づけなかったことによる失敗。また、「もうちょっとくらい、まぁいいでしょう」などと考えているうちに、やめどきを逃してしまった失敗。あるいは、「あとでやればいい」といった言い訳をして、やるべきことになかなか取り掛かることができないという失敗。これらのように、葛藤をきちんと認識しなかったために自制の努力が開始されず、結果としてセルフコントロールに失敗してしまうということは、日常生活の中で頻繁に起きている（Baumeister & Heatherton, 1996）。

モニタリングによる葛藤検知

ステージ2において、葛藤をきちんと検知するということ――すなわち、望ましくない目標を追求しそうになったら、「いけない！」とすぐに見咎めるという姿勢は、自分の振る舞いに厳しい目を向けているとも言えるだろう。このような、自分の振る舞いに目を向けて監視する心の仕組みを、人間は備えている。それが、第7章で説明した、自己制御のフィードバックループにおけるモニタリングである。すなわち、目標達成の進捗状況を監視し、エラー発生を認識する仕組みのことだ。

自己制御におけるモニタリングの仕組みについて、ここで簡単に復習しておこう。図9－2は、第7章で階層性のあるフィードバックループの説明に用いた図7－4に少しだけ手を加え、目標の内容を入れ替えたものである。

この心理過程では、上位のループが下位のループにおける目標達成の進捗状況をモニタリング（監視）する役割を果たす。つまり、上位にある目標（目的）と照らし合わせたときに、適切な下位目標（手段）が設定できており、それに向かって順調に進行できているかを確認しているのだ。

目標とする基準と、知覚インプットを比較して、どのくらいまで目標に近づいているかという進捗状況やそのスピードを監視するのが、モニタリングの機能である。もし進捗が遅すぎるというエラーが認識されたならば、スピードアップするべく努力を増したり、もっと有効な手段に変更したりする。たとえば、カロリー摂取を控えることを続けているのに、あまりダイエット効果が見られず、なかな

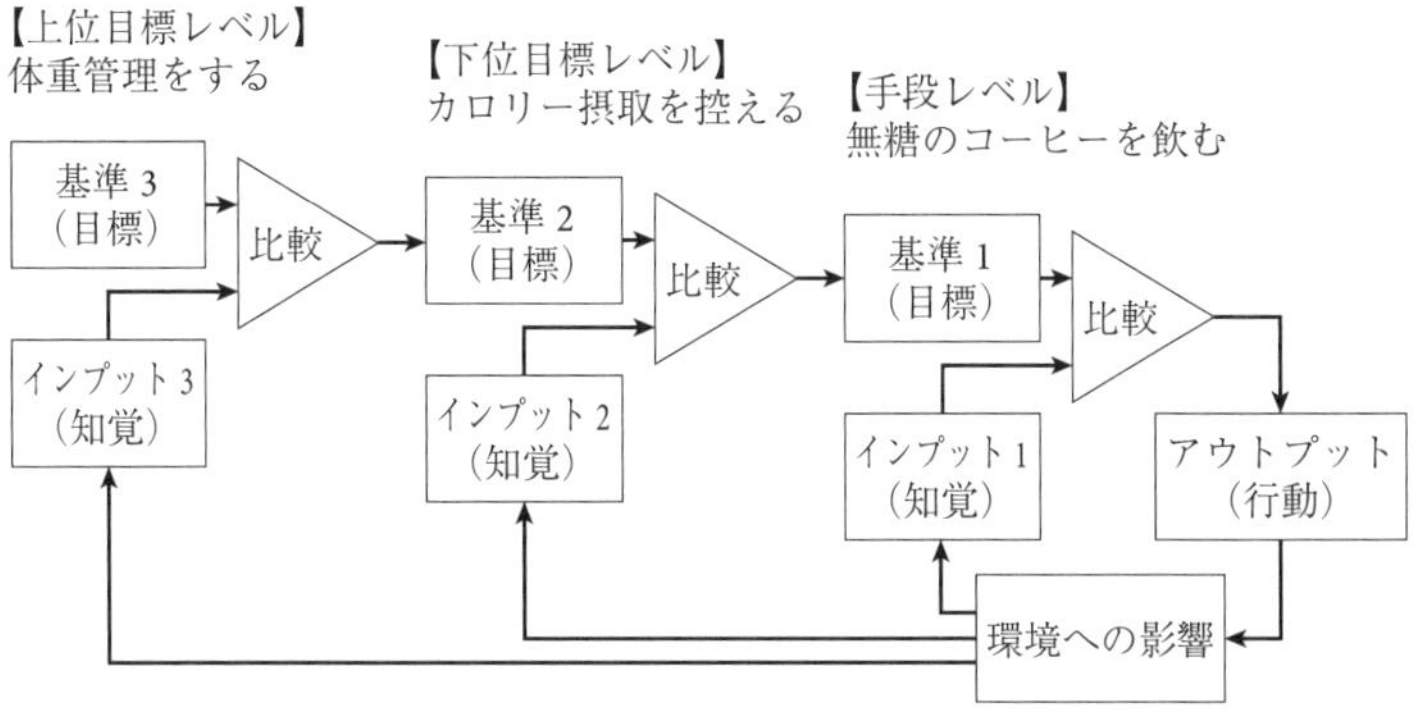

図 9-2　階層性のある自己制御のフィードバックループ

か目標とする体重に近づけないという状況を認識したとしよう。そんなときには、「これでは足りない、もっと摂取カロリーを減らそう」というように行動実行を割り増すかもしれない。あるいは「このままではダメだ、他の減量法に切り替えよう」というように手段を変更する場合もある。

もし、進捗が順調に進み、目標とする基準を満たしたと判断されたなら、そこで追求行動をストップする。たとえば、これで充分という基準に至るまで体重が減ったと認識すれば、減量のための行動をストップさせる。このように、進捗状況を監視して、適度なところで追求を停止させることによって、基準を超えるほどに行き過ぎてしまったというエラーを防ぐ仕組みになっている。

また、下位のループにおいて誤った目標の設定や追求行動が生じるといったエラーが検知されると、そのエラーが生じている部分に注意が向けられ、適切な調整が加えられるようになっている。たとえば、お気に入りのカフェに足を踏み入れたときには「カロリー摂取を控えよう」と思っていたにもかかわらず、カウンター上の広告に心惹かれて、甘いミルクティーを飲みたいという望ましくない目標（誘惑）を追求しそうになったとしよう。ここで、適切なモニタリング――すなわち、今にも望ましくない目標を追求しそうになっているという自分の振る舞いの知覚と、「カロリー摂取を控える」という望ましい目標（基準）を比較することができていたら、ここで望ましくない目標（誘惑）vs.望ましい目標の葛藤を検知できたはずだ。すなわち、「甘いミルクティーを飲みたい。でも、カロリー摂取を控えなければいけないから、糖分や脂肪分の多い飲み物は避けなければいけない」と気がついたことだろう。そして、望ましくない目標（誘惑）の追求行動を抑え、望ましい目標追求の方を優先しようとする。たとえば、「甘いミルクティーはやめておいて、代わりにブラックコーヒーを飲もう」というように新たな手段に切り替えて、軌道修正を行うことができたはずである。つまり、自制を働かせて、望ましくない振る舞いを防ぐことができた可能性がある。

このようなモニタリング、すなわち、目標達成の進捗状況を監視し、エラー発生を認識する機能によって、望ましくない目標（誘惑）を追求しそうになったタイミングで「でも、そうしてはいけない」という葛藤を認識するという仕組みになっている。

ただし、私たち人間は、常に自分の振る舞いをきちんとモニタリングしているとは限らない。しばしば、その監視の目は甘くなってしまう。そして、本来ならば「でも、そうしてはいけない」と葛藤を自覚すべき場面なのに、それに気づかなかったり、わざと見逃したりする。こうして、葛藤を認識しなかったために、自制しようという努力が加えられないという問題が起きるのだ。

では、どのようなときに、自分に向ける監視の目が甘くなってしまうのだろう。言い換えるならば、どのような場合に、モニタリングの仕組みがうまく働かず、「いけない！」と自覚すべきタイミングを逃してしまうのだろうか。そして、どのようにすれば、そうした葛藤の見逃しを防ぐことができるだろう。これらの疑問について、いくつかのポイントに焦点を当てながら、考えていくことにしよう。

自分の振る舞いに注意を向ける

葛藤の見逃しが起きる原因の1つとして、自分自身の振る舞いに充分な注意を向けていないということが考えられる。第7章で説明したとおり、私たちは普段、自分の振る舞いの1つひとつに意識を向け、それらを注意深くコントロールしているわけではない。つまり、意識的なモニタリングをしていないことも多い。こうしたときに、行動が望ましくない方向に向かいつつあることに気づかず、「いけない！」と自覚するタイミングを逃してしまう――すなわち、葛藤の見落としが生じやすくなる。たとえば、テレビを観ながら食事をしていると、ついつい食べすぎてしまうことが多い。なぜなら、テレビの画面や音に気をとられているため、自分の食事量を意識的にモニタリングできなくなっているからだ（Higgs, 2015）。眠いときや、疲れているときなどに「いけない！」と自覚すべきタイミングを逃してしまったという失敗が増えるのも、充分な注意を払うことができていないことが大きな原因の1つとなっている。

こうした問題を防ぐためには、今自分がどのように振る舞い、何を経験しているのかに注意を向けるということが大切だ。まず、ながら食べや、ながら歩きといった振る舞い――すなわち、何か優先的に追求すべき目標があるときに、同時に他の目標も並行して追求するという〃ながら行動〃を極力避ける。と、言っている私自身も、今この原稿を書きながらコーヒーとビスケットを口にしてしまっているのだが。こうしているうちに、いつの間にかコーヒーは底をつき、ビスケットは消えている。意識的なモニタリングができていないからだ。これを防ぐためには、やはり、今自分がどのような振る舞いをしていて、身の周りで何が起きているのかをきちんと把握するようにした方がよい。たとえば、原稿を書くなら、書くという作業に集中をする。その作業がひと段落したら、飲み物つきの休憩をとる。このように、1つひとつの目標追求に注意を向けられるようにすることで、意識的なモニタリングを通じた葛藤の検知をしやすくするという工夫ができる。

これに関連した発想に基づく取り組みとして、マインドフルネス（mindfulness）が挙げられる。マインドフルネスとは、今ここで起こっている経験に注意を向け、そのままを受け入れるという心の働きのことを指している。さらに、マインドフルネス瞑想などのトレーニングに取り組むことによって、その働きを増進できるという。こうした取り組みは、今ここでの自分の振る舞いや状況に無自覚なまま望ましくない行動を実行してしまうという状態に陥ってしまうことを防ぐために、有効な対策であると説かれている。この考え方は近年大きな注目を浴びるようになったが、そのルーツをたどると仏教や瞑想修行といった古来の東洋思想に基づいている。

上位目標に目を向ける

みずからの振る舞いに注意を向けて、意識的にモニタリングをすることの効用についてはすでに述べたとおりだが、次に考えたいのは「どのレベルに注意を向けるか」という問題だ。ここでいうレベルとは、目標の抽象度－具体度レベルのことを指している。これについては第7章で述べたが、少しだけ復習しておくと、目標の階層構造においては、上層にあるものほど「何のために（why）」という目的を表す抽象的な目標を、逆に下層に行くほど「どのように（how）」という具体的な手段を表すように、異なる抽象度－具体度レベルで表された目標の関係性が示されている。このような目標の階層構造に対応したレベル分けがなされているのが、図9－2に表されているような階層性のあるフィードバックループである。すなわち、上層のフィードバックループでは、「何のために（why）」という目的を表す抽象的な目標に照らし合わせて、自分の振る舞いが適切であるか、目的とするところに順調に近づけているかをモニタリングしている。一方、下層のフィードバックループでは、「どのように（how）」という具体的な手段を表す目標を基準として、みずからの行為の適切さや進捗度をモニタリングするという仕組みになっている。

このときに、どのレベルに注意を向けてモニタリングをするかに応じて、望ましくない目標（誘惑）に対する「いけない！」という葛藤の検知しやすさが異なってくることとある。たとえば、砂糖がたっぷり入ったミルクティーという甘い誘惑が目の前にあって、それを飲むという望ましくない目標（誘惑）を追求したくなったとしよう。ここで、どのような抽象度－具体度にある望ましい目標を思い出したかによって、それを基準として比較したときの望ましくない目標（誘惑）の解釈が異なってくる。

たとえば、図9－2に表されている「無糖のコーヒーを飲む」という望ましい目標を、さらにもう1つ下層レベルにある具体的な下位目標として表すならば、「液体を口に含む」ということになるだろう。こうした下位目標レベルに注意を向けてモニタリングをするときには、望ましくない目標（誘惑）の追求行動――すなわちミルクティーを口に含むことがもたらす、「口いっぱいに広がる甘さ」や「鼻腔をくすぐる香り」などの感覚的入力が意識されやすくなる。こうした感覚的入力は、「飲みたい！　もっと欲しい！」という衝動をますますかきたて、心をいっぱいにしてしまう。その結果、本来ならば望ましくない目標（誘惑）に対して「いけない！」と気づくべきタイミングを逃しがちになる。

一方、上位目標のレベル、すなわち抽象度の高い目的に注意を向けたモニタリングにおいて、望ましい目標となるのは「カロリー摂取を控える」である。これを比較基準として、甘いミルクティーを飲むという誘惑を解釈すると「カロリーの多い食品を摂取する」ということになる。もしくは、もっと上位のレベルに目を向けるならば「体重管理をする」という望ましい目標に対して、「体重増加をもたらす食行動をとる」と捉えることになるだろう。こうした捉え方をすることで、望ましくない目標（誘惑）と望ましい目標の対立関係が明白になり、葛藤を強く認識させる効果をもたらす。つまり、モニタリングの際に、望ましい目標の階層構造のうち上位レベルの方に注意を向けることで、誘惑に対する「いけない！」という葛藤を自覚しやすくなる（Fujita et al., 2006）。

上位目標に注意を向けることの効果を検証するために、私が共同研究者と行った実験（Ozaki & Takawaki, 2019）をここで紹介したい。この実験には、女子大学生に参加してもらった。彼女たちのうち半数には、上位目標に目を向ける練習に5分間取り組んでもらった。たとえば、「大学に行く」という行為について、「なぜ大学に行くのですか（why）」を問う設問に回答するといった練習である。この練習をすることによって、上位目標に注意を向けやすい心理状態をつくり出すという操作になっている。一方、残り半数には、「どうやって大学に行くのですか（how）」などという設問に答えてもらった。こちらの条件は、設問に取り組んだことで、下位目標に注意を向けやすい状態になっていたと推察される。

こうした設問に答えるセッションが終わったあと、実験参加の謝礼としてチョコレートを持ち帰ってよい旨を伝えた。チョコレートは大きなボウルにたくさん入れられており、そこからスプーンですくって袋に入れることができる（ただし、好きなだけもっていってよいわけではなく、「1日の間食量として適切と思われる量を入れてください」と指示しておいた）。この袋詰め作業が完了したあとに、袋の中身を確認させてもらった。すると、彼女たちが持ち帰ろうとしていたチョコレートの量は、「なぜ（why）」を訊ねた条件においては平均49・6個であったのに対して、「どのように（how）」を訊ねた条件では平均72・6個となっていた。この結果は、「なぜ（why）」の問いに答える練習に取り組んだことによって、上位目標に目を向けやすくなっていたためと解釈できる。ただし、どのような望ましい上位目標を思い出すかは人それぞれに異なっているかもしれない。そのため、ここから先は推測になってしまうのだが、おそらく「カロリー摂取を減らす」や「体重管理をする」といった目標と照らし合わせてモニタリングすることによって、チョコレートという誘惑に対する葛藤を自覚しやすく、スプーンですくい取る手を比較的早めに止めることができたのだろうと考えられる。

このような上位目標に目を向けることがもたらす効果は、健康的な食べ物を選んだり（Fujita & Han, 2009）、喫煙回数を減らしたり（Chiou et al., 2013）、習慣的に運動するようになったり（Sweeney & Freitas, 2014）といった、日常生活におけるさまざまな行動改善においても、よい効果がもたらされることが報告されている。

▼進捗状況を正確に把握する

葛藤を見逃しがちになってしまう理由として次に注目したいのは、進捗状況を正確に把握できていないという問題だ。つまり、どのくらいまで目標に近づいたのか、はっきりとわからない、もしくは誤って認識しているという状態である。ある場合には、実際にはほとんど進んでいないのに、大きく進んだ気がするといったような、進捗度の過大視が起きることがある。また別の場合には、実際にはもう基準よりも行き過ぎてしまったにもかかわらず、まだあまり進んでいないように感じるといったように、進捗度の過少視が起きることもある。このように進捗状況について誤った認識が生じると、モニタリングを狂わせる。そして「いけない！」と自覚すべきタイミングを逃してしまう。

進捗度を過少視するとどうなるかという疑問について、実験によって検証した研究がある。参加者にスープボウルからトマトスープを飲んでもらい、どのくらいの量を消費するかを観察したのだ（Wansink et al., 2005）。このとき、ボウルの底につなげられたチューブから、飲んだ分とほぼ同じくらいのスープが足される仕組みとなっている（ちなみに、参加者はこの注ぎ足しのことを知らされていない）。そのため、見た目としては「飲んでも飲んでも減らない」という状態になる。つまり、実際に飲んだ量とは異なった視覚的フィードバックが与えられる。すると、「ほんの少ししか飲んでいない」という知覚インプットが戻ってくることになる。そのため、スープを飲むという行動実行に対してなかなかストップが加えられない。そのために、注ぎ足しのなかった場合と比べて、注ぎ足しによる操作が加えられた場合の方が、最終的により多量のスープを消費するという結果になった。つまり、進捗が〝きちんと見えていない〟状況であると、「これ以上飲んではいけない」という葛藤を覚えるべきタイミングを見逃しやすく、「もうちょっとなら飲んでも大丈夫だろう」と思ってしまいがちなのだ。

逆に、進捗度を過大視してしまうという問題も生じうる。そのよい例が、ダイエット食品の摂取だ。低脂肪・低カロリーの食材などを使用し、ダイエットに効果があると謳っている食品は、たくさん市場に出まわっている。こうした食品を食べると、「ダイエットを頑張った」と感じる——すなわち、目標に向けて進捗したという錯覚をもちやすい。ただし、実際に体重減少したかどうかは不明であり、たいていの場合は、効果の過大視、つまり、おおげさに見積もってしまうことが多い。すると、これだけ順調に進捗したのだから、少しくらいスピードダウンしてもかまわないと思い、監視とコントロールを緩めてしまう。「ダイエットコーラを飲んで摂取カロリーを削減できたはずだから、そのぶん、もっと焼肉を食べたって平気だな」などと思ってしまうのだ。そして、「でも、食べてはいけない！」という葛藤を見逃して、つい食べすぎてしまう。そのせいで、結果としてカロリーや脂肪の摂取量はあまり減らないのだという（Rolls & Miller, 1997）。

こうした問題を防ぐために、進捗度を可視化することで正確な認識を促すというテクニックがある。今どきのビジネス用語を借りるなら〝見える化〟するということだ。そうすることによって、目標に向けて自分がどのように近づきつつあるのかという進捗度が、明確な知覚インプットとしてフィードバックされることになる。それによって、もし進捗がいまひとつであったり、目標とする基準から離れつつあったりといったエラーが検知されると、努力量や手段選択が適切であったかを見直そうとする。もしここで望ましくない振る舞いに気がついたら、すぐに「そうしてはいけない！」と自覚し、軌道修正することができるのだ。あるいは、もし行動努力が足りていないのであれば、「そうだ、やらなければ！　もっと頑張ろう」という動機づけの向上をもたらしてくれる。

たとえば、お金がなかなか貯まらないという問題を解決したいのであれば、収入や支出といったお金の出入りの様子を、なるべく事細かに〝見える化〟するとよい。家計簿をつけたり、銀行口座の残高をこまめにチェックしたりするという方法だ。その点で、クレジットカードの使用は注意した方がよい。1カ月に一度しか請求が来ないので、買い物のたびにどのくらい出費したかが見えづらくなってしまうからだ。これは私自身の経験談だが、以前、私は食品や日用品などの買い物の際にクレジットカードを使っていた。すると、請求額を通知されたときに、思っていた以上にお金を使っていたことに気づかされることがよくあり、それを悩みに感じていた。そこで、毎日の出費を〝見える化〟するために、クレジットカードの代わりにデビットカードを使って家計管理をすることにした。デビットカードで買い物をすると、すぐに銀行口座から引き落としがある。さらに、使うたびにEメールでメッセージが届いて、いつ、どのくらい使ったかがすぐにわかる仕組みとなっている。この仕組みを導入してから、「いけない、使いすぎているな」と即時に気づきやすくなり、その後はきちんと節制しようと行動を改めるようになった。そのおかげで、無駄遣いが減り、毎月の貯金額を以前よりもいくらか増やすことができた。

体重管理について〝見える化〟する試みは、「計るだけダイエット」という名前で有名になった[1]。これは、毎日朝晩2回、自分の体重を計り、その増減の変化をグラフにつけていくというダイエット法である。計るだけで体重が減るのか?と疑問に思われるかもしれない。そのとおり、計ること自体にはダイエット効果はない。だが、この計測と記録の過程で、体重管理の進捗が〝見える化〟されることにより、モニタリングが強化されることに大きな意味がある。自分の日々の生活を見直し、どのような振る舞いや考え方が問題となっているのかを自分自身で把握することができるのだ。ここで問題行動を把握したことで、それが発生しそうになったタイミングで「いけない!」と葛藤に気づくことが、行動の改善のきっかけをもたらし、最終的には体重減少をもたらしてくれるはずである。

進捗度を正確に認識することを促すためには、小さなステップに分けた計画を立てることも有効だ。すなわち、目標に向かうまでのプロセスを小さなステップに区切り、到達手段を明確化した計画をつくるのである。1つひとつのステップは、具体的で実行可能な行動目標として表されており、何をどうすればよいのかをはっきりと示しているとよい。たとえば、「問題集２００ページ分に4週間かけて取り組む」というおおまかな計画を立てるよりも、「毎週50ページに取り組む×4週間」もしくは「月曜から金曜まで毎日5ページに取り組む×20日間」といったように、小さなステップに分けた方がよいだろう。「毎日5ページ」といったように頻度や達成値が加えられることで、より具体化されているのがわかる。このように、具体的な小さな目標を積み重ねていくという計画のしかたは、進捗状況をモニタリングするための明確な基準を提供する。このように進捗が見えやすい状況に置かれることにより、「ここまで進んだ、あとはこのくらい進めばいい」とわかりやすくなる。たとえば、先の問題集の取り組みならば「今日はすでに3ページ分を終えたから、残りは2ページだ」とか「20日間の計画のうち10日目まで頑張ったから、ちょうど中間折り返し地点まで来た」といったように進捗状況を具体的に、そして正確に把握できる。

ここまで正確な認識を促す方法について述べてきたが、さらに応用的なテクニックとして、進捗状況の知覚をわざと歪めさせるという方法もある。

その方法の1つは、進捗の過大視を促すというものだ。すなわち、「いけない！」といち早く自覚させるために、実際の進捗状況よりも主観的な認識として「たくさん進んだ」と感じるようなフィードバックを行うということを意味する。このように進捗の過大視を促すことで、追求行動を早めにストップさせようという戦略である。たとえば、アイスクリームを盛り付けるためのスプーンと器

［1］　この方法は、自己評価管理法という、生活のあり方を継続的に自己評価し改善するという治療法に基づいている。本来は、糖尿病や高血圧といった疾患をもつ患者に内臓脂肪を減らす指導をするためのものである。「ＮＨＫためしてガッテン」で紹介されたことによって一般にも広まった。

を、大きなものから小さなものに変更したことで、摂食量を減らすことができたという実験がある（Wansink et al., 2006）。小さなスプーンで小さな器に山盛りにすれば「こんなにたくさん食べた」と実際よりも摂食量を多く見積もりやすくなるので、「もう充分だから、ここで食べるのをやめよう」という認識に至りやすい。

これとは逆に、進捗の過小視を促して、目標追求行動をストップさせずに長く続けさせようという試みも可能である。たとえば、もし子どもに野菜をたくさん食べてほしいなら、大きな器に盛りつけることで「まだこれしか食べていない、もっと食べよう」と思わせることもできるかもしれない。

このように、同じ状況ではあるのだが、情報呈示のしかたの枠組み（フレーム）を変えることによって、その状況が与える心理的影響が異なるということがある。こうした手法にはさまざまなものがあるが、総称して〝フレーミング〟と呼ばれている。[2]

理想と現実のギャップを認識する

自己制御のフィードバックループは、現状についての知覚インプットが目標とする基準と比較され、そのギャップ（乖離）を認識するところから始まる。そのギャップを減少させようと動機づけられることから、行動制御が促されるのだ。たとえるなら、目指したい目的地（基準）と、今自分のいる現在地（現状）が離れていると認識するからこそ、目的地に向けて移動を始めようと思うということである。このようにギャップをきちんと認識し、目標へと動機づけられることによって、その追求過程に生じうる障害にも注意が向き、認識しやすくなる。望ましくない方向へと横道に逸れていってしまう危険性にも、気がつきやすくなるということだ。

逆に、目指したい目標状況と、現状のあり方のギャップを認識していない場合には、その目標にたどり着くまでには努力が必要だという自覚に至らない。そのため、意欲が高まらず、また障害を見つけ出して対処しようとするモニタリングも不充分になってしまう（Kappes & Oettingen, 2011; Kappes et al., 2012）。たとえば、恋人との関係性をよくしたいと願っているのに、どうしても不安や嫉妬にかられてしまい、「今なにしてる？」と常に詮索したり、連絡履歴を勝手にチェックしたりといった行動をして、かえって関係をぎくしゃくさせてしまうという問題があったとしよう。このような場合、理想としてこんな恋人関係になりたいという目標については考えをめぐらすことがあっても、現実の自分のあり方がそれとどのくらいかけ離れているかにきちんと目を向けていないことが多い。そのため、自分の振る舞いのどの部分を、どのように変えるべきなのかということに、なかなか気がつけないのだ（Houssais et al., 2013）。そして、「まぁこのくらいは大丈夫でしょう」と、また恋人のスマートフォンを覗き見てしまう。

ポジティブ思考は、目標達成のためによいことだ……と言う人は多い。たしかに、理想としてこんなふうになったらいいなぁと考えることは、よい気分にしてくれるし、達成できそうな期待をもつことができる。ただし、いいことづくめではない。理想的な将来を思い描くことは、どうしても人を夢見がちにさせ、また目の前にある問題から目を逸らさせてしまう。結果として、目標に到達するまでの過程でどのような障害が生じうるかをきちんと把握しづらくなり、問題を解決しようという動機づけを減じてしまう。つまり、目標に向けて行動を起こそうという意欲が奪われるのだ（Kappes &

［2］フレーミングについては章末コラム⑨を参照。

Oettingen, 2011)。

こうした意欲減退を防ぐには、理想的な将来を思い描くばかりではなく、それとあわせて、現実の厳しさにも目を向けることが大切であるという。これを、心的対比（mental contrasting）と呼んでいる（Oettingen et al., 2009）。つまり、理想と現実をきちんと引き比べてみるということだ。こうした対比のしかたは、フィードバックループにおける目標（基準）と現状知覚のギャップを際立って認識させる役割を果たす。これによって、目標達成に向けて強く動機づけられると同時に、モニタリング機能も促されるので、現状の問題をはっきりと見極め、それを解決するためにはどのような手段が有効であるかを把握できるようになる。

この心的対比は、振り返りのよい機会にもなる。すなわち、自分自身の過去の目標達成の取り組みの様子に目を向け、これまでの進捗状況をきちんと認識することに役立つのだ。そして、自分のこれまでの経歴を踏まえたうえで、これから努力を投入することで理想とする状況に到達できそうか否かという目標達成の見込み（期待）について推定をする。こうすることで、「できたらいいな」という夢見がちな期待ではなく、「過去の経歴を踏まえて、できるか否か」という現実的な推定になる。この現実的な推定に基づき、もし見込みがあると判断したなら、達成努力への意欲を増す。もし見込みがなさそうだと判断したならば、その目標は放棄し、他の目標へと移行する。そのため、達成の見込みがない目標に過剰にこだわり続けてしまい、新たな目標に移行すべきタイミングを逸してしまうという問題を防ぐことができるという。

この心的対比を、先の第8章で紹介した実行意図とあわせて用いるというテクニックもお勧めだ。その具体的な手順を紹介しよう。このテクニックは、4つの段階を経て思考し、それを紙に書き出していく。まず〝願望（Wish）〟として、成し遂げたいと思う目標を書き出す。たとえば、「恋人と安定した関係を築く」と設定したとしよう。次に〝結果（Outcome）〟として、この目標が達成されたらどのような素晴らしいことになるかを想像する。胸躍るような、キラキラした理想を思い描くとよい。たとえば、「心を許して何でも話せる」「2人でそれぞれの夢を目指し、互いにサポートする」といった感じだ。続いて〝障害（Obstacle）〟として、現実の問題を見つめ、目標達成を妨害している原因について深く考えてみる。たとえば「相手の言葉や振る舞いに不安を感じると、すぐに取り乱したり、怒ったりしてしまう」や「相手の誠実さに疑いをもち、いつ、どこで、誰と一緒にいるのかを1日に何度も確かめようとしてしまう」といった具合だ。最後に〝計画（Plan）〟として、先に考えた障害が発生しそうな場面で、どのようにすればその問題を克服したり、改善したりできるかを考える。このときに、実行意図の if…then…形式で計画を立てるとよい（実行意図については第8章を参照）。たとえば「(if) 相手との関係に不安や疑念を抱いたら、(then) 1人になれる場所を見つけて、自分の気持ちや考えを文章にして書き出す[3]」といったように、具体的な行動を表すようにする。このような思考プロセスを経て導き出された if…then…の計画を実生活で実践することにより、恋愛関係における不安やそれに伴う問題行動を減らすことができたという報告がある（Houssais et al., 2013）。これら4段階の頭文字をとって、このテクニックはウープ（WOOP）という呼び名がつけられている[4]。先に挙げた

［3］ このように不安やストレスを感じていることについて文章化するという作業は、混乱した考えや気持ちを整理し、前向きに考え始めるために効果的な方法だと言われている（Pennebaker, 1997）。

［4］ 心的対比やウープ（WOOP）については、『成功するにはポジティブ思考を捨てなさい ―― 願望を実行計画に変えるWOOPの法則』（エッティンゲン、2015）にくわしく説明されている。

ような人間関係の問題だけに限らず、健康管理や労働・学業・就職活動などさまざまな場面で活用されている。

▼同じ誘惑にまた出会うだろうと予期しておく

葛藤をあえて見逃すという問題についても考えなければならない。すなわち、行動が望ましくない方向に向かっていることに気づいているのに、「いけない！」という葛藤を自覚する代わりに、「そうしてもかまわない」という都合のよい考え方をして、望ましくない目標追求を抑えるべきタイミングを逃してしまうということだ。

こうした見逃しの原因の1つは、「この誘惑に負けてしまうのは、一度かぎりのこと。だから、そうしてもかまわない」というように、目先のことだけに焦点を当てた物事の捉え方にある。「今だけなら大丈夫」とか「このくらいなら平気」などといった考え方をして、一度だけなら誘惑に負けてもかまわないと、望ましくない目標追求を自分に許してしまうのだ。たとえば、今だけなら勉強せずに漫画を読んでいても大丈夫とか、このくらいの出費ならクレジットカード払いにすれば平気でしょうといった考え方は、いずれも、一度かぎりのことという前提に根差したものである。

先延ばし（procrastination）の問題も、同じような仕組みで起きる。「あとでやればいい」という言い訳をして、やるべきことをすぐやらないという問題である。今やらなくても、先延ばしにするのは一度かぎりのことだから大丈夫、あとから遅れを取り戻せばよいという考え方だ。たとえば、「ダイエットは明日から」といった言い訳を耳にすることがある。今日だけならたくさん食べても大丈夫、明日から頑張ればよいという考え方をして、目の前にある魅惑的な食べ物にかぶりついてしまう。

しかし、現実はどうなのかというと、それが一度かぎりで済むとは限らない。むしろ、同じような誘惑場面にそのあと何度も遭遇することも、珍しくはない。たとえば、魅惑的な食べ物が「さぁ食べてください」とばかりに目の前に現れることは、豊かな食生活を楽しむことに慣れている現代社会では頻繁に起きうることだ。そのたびに「ダイエットは明日から」という魔法の言葉を唱えると、「いけない！」という葛藤は瞬く間に消えてしまう。しかし、このように葛藤をあえて見逃し、望ましくない目標（誘惑）を追求することを自分に許してしまうことを繰り返していると、望ましい目標にはなかなか近づくことはできない。むしろ遠ざかってしまうこともある。勉強はちっとも進まないし、貯金は増えないどころか減るばかりだ。ダイエットならばなかなか目標体重には近づけないであろうし、むしろ体重が増えてしまったとしても、不思議ではない。

このように、目先のことだけを考えること――つまり、短期的な物事の捉え方によって「一度かぎりだけ」と考えてしまうことが、葛藤をあえて見逃してしまう原因となっている。これを防ぐためには、その逆に、長期的な枠組みで物事を捉えることが大切だ（Myrseth & Fishbach, 2009）。すなわち、「長い目で見れば、今日の前にあるのと同じような誘惑に、これから何度も繰り返し出会うことになるだろう」ということを予期しておくということだ。この予期をもったうえで、目の前の誘惑に負けてもよいかどうかを自分の胸に問うてみたとしたら、どうなるだろうか。今この誘惑に負けることを自分に許してしまったら、次にまた同じような誘惑に出会ったときにも、同様の展開になってしまう見込みが高くなるだろう。そして、その次も、そのまた次も、誘惑を追求することを止められない恐れがある。このように、長期的な視点でこれから先のことを考えると、今ここで誘惑に負けたなら、おそらくこれから何度も現れるだろう同様の誘惑に対して自分が負け続けてしまうというリスクを、はっきりと認識しやすくなる。このように、誘惑場面が繰り返されることを見越して、今ここで誘惑に負けることが将来的にもたらす悪影響の大きさに気づくことができれば、「いけない！」という葛藤を自覚しやすくなるのだ。

葛藤をあえて見逃してしまう理由としてもう1つ挙げられるのは、自己正当化である。誘惑を追求してしまいそうになったときに、「これまで頑張ってきたのだから、少しは自分を甘やかしてもいい」とか、「疲れていたのだから、しかたがない」などというように、自分の振る舞いを正当化するような言い訳をして、「いけない！」という葛藤を覚えるべきタイミングで、それをわざと見逃すのだ。たとえば、「今日は仕事を頑張ったから、自分にごほうびだ！　ビールは大ジョッキでいいよね」とか、「今日は悲しいことがあったから、自分に優しくしなきゃ。ジョギングはお休みね」といった自己正当化がこれにあてはまる。こうした言い訳をすることで、望ましくない目標（誘惑）を追求することを、自分に許してしまいやすくなる。すなわち、「いけない！」という葛藤を自覚すべきタイミングで、自分に都合のよい理由づけをして「正当な理由があるのだから、そうしてもかまわない」と考えてしまうということだ。このように自己正当化の理由づけをすることは、あたかも自分に〝免罪符〟を与えているようなものなので、英語ではセルフライセンシング（self-licensing）と呼ばれている[5]（de Witt Huberts et al., 2012; Prinsen et al., 2016）。

ただし、セルフライセンシングは、悪い影響ばかりをもたらすとは限らない。それを賢く使うことができれば、目標達成のために役に立つこともある。

セルフライセンシングが役立つ可能性があるのは、とくに、継続的に物事に取り組んで、長期的な目標を達成しようとしている場面である。たとえば、資格試験に備えて自宅学習を毎日コツコツと積み重ねているところや、ダイエットのために低カロリーの食事を続けているところを思い浮かべてほしい。こうしたときに、1日でも勉強できない日があったらダメだとか、1回でも高カロリーのものを口にしてしまったらこれまでの苦労が水の泡になるという考え方をしていると、たった一度の失敗を経験しただけで、「もういいや」と目標を放棄し、自制すること自体をあきらめてしまうといったことがある。この現象には、〝どうにでもなれ〟効果（what-the-hell effect）というユニークな名前がついている（Herman & Mack, 1975）。ダイエットのためにずっとスナック菓子を食べないように我慢してきたけれども、ついポテトチップスを数枚口にしてしまったことで、「もういいや、どうにでもなれ」と自暴自棄になり、大きな袋いっぱい分をすべて平らげてしまうといったことだ。

このような〝どうにでもなれ〟効果を防ぐために、セルフライセンシングを賢く活用する方法がある。どのような方法かというと、「長期間の努力を続けるためには、たまには休憩や気晴らしが必要だから、そうしてもかまわない」という自己正当化の言い訳をするというものだ。ただし、この休憩や気晴らしが終わったら、必ず努力継続に戻るという、計画的な取り組みの一環として認識されていることが重要だ。たとえば、先に挙げた例に戻ると、ポテトチップスを口にした時点で「こうやって気晴らしをしたことで、また今後のダイエットを頑張ることができる」とか、勉強から脱線して漫画を読んでしまったときに「いい休憩ができたから、これから勉強にもっと集中できる」といったように、長期目標の達成に向けた前向きな捉え方をするということだ。このような自己正当化のしかたは、

［5］ セルフライセンシングを葛藤解消方略と位置づける研究者もいるが、本書のモデルにおけるステージ3の葛藤の解消（意図的な自制努力によって葛藤に対処すること）とは意味合いが異なっており、むしろステージ2における葛藤の見逃しに該当するため、本章のこの部分で取り上げた。

機能的セルフライセンシング（functional self-licensing）と呼ばれており、長期目標に向けて努力を続けている途中で「もういいや、どうにでもなれ」と努力を放棄してしまうことを防ぐ効果があると指摘されている（Prinsen et al., 2019）。

それでは「一度かぎりならかまわない」という考え方と変わらないではないか？という疑問をもつ方もいるかもしれない。しかし、そこには大きな違いがある。もし短期的なものの捉え方をして、目の前にある誘惑のことばかりで頭がいっぱいになり「一度だけなら誘惑に負けてもかまわない」と考えてしまったとしたら、たしかに、自制の失敗を繰り返してしまう危険性が高くなることだろう。これに対して、機能的セルフライセンシングとは、長期的な枠組みから考えて「努力を継続するために必要な気晴らし／休憩として、一度だけなら誘惑に負けてもかまわない」というように、望ましい目標を目指すための戦略的な手段実行としての位置づけをするという点で、異なっている。このような捉え方をすることで、長期目標を見失うことなく、一度かぎりの〝寄り道〟をしたあとには、再び目標達成に向かうための本来の道のりに戻ってくることを後押ししてくれる。

本書でもたびたび述べてきたとおり、人間は時折自制の失敗をしてしまうことがある。こうした失敗に際して「どうにでもなれ」とすべてを投げ出してしまうのではなく、また前向きに歩き出すことが大切だ。まさに〝三歩進んで二歩下がる〟という状態であっても、あきらめずに粘り強く取り組もうとする姿勢を保つために、こうした機能的セルフライセンシングが役立っていると考えられる。

このような、長期目標に向けて熱心に努力を重ね、困難や失敗があってもあきらめずに粘り強く取り組もうとする姿勢は、グリット（grit）と呼ばれる[6]。人生で大きな成功をつかむために不可欠なものとされ（Duckworth et al., 2007）、近年、注目を集めている。

まとめ

本章では、ステージ２：葛藤の検知に関して、「いけない！」という葛藤を見逃してしまうという問題について取り上げた。私たち人間は、自分が今にも望ましくない振る舞いをしそうになっているそのときに、「○○したい。でも、そうしてはいけない」とか「○○したくない。でも、そうしなくてはいけない」という葛藤をきちんと自覚できるとは限らない。なぜなら、こうしたジレンマ状況に気づかなかったり、あえて目を逸らしたりするからだ。こうした観点から、本書の２つの問いに答えていくと、以下のようになる。

①　なぜ自制できないことがあるのか

望ましくない目標（誘惑）vs.望ましい目標の葛藤が生じたときに「いけない！」と自覚すること、すなわち葛藤の検知ができるかどうかに応じて、望ましくない目標追求を抑える努力を開始できるか、そのタイミングを逃してしまうかが異なってくる。葛藤の検知ができないと、誘惑追求を抑える努力が加えられず、そのまま望ましくない行動が実行されてしまう。

葛藤の検知がうまくできない理由としては、モニタリングに何らかの問題があることが考えられる。まず、自分の振る舞いに充分な注意を向けていないという可能性がある。意識的なモニタリングをしていないと、望ましくない行動が起きつつあることに気づきにくくなる。また、具体的な手段を表す下位目標に目を向けて、それを基準としたモニタリングをしていると、誘惑からもたらされる感覚的

［6］　グリットに関しては、『やり抜く力ＧＲＩＴ（グリット）――人生のあらゆる成功を決める「究極の能力」を身につける』（ダックワース、２０１６）にくわしく説明されている。

な刺激（たとえば、おいしさや気持ちよさなど）に気をとられてしまい、そもそも目的として目指していた上位目標との間に葛藤が生じていることをはっきり認識できないこともある。さらに、進捗状況の把握が不正確になっているために、「いけない！」と自覚すべきタイミングを逃してしまうこともある。理想と現実のギャップに目を向けていないことや、「一度かぎりのことだから」などと短期的なものの見方をすることが、葛藤の見逃しの原因になっていることもある。

② どうすれば自制できるようになるのか

望ましい目標とは相容れることのできない誘惑追求が始まりそうになったときに、「いけない！」という葛藤をタイミングよく検知することが大切だ。そのためにすべきことを、いくつか挙げることができる。まず、〝ながら行動〟をできるだけ避けて、自分の振る舞いの1つひとつに注意を払うこと。また、それらの振る舞いに関して、「なぜそうするのか（why）」という目的（上位目標）を意識すること。目標に向けた進捗状況を〝見える化〟したり、小さなステップに分けた計画を立てたりなどして、随時、正確に進捗を把握できるように努めること。また、理想的な展開ばかりを考えるのではなく、現実に目を向けたときに何を解決せねばならないのか、そのためには自分の行動をどう修正していくべきかを認識することも大切だ。さらに、長期的なものの捉え方をすれば、同じような誘惑が今後も繰り返し現れるだろうと予期しやすくなる。このように先を見越した予期をもつことは、今目の前にある誘惑に対して「いけない！」と葛藤を自覚することを促してくれる。

「いけない！」という葛藤を自覚したら、私たちはどうするだろう？　この自覚に伴って、意図的な自制の努力がスタートする。すなわち、自分が望ましくない目標追求に向かってしまいそうになることを、何とかして阻止しようとするのだ。その阻止の試みの1つが、葛藤する気持ちの間にうまく折り合いをつけようとすることである。それがステージ3：葛藤の解消、次章のテーマとなる。

章末コラム⑨　フレーミング

コップの中の水が「半分残っている」と捉えるか、それとも「半分なくなってしまった」と捉えるかで、それに対する考え方や振る舞いが大きく違ってくるという有名なたとえ話がある。つまり、同じ状況であっても、人によって、あるいは場合によって異なった捉え方をすることがあり、それが思考や行動に影響をもたらすということだ。

この考え方を発展させると、情報の呈示のしかたに工夫を加えれば、状況に対する捉え方を変化させることができ、結果として、その状況に対する反応のしかたにも影響を及ぼすことができるはずだという発想に行きつく。その発想に基づく心理的な操作方法がフレーミング（framing）である。この用語は、枠組みに入れるという意味をもつ。すなわち、異なるフレーム（枠組み）にあてはめて物事を見ることで、状況が異なって認識されるということを表している。たとえば、慈善団体による募金活動において行われたフィールド実験（Koo & Fishbach, 2008）では、図9－3Aを示しつつ「目標額の半分まですでに集まりました」と伝える〝これまで思考〟条件と、図9－3Bを示しつつ「目標額まであと半分集めます」と伝える〝これから思考〟条件を設けた。すると、この団体にはじめて募金する人の場合には前者のメッセージの方が、過去にも繰り返し募金をしてきた人には後者のメッセージの方が、「募金する」という選択を大きく後押しする効果があったという。

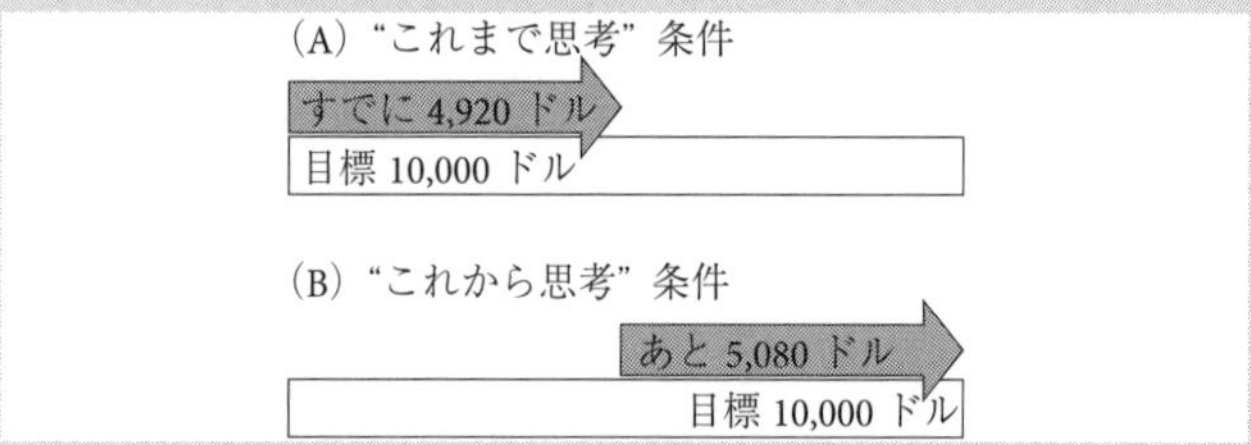

図 9-3　“これまで思考” と “これから思考” を操作するフレーミング

（出典） Koo & Fishbach（2008），Study 4 より作成。

このように、情報呈示のしかたの枠組みを変えることによって、その状況が与える心理的効果を操作するというフレーミングの手続きは、心理学実験のみならず、マーケティングなどにおいても多用される手法である。

第10章

気持ちの整理や切り替えをする

葛藤の解消

電車やバスの中などで、他人が使用しているスマートフォン画面が目に入ってきて、どうにも気になってしまうという困った状況を経験したことがないだろうか。こうした状況は、時と場合によって程度の違いこそあれ、抗いがたい誘惑になりやすい。なぜなら、目の届く範囲内に強い視覚的刺激（光の明暗や動きなど）があると、どうしてもそちらに注意が引きつけられてしまうからだ。さらに、ちらっと目に入ってきたことが、偶然にも自分の関心のある内容だったりすると、ますます「見たい！」という衝動がかきたてられ、目が釘づけになってしまうことだろう。ここでふと我に返って、他人のスマートフォンを覗き見するのは社会規範やマナーの上でよろしくないことだということに気がつけば、「いけない！」という自覚が生まれることと思う。しかし、いけないことだとわかっていても、やはり視界の端に入ってくる魅惑的な画面が気になってしまい、思わずまた「見たい」と心が揺れてしまう――こうした状況は「見たい。でも、そうしてはいけない」という葛藤状態として捉えることができる。

もし仮に、あなたがこうした葛藤状態に置かれたとしたら、どうするだろうか。どのような思いが胸中をめぐり、いかにしてこの葛藤に対処しようとするだろう。いろいろな対処のしかたがありうるはずだ。たとえば、あえて違うところに目を逸らすことで、注意の向かう方向を切り替えることができるかもしれない。または、「なんだ、ただのスマホゲームじゃないか」などというように考えれば、わざわざ覗き見る価値などないと感じるようになって、すんなりと気持ちの整理がつくかもしれない。「周りの人から覗き見をしていると思われたら、格好悪いし、恥ずかしい」というように、周囲の人々の目が気になるのでやめておこうと考えることもあるだろう。あるいは、他人の思惑よりも自分自身の信条のことを考えて、「マナーを守るべき」とみずからに言い聞かせ、心のあり方を整えようとするかもしれない。

このように、「〇〇したい。でも、そうしてはいけない」（あるいは、「〇〇したくない。でも、そうしなくてはいけない」）というように、相容れない2つの気持ちの間に葛藤が生じたときに、私たちは心の中で何らかの対処をすることで、気持ちを切り替えたり、整理をつけたりして、この葛藤を解消しようとすることがある。本章では、この葛藤解消の試みをテーマとして取り上げていこうと思う。

先の第9章では、自分が望ましくない目標追求に向かいそうになっているときに「いけない！」と自覚すること、すなわち葛藤の検知について説明した。こうした葛藤を自覚することによって、自制するための意図的な努力がスタートする。つまり、「これではいけない、何とかしなければ」という意志をもって、望ましくない目標に向かいそうになる気持ちを押しとどめ、望ましい目標にフォーカ

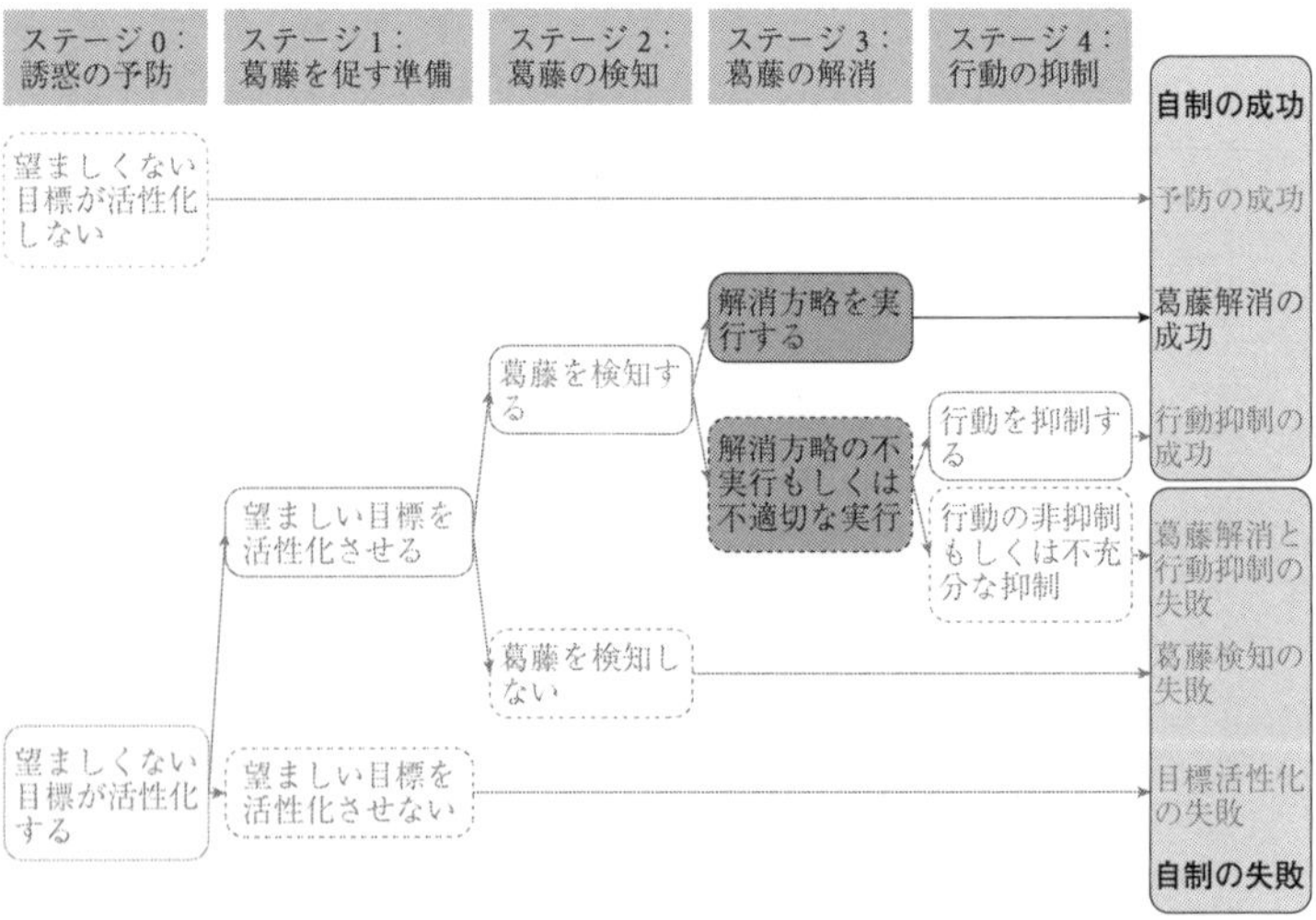

図 10-1　目標間の葛藤対処プロセスモデルにおける「葛藤の解消」の位置づけ

スできるように〝心の交通整理〟を試みるのだ。自動車のナビゲーションシステムにたとえるなら、本来向かうべき目的地（望ましい目標）と、そうではない目的地（望ましくない目標）の2つが同時に設定されてしまっているというエラーをシステムが検知したときに、この問題状況に対処して軌道修正するためのさまざまな情報処理が始動するようなものである。それが本章のテーマ、ステージ3：葛藤の解消である（図10-1のハイライト部分）。

葛藤解消とは何かについて簡潔に説明すると、相容れない2つの目標の間に葛藤が生じている状況において、望ましくない目標に向かおうとする動機づけを抑える（もしくは望ましい目標に向かう動機づけを優先させる）ことや、そのための試みのことを意味している。

葛藤解消の試みには、注意の向け方をコントロールしたり、物事の捉え方や評価のしかたを変えてみたりといった、さまざまな対処法が関わっている。こうした対処法のことを、葛藤解消方略と呼んでいる。わかりやすく表現するならば、「〇〇したい。でも、そうしてはいけない」という心の迷いが生じている場面で、気持ちを切り替えたり、整理をつけたりする方法と言えるだろう。

こうした葛藤解消方略の実行は、第6章で紹介したマシュマロ・テストの中で子どもたちが示した反応の中にも見つけることができる。たとえば、マシュマロの方を見ないようにすることや、「これは味のしない雲のかたまり」と思うことなど、子どもたちは彼らなりに考えた方法で、食べたいという気持ちを切り替えたり、整理をつけたりすることによって、あとでもらえるはずの大きな報酬を待とうと試みた。

もし葛藤解消がうまくいったならば、相容れない気持ちの間で折り合いをつけ、「いけないことは、やめておこう」と自分を納得させることができる。そして、望ましい目標の方を優先して追求することが可能になるはずだ。こうした心の働きは、図10－1において〝解消方略を実行する〟というボックスから右に伸びた矢印が、〝葛藤解消の成功〟という自制の成功に至る経路として表されている。

一方で、もし葛藤解消に失敗してしまったら、「いけない！」と自覚しつつも望ましくない目標追求に向かう気持ちを抑えきれないということになってしまう。これは、図10－1においては〝解消方略の不実行もしくは不適切な実行〟というボックスで表されている。ただし、ここで葛藤解消に失敗したとしても、必ずしも自制の失敗に陥るとは限らない。もう1つあとの段階であるステージ4：行動の抑制において、望ましくない行動を実行しそうになる直前で押しとどめることができるかどうかによって、最終的な自制の成否が決まる（ステージ4については次章で説明する）。したがって、葛藤解消の失敗は、必ずしも自制の失敗とイコールではないが、その一歩手前にあると言うことができる。

本章では、葛藤の解消というテーマを取り上げて、私たち人間はどのような方略を使って葛藤解消を試みようとするのか、解消を試みたとしても必ずしも成功するわけではなく、失敗してしまうことがあるのはなぜなのかといった問題について考えていきたいと思う。

▼葛藤を解消する

ここで、そもそも葛藤とは何であったかを復習しておこう。「Ⅲ　自制のプロセスを読み解く」セクションの冒頭で説明したとおり、葛藤（conflict）とは、相容れない2つの目標追求に動機づけられている状態のことを指す。どちらか片方の目標を追求したら、もう一方の目標達成が阻害されてしまうという状況である。このようなときには、2つの目標を同時に追求することはできないので、いずれかを優先し、他方をあきらめなければならない。このように、相容れない目標の間で、どちらを選ぶかという迷いが生じている心理状態を、葛藤と呼ぶ。とくに、望ましい目標があるにもかかわらず、それとは相容れない望ましくない目標にも動機づけられてしまっているというのが、セルフコントロールが求められる葛藤状況にあたる。こうした葛藤状況に置かれた人にとっては、「〇〇したい。でも、そうしてはいけない」もしくは「〇〇したくない。でも、そうしなくてはいけない」という心の迷いとして感じられることとだろう。

その葛藤状況を模式的に表したのが、図10－2Aである。白い矢印が望ましい目標に向かおうとする動機づけの強さを、黒い矢印が望ましくない目標を追求する動機づけの強さを表している。これらの矢印はそれぞれ異なる方向を向いているので、同時に両方を追求することはできないというジレンマ状態になっている。

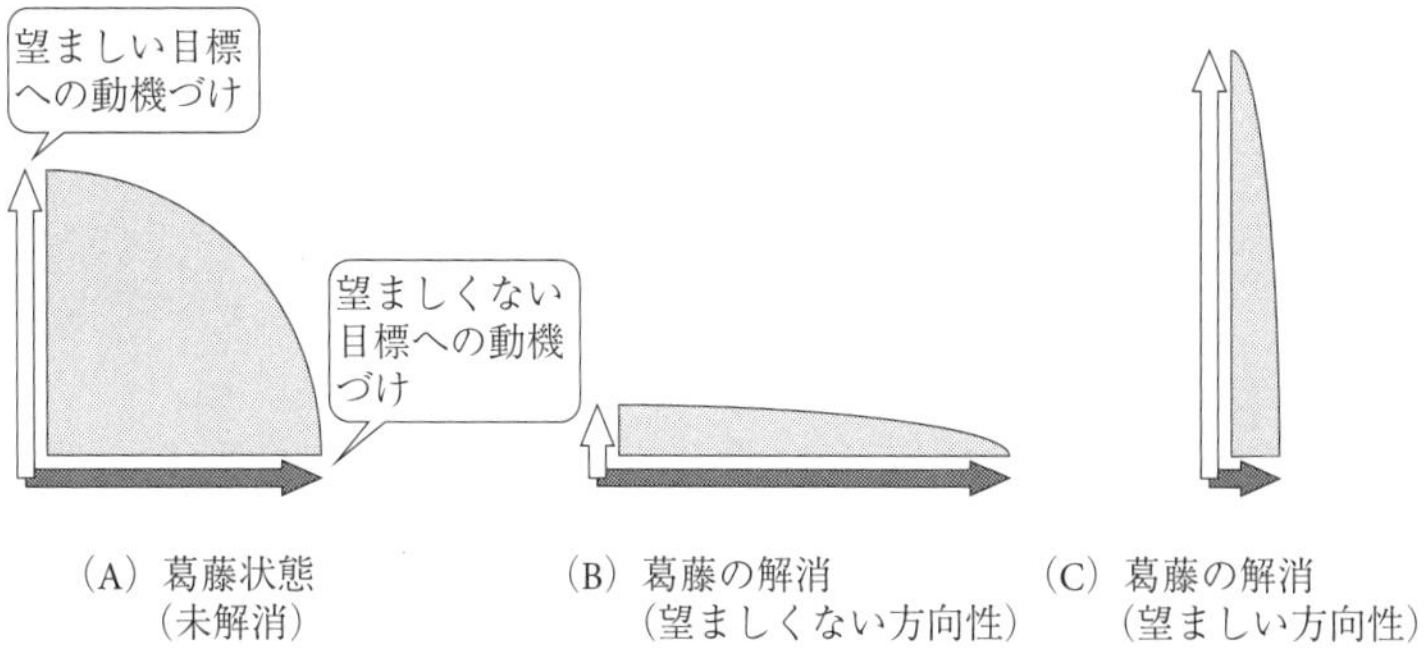

図 10-2　セルフコントロールを求められる葛藤状態とその解消

このときに感じられる葛藤の大きさは、2つの矢印の間に描かれた扇形の面積にあたると思ってほしい。したがって、2つの矢印が長いほど――すなわち、それぞれの目標へと向かおうとする動機づけが強いほど、葛藤は大きく感じられる。

この葛藤は、不快の経験を伴う。つまり、葛藤が大きいほど、強い不快として感じられ、それを回避したいと思わせるのだ（Inzlicht & Legault, 2014）。こうした不快の経験には、ネガティブな情動と同様のシグナル機能（第7章を参照）がある――すなわち、思わしくない現状にあることを知らせるシグナル（信号）として働き、その状況に対処して改善しようと動機づける役割を果たしている（Saunders et al., 2017）。つまり、葛藤を感じ取ることで、その葛藤を解消しようとする意図的な努力が促される。

では、葛藤を解消するとは、どんなことを意味するのだろう。ひとことで表すならば、2つの目標に同程度に動機づけられている状態から脱するということである。すなわち、片方の目標に向かおうとする動機づけを強める、そして／あるいは、他方の目標への動機づけを弱めることによって、双方の動機づけの強さに明らかな差異が生まれる。結果として、どちらにしようかという迷いのある状態（すなわち葛藤）から脱することができる。

考えるためのヒントとして、図10－2をもう一度見てほしい。このうちB、Cの図が、2種類の解消パターンを表している。1つは、Bのように、望ましくない目標への動機づけの方が、望ましい目標への動機づけよりも強くなったというパターンだ。もう1つは、Cのように、逆に望ましい目標に向かう動機づけの方が相対的に強くなったパターンである。そして、B、Cいずれについても、矢印間の（歪んだ）扇形の面積がAと比べて小さくなっている――すなわち、葛藤が小さくなったことを表している。つまり、いずれも葛藤が解消された状態であると言える。

ただし、2つの解消パターンそれぞれがセルフコントロールにもたらす影響は、正反対だ。以下、BとCの各解消パターンが自制の成否にもたらす影響について、それぞれ考えてみよう。

もしBのパターンで解消したら、どうなるだろうか。望ましい目標を追求しようという動機づけよりも、望ましくない目標（誘惑）を求めたいという動機づけの方がはるかに大きくなってしまう。これでは、自制の失敗に向かって突き進んでしまう危険性が高い。したがって、望ましくない方向性で葛藤を解消してしまったパターンと言えるだろう。

一方、Cの解消パターンであれば、望ましくない目標を追い求めたいという動機づけは弱まり、逆に望ましい目標を優先して追求しようと動機づけられる。わかりやすく表現するならば、「〇〇したい。でも、そうしてはいけない」と揺れ動いていた気持ちにきっぱりと整理をつけて、迷いなく、大切な目標へ向かって進もうと自分を納得させた状態であると言えよう。こちらが、望ましい方向性での葛藤解消にあたる。

ここまでの議論をまとめると、以下のようになる。「〇〇したい。でも、そうしてはいけない」もしくは「〇〇したくない。でも、そうしなくてはいけない」という葛藤とは、望ましくない目標に向かおうとする動機づけと、望ましい目標に向かおうとする動機づけが互いに拮抗している心理状態である。たとえば、飲酒することへの動機づけと、健康を守ることへの動機づけがほぼ同程度に強いときに、「お酒を飲みたい。でも、そうしてはいけない」という葛藤が最も大きく感じられる。

そして葛藤の解消とは、拮抗状態にあった2つの動機づけのうち、いずれかが相対的に強くなる（もしくは弱くなる）ことによって、拮抗状態から脱し、いずれかの動機づけが優勢になることを意味する。このとき、より強い方の動機づけが行動に反映されやすくなる。[1] たとえば、健康維持への動機づけが強ければ、飲酒行動は抑制されやすい。しかし、もし飲みたいという動機づけの方が強ければ、飲んでしまう可能性が高い（Ostafin et al., 2008）。したがって、前者のように、大切な目標に向かおうとする動機づけの方が相対的に強くなるようにすることが、望ましい葛藤解消ということになる。

なぜ葛藤を解消できないときがあるのか

ここで、なぜ葛藤を解消できない場合があるのかという問題について考えてみよう。前段の議論を受けて言い換えるならば、なぜ〝望ましい葛藤解消〟ができないことがあるのかという疑問となる。これにはいくつかの理由が挙げられる。まず、①衝動や情動を伴う動機づけは簡単には弱められないということ、②葛藤解消方略を使用するための心の余裕や時間が足りない場合があるということ、そして③不適切な葛藤解消方略を選択してしまう場合もあるということだ。以下では、これらの理由を1つずつ取り上げて、くわしく説明したい。

---

［1］　相反する2つの動機づけの相対的な強さを測定する方法については、章末コラム⑩を参照。

① 衝動や情動を伴う動機づけを弱めることの困難さ

第4章でも述べたことだが、衝動や情動は、あなたの身にふりかかる重大な状況を察知した大脳辺縁系（ホットシステム）からの緊急指令だ。たとえば、怒りは「生き残るために戦え！」、恐怖は「命を守るために逃げろ！」、食欲は「飢え死にする前に食べろ！」、性衝動は「子孫を残すためのチャンス！」と大脳辺縁系が大声で叫んでいるようなものであり、あなたの心と身体に圧倒的なパワーで訴えかけ、逆らいがたい影響をもたらす。イライラが最高潮に達してどなってしまったり、緊張や不安のあまり逃げ出したくなったり……などといった経験に、身に覚えがある方も多いことだろう。このように、情動や衝動があまりに強いときには、私たちの思考や行動があたかも占拠されているようで、私たちの意図的なコントロールをはるかに凌駕しているように感じられることもある。前頭前皮質による理性的な思考過程が関与するよりも先に、瞬発的に身体が反応してしまうこともある。このように、生き物としての根源的な問題（つまり、生きるか死ぬか）に関わる機能であるため、情動や衝動に彩られた「○○したい！」もしくは「○○したくない！」という動機づけは、そう簡単には減じることができない。

また、情動や衝動は〝今ここで〟起きていることに素早く反応し、間髪逃さず行動を起こさせるという仕組みである。そのため、遠い将来のことよりも、すぐ近くの目先のこと（とくに、今目の前で起きつつあること）に強く反応する。これは、第5章で行動経済学について取り上げ、時間選好の起きる理由について説明したときと、基本的に同じロジックである。客観的には同じ報酬額であっても、遅延報酬よりも即時報酬の方が主観的価値において大きく感じられるのは、後者の方が情動や衝動に強く訴えかけるからだ。したがって、今すぐ手に入る報酬に対して感じる「欲しい！」という衝動に彩られた動機づけは、後々になるまで手に入らない報酬を我慢強く待ち続けようとする動機づけよりも、どうしても強くなりがちなのである。

さらに、衝動や情動は、注意制御に大きく影響を与え、身の周りの物事に向けられる注意を方向づける役割を果たす。たとえば、食べたいという衝動は、目の前にある食べ物に注意を集中させる働きをする。また、怖いという情動は、どこかに潜んでいるかもしれない危険を常にサーチするように注意を周辺に行きわたらせる（Öhman et al., 2001）。このように注意が方向づけられることによって、望ましくない動機づけがさらに強められてしまう場合がある。

たとえば、第6章で紹介したマシュマロ・テストを思い出してほしい。4歳の子どもは、今目の前にあるマシュマロを食べてはいけないこと（「だって、あとで2個もらいたいから！」）をちゃんと理解できている。だからこそ、「食べたい。でも、そうしてはいけない」という大きな葛藤を経験する。このとき、食べたいという強い衝動が、目の前にあるマシュマロに注意を凝集させる——つまり、目が離せなくなる。結果として、ますます食べたいという気持ちが募ってしまう。

まとめると、衝動や情動とは、素早く状況に対応するための機能であるために、注意制御をはじめとした認知プロセスに大きく関与し、抗いがたいほどのパワーとスピードをもって私たちの思考や行動に影響を及ぼす。そのために、情動や衝動に彩られた「〇〇したい！」もしくは「〇〇したくない！」という動機づけは、それを意図的に押しとどめようと試みたとしても、必ずしも静まってくれるとは限らないのだ。

② 時間と心の余裕の不足

気持ちを切り替えたり、整理をつけたりするためには、充分な時間と心の余裕があるに越したことはない。本章の後半でくわしく説明していくことになるが、葛藤に際して気持ちの切り替えや整理をする方法、つまり葛藤解消方略には、意識的なコントロールや論理的思考・熟慮が関わるものが多い。たとえば、注意の向け方を意図的に制御したり、物事の捉え方や評価のしかたを変えたりする試みなどである。これらの方略を使用するということは、日常的な言いまわしを使うなら、頭をフル回転させるような作業なのだ。こうした〝フル回転状態〟で葛藤に対処するためには、急かされたり、他のことに煩わされたりすることなく、時間と心の余裕をもち、集中して思考できる状況にあることが理想的だ。

ところが、私たち人間は、いつでも時間と心の余裕をもって葛藤解消に取り組むことができる状態にあるとは限らない。先に述べたとおり、望ましくない目標に向かう動機づけは、とくに衝動や情動を伴っているときほど、抗いがたいほどのパワーとスピードで私たちを突き動かす。こうしたときには、どうしたら葛藤を解消できるかを考えたり、解消方略を行使したりするための時間の余裕はほとんどなく、あっという間に望ましくない目標追求が実行に移されてしまいかねない。また、他のことで忙しかったり、気をとられていたりすると、葛藤解消の問題についてじっくり考えるための心の余裕が足りなくなることもある。このような心の余裕のない状況——すなわち、同時並行して別のことも考えながら複雑な思考に取り組まなければならないときのことを、心理学では、認知的負荷(cognitive load)が大きい状況であると表現する。

このように認知的負荷の大きい状況では、論理的・熟慮的な思考を働かせることが困難になる。したがって、葛藤解消方略をそもそも使用できないことや、もしくは方略を使用できても充分な効果が得られないことがある。その結果として、望ましくない衝動を抑えられないという問題が生じうる（Hofmann et al., 2009）。たとえば、目の前にいる相手に、身が震えるほどの強い怒りを感じているという状況を想像してほしい。こんなときには、心の中で「落ち着け」と自分に言い聞かせようとしても、あっと思う間もなく暴言を吐いてしまったり、あるいは手が出てしまったりということが起きうる。あるいは、何か心配ごとがあって頭がいっぱいになっているときには、「人前では不安な様子を見せたくない」と思いつつも、気持ちを整えるための心の余裕が足りず、結果として取り乱した振る舞いを見せてしまうといったこともあるだろう。

③　葛藤解消方略の誤った選択

また、葛藤解消方略には効果的なものとそうではないものがあるのだが、その事実は一般にはあまり知られていない。そのため、「こうすれば自分の気持ちを抑えられる」と人々が信じ、実行している方略が、じつは効果がなかったり、むしろ逆効果だったりするのは、よくあることなのだ。

その代表として挙げられるのが、魅惑的だが手を出してはいけない誘惑があるときに、「空想の中で満足感を得ようとする」という方略だ。たとえば、マシュマロ・テストに参加した子どもたちの中には、食べてはいけないマシュマロを目の前にして、その甘美な味わいのことをありありと思い描き、あたかも本物のマシュマロを食べているかのような疑似体験を頭の中につくり出そうとした者がいた。もう1つ別の例を挙げるならば、失恋後の追憶も同じようなものである。もう別れたのに未練の残る恋人について、あの頃は楽しかったなぁ……などと過去のロマンチックな思い出にあれこれ浸って寂しい心を慰めようとすることも、疑似体験から満足感を得ようとしているのだろうと解釈できる。

人々がこうした「空想の中で満足感を得ようとする」という方略を使おうとする理由の1つは、「このような疑似体験で満足できれば、欲しいという気持ちを抑えられるだろう」と考えているからであろう。しかし、この方略は思ったとおりの効果をもたらさないことが多い。なぜなら、疑似体験では、たいていの場合、充分な満足が得られないからだ。逆に、空想の中で誘惑に溺れるほど、ホットシステムが刺激され、ますますそれを得たいという望ましくない動機づけが強くなる。また同時に、望ましい目標の活性化が抑えられてしまうという（Papies et al., 2008）。つまり、望ましくない方向性で葛藤が解消されてしまう。そして、我慢しきれずにマシュマロに手を伸ばしてしまったり、夜中にふと思い立って昔の恋人に電話をかけてしまったりする（そうしてはいけないと重々わかっていたのに）。すなわち、自制の失敗に陥りやすくなるのだ。

かといって、望ましくない思考をすべて頭の中から追い出そうとするのも、けっしてよい方法とは言えない。マシュマロについて考えるのをやめようとか、恋人のことで悩んでいてはダメだとか、いろいろなことを自分の胸に言い聞かせることで熱い思いを抑えようとしても、そううまくはいかないというのが難しいところだ。

このような、望ましくない思考を抑制するという意図的な試みは、思考抑制（thought suppression）と呼ばれる。この思考抑制がどのような効果をもたらすのかについて検証した、著名な研究がある（Wegner et al., 1987）。この研究は、その手続きのユニークさから、〝シロクマ実験〟という名前で呼ばれるようになった。この実験に参加した人々には「これから5分間、シロクマについて考えないでください。もし考えてしまったらベルを鳴らしてください」という指示が与えられた。その結果、平均して約7回もベルが鳴らされた。もし何も指示が与えられていなければ、5分間のうちにシロクマについて考えることなどほぼ皆無であろうから、それと比べたらはるかに頻繁に考えてしまっていることになる。思考を抑制しようと試みることが、皮肉なことに、該当する思考を増やしてしまったのだ[2]。

これらのように、望ましい方向での葛藤解消（図10-2Cの状態）を目指して、効果がありそうだと思われる解消方略を試してみたにもかかわらず、葛藤がいつまでも解消されないこと（図10-2Aの継続）や、望ましくない方向性で解消されてしまうこと（図10-2Bの状態）がある。つまり、方略の選び方を誤ってしまうと、望ましい葛藤解消には至らないということだ。

ここまでの議論をまとめておこう。衝動や情動を伴う動機づけを弱めることは簡単なことではなく、また、心の余裕や時間が足りないといった状況では葛藤解消方略の使用が困難になりがちである。さらに、もし葛藤解消方略を用いたとしても、その選択を誤ってしまうと効果がなかったり、かえって逆効果になってしまったりするということになる。これらが、なぜ葛藤を解消できない場合があるのかという疑問に対する答えとなる。

では、どうすれば望ましい葛藤解消ができるのだろう。ここからは、効果的な葛藤解消方略とは何なのかについて考えてみたいと思う。それらは、価値構造を変えるという方略、注意をコントロールするための方略、そして情動をコントロールするための方略という3つに大きく分けられるので、順

---

[2] このように、思考抑制を試みるとかえって該当する思考が増えてしまうという皮肉な効果が生じる理由には、モニタリングが関係している。抑制すべき思考が生じていないかどうかをモニタリング（監視）する過程において、常にその概念が〝望ましくない基準〟として活性化されつづける必要があり、この概念の活性化によって意識的思考に上りやすくなってしまうのである。

に紹介していきたい。

価値構造を変える

望ましい方向性へと葛藤を解消するためのカギの1つは、価値（value）の認識である。得られる価値の大きさは、それを得ようとする行動への動機づけを規定する要因の1つだ[3]。同様に、失われる価値の大きさは、それを避けようとする行動へと動機づけるのだが、ここでは話をシンプルにするために「得られる価値」の方だけに絞って説明しよう。

たとえば、お酒を飲むという目標と、健康を守るという目標の間で葛藤が生じたとする。この葛藤状況を、第5章で説明した時間選好の考え方から解釈すると、以下のようになる。前者の目標を追求すれば、感覚的な快楽という〝価値〟が得られる。これはお酒を飲めばすぐに手に入る価値なので、いわば即時報酬にあたるものだ。一方で、後者の目標追求からは、健康や長寿という価値が得られるだろう。こちらは長い年月をかけて得られる価値なので、遅延報酬と位置づけられる。ただし、報酬の主観的価値は、それが得られるまでの時間の長さに応じて割り引かれてしまう。そのため、遅延報酬よりも、即時報酬の主観的認識の方が相対的に大きくなり、そちらを好んで追求してしまうという自制の失敗が起きやすくなる。

では、即時報酬／遅延報酬それぞれの価値づけ（evaluation）[4]を大きくしたり、小さくしたりした場合、それらに対する動機づけにはどのような影響が及ぼされるだろう。もし報酬の価値づけを大きくするほど、それを得たいという動機づけは強まりやすい。したがって、遅延報酬の価値づけを大きくすれば、それを求めようとする望ましい動機づけを強めることができる。同様に、即時報酬の価値づけを小さくすれば、それを追求したくなる望ましくない動機づけを弱めることが可能だと考えられる。こうした価値構造の変化を生み出すための方法として、①外的環境から価値づけを変えること、そして②心理的に価値づけを変えることの2つについて順に説明したい。

① 外的環境から価値づけを変える

自分の生活環境の中に〝ご褒美〟や〝罰〟のような仕組みを取り入れることによって、望ましい目標追求から得られるもの（遅延報酬）の価値づけを大きくする、あるいは望ましくない目標追求から得られるもの（即時報酬）の価値づけを小さくするという方法がある。

これは第5章の行動経済学の話の中ですでに紹介したものだが、たとえば、子どもが計算ドリルを1枚分解き終わったらシールを1枚もらえるというご褒美システムや、朝寝坊をしたら500円を自動的に失うという罰システムが、これに該当する。前者の場合、遅延報酬の主観的価値は「問題を解き終わった達成感」＋「シールをもらえる喜び」となる。したがって、こうした仕組みがなかった場合と比べると、総合的な利得が大きくなり、魅力が増える。後者の場合は、「暖かい布団でゆっく

［3］ ただし、動機づけを規定する要因は、得られる価値の大きさだけではない。その他にも、報酬を得られる期待（見込み）がどれだけ大きいか等といったさまざまな要因の影響を受ける。

［4］ 心理学では evaluation に「評価」という訳語をあてることが多い。この学術用語としての用法に対して、日常語として使われる「評価」という言葉は、仕事や学業のパフォーマンスの良し悪しを表すというイメージが強く、やや意味合いが異なっている。そこで本書では、一般読者にわかりやすくなるように「価値づけ」という訳語を用いる。

り寝る」という誘惑から「寝坊すると罰金」というコスト（損失）が差し引かれるので、総合すると、即時報酬の価値づけは小さくなり、魅力も減じる。

締め切りを設けるという方法も〝罰〟と同様の効果をもたらしうる。すなわち、コスト（損失）の認識をもたらし、望ましくない目標（誘惑）の価値づけを下げるのだ。そもそも、締め切りとは、「この基準を守ることができなかったら、悪いことが起きる」という仕組みのことを暗に意味している。たとえば、教授が学生に「この課題の提出期日は○月○日です」と締め切りを課すということは、学生がこの基準を満たさなかった場合には、こっぴどく叱られるとか、単位を落とすといった〝罰〟、つまりコストが発生することを示唆している。だからこそ、締め切りがあるときには、人々は先延ばししたくなる気持ちを抑えて、期限までに間に合わせようと必死になる。このような効果を自覚的に使用して、コストのかかる締め切りをあえて自分自身に課そうとする人々もいる。つまり、自分が先延ばしをしたくなることを見越して、あらかじめ「この作業の締め切りは○月○日、それが守れなかったら××のペナルティ」という罰則を自分に課しておくのである。このような罰則つきの締め切りを自分自身に課すことによって、実際に先延ばしを減らすことができたという研究報告がある[5]（Ariely & Wertenbroch, 2002）。

② 心理的に価値づけを変える

ご褒美や罰のような実質的な利得や損失を使わなくても、心の中での価値づけの構造を変えることは可能だ。すなわち、望ましくない目標（誘惑）となるものについての捉え方、つまり解釈を変えることで、より価値のあるものに感じたり、逆に、価値のないもののように感じたりすることができる。

たとえば、マシュマロ・テストに参加した子どもたちの中には、「これはマシュマロではなくて、味のない、ただの雲のかたまり」と思うことで、欲しいと思う気持ちを抑えようと試みたケースがあったという（Mischel & Baker, 1975）。これも、食べたときに得られるおいしさの感覚という報酬価値を減じるために、解釈のしかたを工夫した例と言えるだろう。

一方、望ましい目標追求から得られるものについて、「ああなったらいいな、こうなったら素敵だろう」と頭の中で想像を膨らませて価値づけを大きくすることも可能である。[6] たとえば、健康診断を受けた方がよいのはわかっているが、面倒だなぁどうしよう……と迷いを感じているときのことを想像してほしい。このとき、診断を受けたことで得られるメリット（たとえば、がんの早期発見につながったり、生活習慣病を予防できたりすること）について1つひとつ思いを巡らせることによって、望ましい目標の追求、すなわち健康診断に足を運ぶことへの動機づけが高められる。

ここまで述べてきたようなこと——すなわち、誘惑的な状況に際して、望ましくない目標と望ましい目標をめぐる価値構造を変化させるという対処方略を使って、拮抗する動機づけを整理し、葛藤を

［5］ こうしたご褒美、罰、締め切りなどの仕組みを生活環境内にあらかじめつくっておくことは、そもそも望ましくない目標に動機づけられにくい、そして望ましい目標への動機づけを維持しやすい環境づくりとなり、葛藤を予防する効果がある。こうした予防的観点から行われる対策は、行動経済学者の提唱するプレコミットメント（第5章を参照）の一種にあたる。

［6］ ただし、このときには、少々注意が必要だ。第9章で心的対比について述べたとおり、理想的な将来を思い描くばかりでは、かえって目標に向けて行動を起こそうという意欲が奪われる（Kappes & Oettingen, 2011）。望ましい目標に向けた動機づけを高めるためには、その目標が達成されたときの素晴らしさを想像することとあわせて、現実の厳しさにもきちんと目を向けることが大切である。

乗り越えやすくすることを総称して、反作用コントロール（counteractive control）と呼んでいる（Trope & Fishbach, 2000）。たとえば、ダイエットをしている人が、おいしいけれども砂糖や脂肪分の多いお菓子という誘惑に対してその価値を低く認識する一方、栄養豊富で低カロリーの野菜やフルーツなどに高い価値を見出すといったことも、これに含まれる。あるいは、テストで良い成績をとろうと頑張っている最中の学生にとっては、仲間からの遊びの誘いがあってもあまり魅力的には思えず、むしろ授業や課題に取り組むことに意義を感じるといったことも、反作用コントロールの例の1つである。

セルフコントロールが得意な人ほど、この反作用コントロールを日頃から頻繁に使用しており、それが習慣化しているのだという。習慣化とは、第7章でも述べたとおりに、ある状況になるたびに同じ行動をするということを繰り返していると、はじめは意図的に行っていた振る舞いが、いずれは（その状況が知覚されるだけで）自動的に実行されるようになるという現象を意味している。したがって、誘惑に出会うたびに、望ましくない目標（誘惑）の価値を低める、もしくは望ましい目標の価値を高めるように、意図的に捉え方を変えようとする試み（つまり反作用コントロール）を繰り返していれば、その営みが習慣化してくる。つまり、誘惑状況になったら反作用コントロールの方略を使うという自動的な連合が生じるので、時間をかけて考えたり、意図的に努力したりする必要なく、この方略を使用できるようになる（Fishbach et al., 2010）。

反作用コントロールが習慣化し、自動的に実行できるようになったならば、心の余裕や時間の足りない状況でも、効率的に目標の価値づけを変化させて、望ましい葛藤解消をすることが可能になる。したがって、このような自動的な反作用コントロールを身につけている人は、認知的負荷の大きい状況（つまり、自制に失敗しやすい状況）であっても、優れたセルフコントロールを発揮しやすい。

▼注意をコントロールする

注意（attention）とは、ひとことで言うならば、膨大な情報を整理し、大事なところだけをピックアップする働きをしている。人間は感覚器官を通じて身の周りで起きている出来事についての情報を常に取り入れているのだが、その中でもとくに重要な部分にフォーカスして、重点的に認知処理を施すのが、注意の働きであると言える。

周囲環境の中で何が重要だと見なされ、注意を引きつけるかという問題には、本人の動機づけが大きく関わっている。その一例として、ある目標に動機づけられているときには、その目標達成の手段となる対象に注意が向けられやすいことが挙げられる（Dijksterhuis & Aarts, 2010）。たとえば、お腹が空いて何か食べたいと感じているときには食べ物に強く注意が引き寄せられるし、タバコを吸いたいと思っているときにはそれを提供してくれるもの（たとえば販売店や自販機、あるいはタバコを分け与えてくれそうな人）に注意が集まる。この働きによって、目標達成に向けてどのような手段を用いるかという思考に集中したり、選ばれた手段を効率的に実行したりすることが可能になる。

ただし、望ましくない目標（誘惑）に関わる対象にも注意が向けられてしまうということに、気をつけなければいけない。もしダイエットをしている最中であったら、あるいは禁煙を試みているところであったら、おいしそうなお菓子や、タバコの自販機に対して注意が向かってしまうことは危険サインであり、なるべく避けたいところだ。それらの誘惑に注意を向けてしまうと、ホットシステムが刺激され、ますます動機づけは強まり、そうした望ましくない快楽を求めようとする思考や行動が促されてしまう（Baumeister & Heatherton, 1996; Mischel et al., 1989）。すなわち、望ましくない目標の追求が始まりやすくなってしまうのだ。

① 注意を逸らす

このように望ましくない目標追求に向かっていってしまうことを防ぐには、まず、誘惑的な対象から注意を逸らすことが大切だ（Duckworth & Gross, 2014; Shoda et al., 1990）。つまり、思わず誘惑へと注意が向けられそうになるのを抑えて、意図的にコントロールするということが求められる。

ただし、注意を逸らそうと意図しても、そう簡単にはできないことがある。とくに、これまでの経験から習慣化、もしくは依存化した対象（たとえば、アルコールやタバコなど）には、自動的に注意が引きつけられやすい（Cox et al., 2006; Friese et al., 2010）。

こうしたときに有効な方法の1つは、注意を向ける他の対象を見つけることだ。第6章でも紹介したことだが、マシュマロ・テストにおいて「楽しいことを考えましょう」という指示を与えられた子どもたちは、目の前にあるマシュマロから注意が逸らされ、結果として平均10分間以上も待つことができた（Mischel et al., 1972）。こうした指示を与えられなかった子どもたちの平均が2分程度だったことを考えると、目覚ましい自制心の発揮と言えるだろう。もう1つ例を挙げると、シロクマ実験として有名になった思考抑制の実験からも、他の対象について考えること（代替思考と呼ばれる）が有効であることがわかっている。具体的には、「赤いフォルクスワーゲンについて考えてください」と指示することで、シロクマについての思考を減らすことができたという（Wegner et al., 1987）。これらの例からわかることは、望ましくない動機づけをかきたててしまう誘惑対象に注意を向けないようにするためには、それ以外のものに注意を向けたり、他のことについて考えたりするように試みるといいということだ。とくに、自分の気持ちを明るく楽しくしてくれるような物事について考えることが効果的だと言われている（Mischel et al., 1972）。

② 〝冷たい〟側面に焦点化する

注意の向け方についてもう1つ考えるべきことは、誘惑対象のどのような側面に注目するかという問題だ。誘惑対象がもつ特徴のうち、欲望や衝動を引き起こす具体的で感覚的な要素に注目することを、ミシェルらはホットな焦点化と呼んだ。一方、欲望・衝動を喚起しにくい無機質で抽象的な特徴に目を向ける思考については、クールな焦点化と表現した（Mischel & Baker, 1975）。たとえば、マシュマロの甘くとろける食感に思いを馳せれば食べたいという衝動が募るのに対し、その表面の真っ白な色合いやゴムのような質感に注目していると食欲はあまり刺激されない。つまり、誘惑対象について〝熱く〟欲望や衝動を引き起こす側面に注意を向ける場合と、〝冷たく〟分析的な思考をもたらす側面に注意を向ける場合では、後者の方が、それを得たいという動機づけを抑える効果をもたらす。

▼情動をコントロールする

情動は急激に沸き上がり、私たちを強く突き動かす。先にも述べたとおりに、これは生き物として生命を守り子孫を残すために必要な機能であり、瞬発的にその場の状況に対応するような行動をとることを助けてくれる。こうしたシステムに関わる大脳辺縁系の活動に、前頭前皮質の働きが関与することによって、情動をコントロールすることが可能になる。では、どのような方法を用いれば、望ましい方向へと情動を制御することができるのか、また情動の働きをうまく活用することができるのかについて考えてみよう。

① 〝待つ〟ことの効用

情動の働きは、今ここで起きている状況に即座に反応させるための仕組みであるため、その影響は急激な高まりを見せたあとに、短時間のうちに減弱していく。つまり、大きな波のように押し寄せるが、あっという間に引いていくのである。そのため、しばらく時間を置いたり、場所を変えてみたりすることは、こうした急激な高まりをクールダウンするために有効な手段であると言われる。とくに怒りの感情は急速に減衰するので、「怒りを覚えたらゆっくりと10秒数える」といったシンプルな対処法を実践するだけでも、攻撃性の暴発をかなり防ぐことができる。

もしかすると、〝気分が改善するまで待つといい〟といったアドバイスが陳腐に感じられることがあるかもしれない。とくに、「この怒りはいつまで経っても消えることはない」「このままずっとみじめな気分が続くことだろう」などと感じられるときには、なおさらだろう。しかし、そんなときに思い出してほしいことがある。人間が自分の情動状態を予測するときには、おおげさに考えやすい傾向があるということだ。すなわち、もし自分に悪い出来事が降りかかってきたら、ものすごく嫌な気分になり、その状態が長引くだろうと考えやすい。しかし、実際にその出来事を経験したときには、ネガティブ情動はそれほど強くなく、また持続時間も予測よりはるかに短い。これは極端な例だが、身体に麻痺が残り車椅子生活になってしまうほどの大事故に遭った人でも、事故直後にはネガティブな気分を感じていたものの、そののち急速に気分状態は改善していき、1年後には通常（つまり、事故に遭っていない人と差がない）レベルの幸福感をもって暮らせるようになっていたという[7]（Brickman et al., 1978）。このように、もしネガティブな出来事を経験しても、人間の心には〝心理的免疫システム〟（前向きな見通しをもったり幸せを見出したりすることを助ける仕組み）が備わっているために、その悪影響から迅速に快復することができると考えられている[8]（Gilbert et al., 1998）。

② 異なる解釈を与える

同じ状況を経験しても、それをどのように捉えるか――すなわち解釈のしかたによって、異なる情動反応が生じる。たとえば、他人から侮辱的な言葉を投げかけられたという出来事に対して「自分の名誉が汚された、許しがたいことだ」と考えて怒りと攻撃性が一瞬にして高まる人もいれば、相手の振る舞いについて「あの人は機嫌でも悪かったのだろうか、気の毒だな」と考えることでとくに気を荒立てずに済むという人もいる。つまり、考え方1つで反応のしかたも変わるということだ。したがって、もし、ある状況における情動反応を改善したいのであれば、その状況に対する捉え方や考え方をより適切なものへと入れ替えればよいのではないかと推論できる。つまり、ネガティブな情動をもたらす原因となっているのは、出来事そのものではなく、その出来事に対する考え方や解釈のしかたであるということだ。

このように、出来事に対する解釈を変えることによって、よりよく情動反応をコントロールできるようになるという対処法は、理性感情行動療法[9]（REBT）においても重視される考え方である。R

［7］ 出来事が情動にもたらす影響を予測するときに過剰に見積もってしまう傾向は、インパクト・バイアスと呼ばれる。この傾向はネガティブ情動に限られたものではなく、ポジティブ情動にもあてはまる。たとえば、宝くじにあたって大金を得たらこの上ない幸せが末永く続くだろうと予測しても、実際には幸福感はあまり長くは続かない。

［8］ 心理的免疫システムについては、『明日の幸せを科学する』（ギルバート、2013）を参照してほしい。

EBTでは、「〇〇せねばならない」とか「〇〇すべきである」といった、柔軟性に欠け、事実に基づいていない考え方のことを非合理的信念と呼ぶ。たとえば、「他人は自分を搾取しようとするから、誰も信じてはいけない」とか「母親は家事を完璧にこなすべきである」といった考え方である。日々経験する出来事をこの非合理的信念をもって解釈するために、怒り、不安、落ち込みなどの情緒的混乱がもたらされるという。非合理的な信念を論駁することによって、出来事に対する解釈を変え、よりよい結果がもたらされるようになるというのが、REBTの中心的な主張である。

自分の考え方のどの部分が非合理なのか（つまり、柔軟性に欠け、事実に基づいていないのか）に気づき、より合理的な解釈のしかたと入れ替えることができれば、同じ出来事を経験しても、それに対する反応は大きく改善する可能性がある。ただし、自分自身の考え方や物事の捉え方の中に、何か非合理な信念が含まれていたとしても、それに気づくことは難しい。本人の中ではあたりまえとして信じていることなので、それに疑問を抱くことはほぼないからだ。自分1人の力で見出すことが困難なことも多いだろう。そんなときには、他者の客観的な目を借りることをお勧めする。あなたが信頼している人のところへ行って、経験した出来事やそれについて考えたこと・感じたことをありのままに話し、相談してみるとよい。その出来事について、あなた自身が考えていたのとは異なる捉え方や解釈を教えてくれるかもしれない。心理相談機関などで専門家と話をすることもできる。そういった別の視点から見た考え方を参照しながら、自分自身の物事の捉え方をもう一度見直してみることをお勧めしたいと思う。あなたの心をふと軽くしてくれるような、新たな考え方に出会えることを願っている。

③　情動反応を〝力に変える〟

身の周りの出来事に対する捉え方を変えるという方法に加えて、身体の中で起きている情動反応（とくに生理的反応について）の解釈を変えることも、有効な手段の1つとして挙げられる。

生理的反応に対する解釈が主観的な情動経験に関与していることを示した、有名な実験がある[10]（Schachter & Singer, 1962）。彼らの実験では、参加者にまずアドレナリンを注射し、生理的覚醒状態を高めておいた。すなわち、普段よりも体温や心拍数・呼吸数が上がり、発汗も増加した状態である。この状態で、実験参加者に主観的な情動経験（つまり、今どのような気持ちを感じているか）を報告してもらったのである。ただし、半数の実験参加者には、同じ室内にいる他人（サクラ）が陽気に振る舞っているという環境で、今感じている情動を回答してもらった。残り半数は、他人が不機嫌に振る舞っている環境で、同じように情動を報告した。その結果、前者の条件ではポジティブな情動が、後者の条件ではネガティブな情動がより強く経験されることが明らかになった。すなわち、いずれの条件においても同様の生理的覚醒を経験していたにもかかわらず、それについて他人の振る舞いを手がかりとして解釈したために、主観的な情動経験が異なったと考えられる。

同列の考え方に基づいた研究例として、ストレスフルな出来事を経験しているときの生理的反応

［9］ 論理療法、もしくはＡＢＣ理論と呼ばれることもある。ＲＥＢＴの詳細については、その提唱者であるアルバート・エリスが著した『怒りをコントロールできる人、できない人――理性感情行動療法（ＲＥＢＴ）による怒りの解決法』（エリスとタフレイト、２００４）などの書籍を参照してほしい。

［10］ この実験に基づいて提唱された理論は、情動の二要因説とも呼ばれる。この説を含めて、情動の規定因についての理論にはさまざまなものがある。それらをめぐる議論とその歴史的展開については、『感情の科学――心理学は感情をどこまで理解できたか』（コーネリアス、１９９９）を参照してほしい。

に対して、異なる解釈を加えることがもたらす影響を検証した一連の実験がある（Jamieson et al., 2013）。そのうちの1つの実験では、ビデオカメラの前でスピーチをするという評価懸念を強く感じやすい場面が用いられた（Beltzer et al., 2014）。スピーチをする前に、半数の参加者（実験群）は「このような状況で感じられる身体反応の変化は、体中に必要な酸素を行きわたらせるので、よりよいパフォーマンスができるようになります」と教示を受けた。つまり、心拍や血圧の上昇を、悪影響を与えるものではなく、よい効果をもたらすものだと再評価（reappraisal）するように導かれたのである。[11] 残り半数の参加者（統制群）は、このような教示を受けなかった。その結果、統制群に比べて実験群の参加者の方が、スピーチをしているときの不安の表出が少なく、落ち着いて優れたパフォーマンスをすることができたという。また別の実験では、同様のストレスフルな状況（人前でカラオケを歌う等）を控えて心拍や血圧の上昇を認識したときに「これはワクワクしているのだ」と自分に言い聞かせるという再評価のしかたで、やはりパフォーマンスが改善する効果が見られたと報告されている（Brooks, 2014）。[12]

私もこの方法を活用するときがある。私は、人前で話すような場面が近づいてくると、ドキドキしたり手に汗をかいたりする。そんな身体反応を自覚したときに「うわぁ、緊張してきた」などと考えてしまうのは、禁物だ。かえって不安が募り、「ここから逃げ出したい」という望ましくない目標の方が優勢になってしまう。そんなとき、私はあえて「よし、やる気が出てきたぞ」と思うことにしている。心拍上昇や発汗があるのは、これからスポットライトのあたる場所に出ていくための準備を身体が整えているのだ。まるでサッカー選手が控室からフィールドに駆け出すときのように、あるいはミュージシャンが楽屋からステージ中央に飛び出していくときのように、息は弾み、心躍らせながら「さぁ、気合を入れていくぞ」という高揚感として味わうようにしている。こんな再評価を加えることで、たくさんの人たちの前に進み出て、第一声を発するまでの道のりが苦痛ではなくなり、前向きに捉えることができるようになった。そして、冒頭のひとことをはっきりと発することができれば、そのあとは自然と言葉が口をついて出てくる。

④　自己意識的情動を活用する

次に注目したいのは、自己意識的情動とその機能である。人間は、成長のかなり早い段階において（諸説あるものの、生後半年ほどまでに）喜び、嫌悪、恐怖、怒り、驚き、悲しみの6種類の情動を示すようになると言われている。これらの基本情動が備わったうえで、次に発達するのが自己意識的情動（self-conscious emotions; Lewis, 2000）と呼ばれる、より高度で複雑な情動の数々である。人間の大きな特徴の1つは、社会の中で生きるということである。すなわち、個人が生存するうえで、他者との関わり合いは欠かすことのできない重要事項であり、また大きな影響力をもつ環境要因なのだ。このような社会的環境の中で生きていくためには、自分が社会の一員として適切に振る舞えているか、そして他者が自分のことをどう評価しているのかといったことに注意を向ける必要性がある。このときに経験されるのが、誇りや困惑、恥、罪悪感、後悔といったさまざまな情動である。

ここで、後悔（regret）を取り上げて、その機能について説明したい。後悔は、自分の過去の振る舞

［11］　評価懸念とは、他者が自分のことを評価するという場面において、どのように見られるだろうかと気がかりに思ったり、悪く思われないだろうかなどと心配したりすることを意味する。

［12］　ストレス反応に対する再評価の効果については、『スタンフォードのストレスを力に変える教科書』（マクゴニガル、２０１５）を参照してほしい。

いとそれに応じたネガティブな結果に対して、「もし別の行動（選択）をしていたら、違う結果になっていただろうに」と現実とは異なる想像（反実仮想）をしたときに生じる（Roese & Summerville, 2005; Zeelenberg et al., 1998）。たとえば、今日はデスクワークをどんどん進めて早めに終わらせるぞ！と思っていたのに、つい他の考えごとや無関連な雑事などに気が散ってしまい、思ったように作業が進まなかったような場合には、「もし集中して作業を進めていれば、今頃仕事はすべて片づいていただろうに」と後悔を感じることだろう。こうした後悔は、また次に似たような機会がめぐってきたときに、同じ過ちを繰り返さずに適切な行動をとるように動機づける役割を果たしている。[13]

このように後悔の情動が行動制御を動機づけることによって、よりよいセルフコントロールを実行できるようになるという効果が報告されている。この現象は〝予期された後悔（anticipated regret）〟と呼ばれる。すなわち、何か行動を起こす前に「こんなことをしたら後悔するだろう」とあらかじめ推測している場合には、そういった嫌な気分を実際に味わうことのないように、不適切な行動を抑制するということである。この予期された後悔がもたらす効果について調べた研究例では、飲酒や喫煙、薬物使用、避妊具なしの性行為といった健康に害をもたらす行為を減らす効果が報告されている（Barker et al., 1997; Sandberg & Conner, 2008）。

また、「今こうしなかったら後悔するだろう」というように、行動しなかったことに対する後悔を予期することによって、先延ばしを減らすことや、適切なタイミングで行動実行することを促進することもできる。たとえば「今運動しておかなかったら……」と将来になって（健康状態を崩したときに）後悔しそうなことを予測することによって、運動不足を解消し、定期的な運動習慣を身につけることを促す効果が見込まれる（Abraham & Sheeran, 2004）。

まとめると、予期された後悔を活用すること、すなわち、「〇〇したら／しなかったら後悔するだろう」とあらかじめ考えておくことによって、「するべきではないのに、してしまった」や「しなくてはいけないのに、できなかった」という自制の失敗を減らせるということだ。

罪悪感（guilt）や恥（shame）も、セルフコントロールにおいて強い効果を発揮しうる。罪悪感や恥とは、みずからの過失に対して、その非を認めたときに生じる情動である。罪悪感は、自分の振る舞いが不適切であったり悪影響を及ぼしたりしたこと、すなわち行為の誤りや非道徳性に対して向けられる。これに対して、恥は、自分の内的属性についての不適切さやそれがもたらす悪影響、たとえばみずからの性格的な欠点や能力不足に向けられるという違いがある。いずれの情動も、これまでの過ちを償い、これからの振る舞いを適切にコントロールしようとする動機づけをもたらす。

これらの情動は、他者の存在を知覚することによって、さらに強烈に経験されるようになる。これらは、先に説明したように社会的関係性を築くために発達した情動であるために、誰かに見られているという状況において、より強い罪悪感や恥などが経験されるのである。それに伴い、より社会的に適切な振る舞い方へと行動を修正する動機づけも強められる。

したがって、他者存在の認識をうまく活用すれば、持続的にセルフコントロールを実行することの助けとすることもできる。つまり、他者の目を意識することで、社会的な規範やルールに注意が向けられたり、他者から自分がどのように見えるかという自己意識が強められたりする（Duval & Wicklund, 1972）。さらに、自己意識的情動の経験を予期することによって、「（誰かに対して）やましく感じるか

[13] 後悔の情動とその機能については、『後悔を好機に変える――イフ・オンリーの心理学』（ローズ、2008）を参照してほしい。

らやらないでおこう」、もしくは「(みなに知ってもらえたら)誇らしく感じられるから頑張ろう」といったように、セルフコントロールが促進されることもある。また、公共の場でわがままな振る舞いをする子どもに対して「恥ずかしいからやめなさい」と親がたしなめるような場面についても、子どもの自己意識およびその関連情動に働きかけることによって、社会的に適切な振る舞いを促していると解釈することができる。

このような自己意識的情動が動機づけに与える効果を考慮するならば、何らかの目標計画を立てた場合には、それを誰にも言わない秘密にしておくよりも、他者に公開した方が、結果として優れたパフォーマンスが得られるだろうと推察される。つまり、誰かに対して、計画実行を宣言し、その進捗を見守ってもらうことが、目標達成を後押ししてくれるはずである。たとえば、先の第9章で「計るだけダイエット」の取り組み方を紹介したが、この体重記録表を家族の目にも見えるところ、たとえば冷蔵庫の扉などに貼っておくことで、より継続しやすく、また大きな効果が得られると言われている。なぜならば、目標達成に向けた進捗状況を自分自身でモニタリングするばかりではなく、他者による監視もここに加えることによって、動機づけ効果の増大が期待されるからである。もし良好な進捗状況が他者の目にも明らかになったならば、そこから生じる誇り(pride)がさらに強く感じられ、引き続き努力継続へと動機づけられるであろう。もし劣悪な進捗状況が他者にも知られてしまうのならば、それに伴う罪悪感や恥も増幅するために、振る舞いに修正が加えられやすくなる。また、「もしダイエットが進んでいないことが他人に知られたら恥ずかしいだろう」という情動経験を予期することからも、予防的な自己制御が強められ、適切な努力に向かうモチベーションを高めることも期待される。

ここまで、情動をコントロールする、もしくは活用するためのさまざまな方法を紹介してきた。これらの方法を活用することで、葛藤状態にある動機づけをうまく〝交通整理〟して（すなわち望ましくない目標への動機づけを弱めたり、望ましい目標に向けた動機づけを強めたりして）望ましい方向性へと葛藤解消できる可能性がある。

▼まとめ

本章は、ステージ3：葛藤の解消について取り上げ、セルフコントロールが求められる葛藤状況をどのように解消するのかという問題について考えた。目標間の葛藤に際して相反する動機づけに意図的な調整を加えて、望ましくない目標追求への動機づけを抑える、あるいは望ましい目標に向かう動機づけを優先させるということだ。言い換えるなら、「○○したい。でも、そうしてはいけない」もしくは「○○したくない。でも、そうしなくてはいけない」という心の迷いを感じているときに、いかにして気持ちを切り替えたり整理したりするかという問題のことを意味している。ここで望ましい葛藤解消ができれば、「いけないことは、やめておこう」と自分を納得させることができる。しかしこれに失敗してしまうと、いつまでも悩み続けたり、「いけない！」と自覚しつつも望ましくない目標追求を抑えられなくなったりする。

このような葛藤解消という視点から、本書の2つの疑問について考えてみよう。

①　なぜ自制できないことがあるのか

望ましくない目標追求に情動や衝動が関与していると、それらの強い動機づけ効果によって、なかなか抑えることが難しいこともある。また、そうした望ましくない動機づけを抑えたいと思っても、葛藤解消方略を用いるための時間や心の余裕が足りないといった状況も、日常生活の中ではしばしば起きうる。さらに、一般的に「効果がある」と信じられている葛藤解消方略が、じつは効果がなかったり逆効果だったりすることもあるので、気をつけたいところだ。

② どうすれば自制できるようになるのか

効果的な葛藤解消方略には、大きく分けて3つの種類（価値構造を変えるという方略、注意をコントロールするための方略、そして情動をコントロールするための方略）がある。いずれも、望ましい目標への動機づけを強める、そして／あるいは、望ましくない目標への動機づけを弱める効果がある。それによって、相容れない2つの動機づけの〝交通整理〟、すなわち、望ましい方向性での葛藤解消がもたされることが期待される。

しかし、葛藤解消を試みたにもかかわらず、それに失敗してしまったら？ すなわち、「いけない！」と自覚し、相容れない2つの動機づけの間で調整を試みたにもかかわらず、望ましくない目標追求に向かう動機づけを抑えきれなかった場合には、どうなるのだろう。このような状況に陥った場合、あとは、行動しそうになる直前で押しとどめることができるかどうかで、最終的な自制の成否が決まる。それがステージ4：行動の抑制にあたる部分であり、次章にて取り上げるテーマとなる。

章末コラム⑩　潜在的連合テスト

2つの相反する動機づけについて、その相対的な強さ（どちらの方が強いのか）を測定する方法の1つに、潜在的連合テスト（implicit association test: IAT; Greenwald et al., 1998）がある。これは、概念同士の連合の強さを測定する手法だが、その概念の組み合わせを工夫することによって、ある対象について近づこうとする接近的な動機づけと、離れようとする回避的な動機づけのどちらの方が強いのかを測ることができる。

ある実験（Ostafin et al., 2008）では、〝ビール〟と〝水〟という2つの対象カテゴリー、そして〝近づく〟と〝離れる〟という2つの動機的志向性カテゴリーを組み合わせた潜在的連合テストによって、動機づけの相対的な強さを測定した。その手続きは以下のとおりだ。実験参加者は、図10-3に表されているような画面を見ながら、写真や単語をそれが属するカテゴリーごとに分類するという課題に取り組んだ。画面中央に、〝ビール〟もしくは〝水〟を表す写真か、〝近づく〟もしくは〝離れる〟ことを意味する単語が表れる。これらについて、画面上部に表された4つのカテゴリーのうちどれにあてはまるのかを判断して、キー押しで回答するというものである。1つ回答すると次の写真／単語が表れるので、それらについて次々と、できるかぎり素早く回答していく。

このとき、分類するカテゴリーの並び方には、図10-3A、Bのような2種類のパターンがあった。Aのパターンの場合は、画面の上部に記されていると

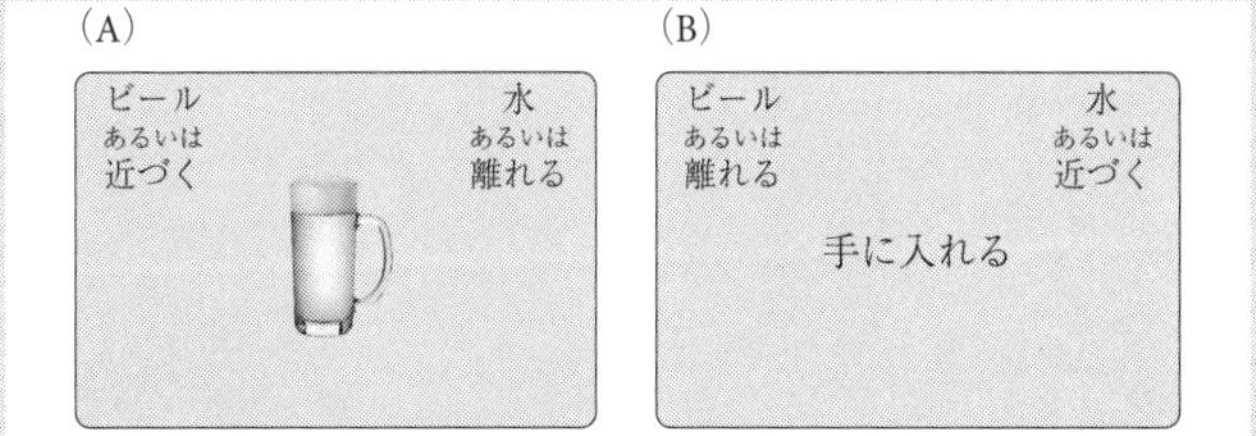

図 10-3　動機づけの相対的な強さを測定する潜在的連合テストの例

おり、左手の人差し指で押すキーは〝ビール〟と〝近づく〟の2つのカテゴリーを、右手の人差し指で押すキーは〝水〟と〝離れる〟の2つのカテゴリーをそれぞれ表すようになっていた。このときに、もし図のように画面中央にビールジョッキの画像が表れたら、〝ビール〟カテゴリーを表すキーを左人差し指で押せば正解である。一方、Bのパターンの場合はカテゴリーの組み合わせが異なっており、左手の人差し指で押すキーは〝ビール〟と〝離れる〟を、右手の人差し指で押すキーは〝水〟と〝近づく〟をそれぞれ表していた。このとき、もし画面中央に「手に入れる」という単語が表れたら、〝近づく〟カテゴリーを表すキーを右人差し指で押せば正解となる。

〝ビール〟に対する接近的動機づけの方が回避的動機づけよりも強い人の場合は、〝ビール〟と〝近づく〟を結びつけやすいため、Aのパターンの方が素早く正確に答えられる。逆に、Bのパターンでは反応が遅く、不正確になりやすい。したがって、A、Bそれぞれのパターンにおける正答率や反応速度を分析すれば、ビールに対する接近と回避の動機づけのどちらの方が強いのかがわかるという仕組みである。

この測定において、接近的な動機づけの方が相対的に強かった人ほど、実際にアルコールを飲む機会があったときの摂取量が多かったという関係性が確認されている。

第11章

意志の力でこらえる

行動の抑制

すんでのところで望ましくない振る舞いをしそうになったが、その直前でどうにかこらえたという経験をしたことはないだろうか。たとえば、食べ放題のレストランで、あとひと口だけと手を伸ばしそうになったところで、持ち上げかけた箸を止め、そっともとの場所に戻す。駅の構内を歩きながら、手元のスマートフォンについ視線を落としそうになったが、あわてて目を前方に向けなおす。「いいかげんにしろ！」とどなりそうになった瞬間、強く唇を噛み締めて、口から出そうになった言葉を飲み込む。もしくは、ジョギングの最中に疲れてきて足が止まりそうになるところを、ぐっとこらえてもとのペースに戻す。このように、望ましくない振る舞いが表に出そうになるところを、その寸前で押し戻すというような心の働きは、まさに〝自制心〟という言葉からイメージしやすいものだと思う。

このように、望ましくない振る舞いを実行直前で押しとどめること——すなわち、望ましくない目標追求行動が実行されそうになる直前で、それを意図的に抑制することが、本章のテーマである。日常的な言葉づかいで表すならば、「意志の力でこらえる働き」と言うとわかりやすいかもしれない。自動車のメタファーを用いるなら、〝心のブレーキ〟と言うこともできるだろう。

先の第10章では、ステージ3：葛藤の解消について取り上げ、気持ちを切り替えたり整理したりすることを通じて、目標間の動機づけを調整するという問題について考えた。このときに、望ましくない目標追求への動機づけを抑える、あるいは望ましい目標に向かう動機づけを優先させるということができれば、望ましい葛藤解消ができたということになる。しかし、このような望ましい方向性での動機づけの調整がいつも完璧にできるとは限らず、私たちはときどき葛藤解消に失敗するということも説明した。

葛藤解消に失敗したら、いったい、どうなるのだろうか。すなわち、「いけない！」と自覚しつつも、望ましくない目標追求に向かって強く動機づけられているという状況である。言い換えるなら、「○○したい。でも、そうしてはいけない」という迷いが解消されず、いまだに「○○したい」という抑えきれない気持ちが今にも行動に表れてしまいそうな状況である。あるいは、「○○したくない。でも、そうしなくてはいけない」という迷いから脱することができず、ずるずると「○○したくない」方向へと傾きつつあるような状況のことを意味する。

ただし、望ましくない目標に向かう気持ちが止まらなかったとしても、いよいよ行動に移されそうになる直前で、私たちはぐっとこらえてストップをかけることができる。たとえるなら、自動車のエンジンは熱く燃えているし、その動力はシャフトを伝わり車輪を動かそうとしているのだが、そこでブレーキを強く踏み込むと、車輪の動きを制止できるといったイメージを思い浮かべてほしい。

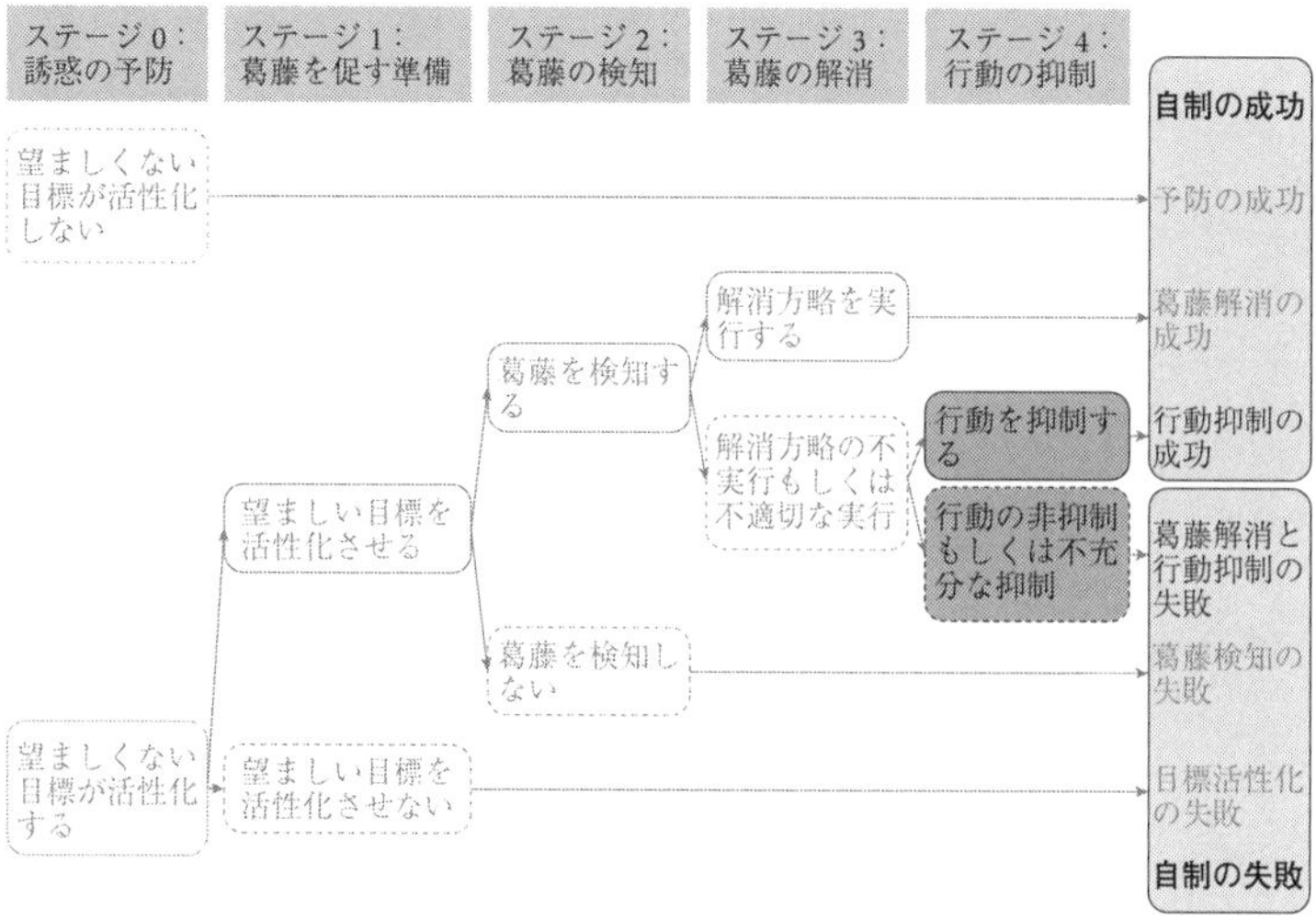

図 11-1　目標間の葛藤対処プロセスモデルにおける「行動の抑制」の位置づけ

これがセルフコントロールの成功／失敗を左右する、最後の関門だ。つまり、望ましくない目標追求行動を実行直前で押しとどめることができるか否かによって、最終的な自制の成否が決まる。それがモデル図中のステージ4：行動の抑制にあたる（図11－1のハイライト部分）。

ここで、すかさずブレーキを強くかけることができれば——すなわち、行動が実行される前に抑制することができたなら、望ましくない振る舞いは表出されず、セルフコントロールに成功する。ただし、こうした試みがいつも成功するとは限らない。なぜなら〝車は急に止まれない〟からだ。つまり、ブレーキをかけるタイミングが間に合わなかったり、ブレーキをかける努力をしたにもかかわらず前進する力を充分に止められなかったりということが生じる。すなわち、抑制がかけられる前に望ましくない行動が実行に移されてしまうこと（行動の非抑制）や、抑制の試みが不充分であったため結果として行動実行を止められなかったということ（不充分な抑制）もありうる。

▼実行機能

このように、実行直前で行動を抑制する働きについて説明するために、まず、実行機能の話から始めたいと思う。実行機能は、自己制御やセルフコントロールにおいて欠かすことのできない心の働きであり、じつは本章のテーマであるステージ4：行動の抑制ばかりではなく、他の各ステージにも大きく関与している。

①　更新、切り替え、抑制

ここで実行機能について説明を加えて、理解を深めていきたいと思う。実行機能は、脳の前頭前皮質を中心としたネットワークと関連しており（第4章を参照）、今ここで新たに起きている状況を知覚したり、過去に学んだ知識や経験をあわせて思考や行動を制御したりすることを通じて、目標に向けた活動を支える働きをしている。その働きは、3種類の機能、すなわち更新、切り替え、抑制に分類される（Miyake et al., 2000）。それぞれの機能についてわかりやすく解説するために、ここでは「スーパーで夕飯の食材を買う」という場面にたとえながら説明したい。

更新（updating）は、必要な情報を一時的に保持しておき、その間にさまざまな思考処理を加えて、必要がなくなったら消去して新しい情報に更新するという、〝心の黒板〟ともたとえられる機能である。作動記憶（working memory）と呼ばれることもある。

この更新機能は、自己制御のフィードバックループ（第7章、第9章を参照）においておおいに役立っている。とくに、目標に向けて順調に進捗しているかをモニタリング（監視）することに、深く関与している。まず、完遂するまで目標（基準）を維持するためには、その目標関連情報を〝心の黒板〟上に保持し続けることが必要だ。たとえば「夕飯のカレーの食材を買う」という目標をもってスーパーに来たなら、その目標を忘れる（例：必要な食材を買い損ねる）ことや、他の目標に逸れる（例：必要ないものを買ってしまう）ことなく、レシピどおりの食材をすべて買いそろえるところまで完遂しなければいけない。また、インプット（現状の知覚）については、自分の振る舞いによって環境が変化していく様子が次々と新しい情報として入ってくる。たとえば、売り場の棚を歩きまわりながら食材を手にとって買い物かごに入れるたびに、かごの中身は1つずつ増えていく。その様子を認識しながら、進捗のモニタリングをするのだ。たとえるなら、鶏肉✓、じゃがいも✓、にんじん✓……と〝心の黒板〟にある買い物リストにチェックを入れながら、どこまで進んだか、まだ何が足りないのかを確認していくようなものである。こうして、当初の目標である「カレーの食材を買う」をきちんと保持しつつ、他にも必要な食料品がないか、それらを効率的にすべて買い物かごに入れてまわるにはどうすればよいかなど考えながら買い物をこなしていくときには、更新の機能がおおいに活用される。

切り替え（shifting）は、行動ルールが変更されたことに伴い、それに合わせて振る舞い方を切り替えることを指す。すなわち、先ほどまでとは異なる基準（目標）が設定されたのに応じて、行為にも対応した変更が加えられる。この働きも、自己制御のフィードバックループにおいて重要な役割を果たす。目標（基準）が変更されたなら、それに応じて行動のしかたにも調整が加えられる。そして、適切な環境変化が生じて、順調に進捗しているかという確認も、新たに設定された目標に照らしてモニタリングされる。たとえば、なぜかカレールーがすべて売り切れていて、これではカレーがつくれないことに気づいたとしよう。そこで計画変更をして、夕飯の献立をクリームシチューにしようと思い立った。したがって、目標が変更される――つまり、「シチューの食材を買う」という新たな目標に切り替えられたのだ。それに応じて、〝心の黒板〟上の買い物リストは部分変更が必要になり、カレールーを消してシチューのルーに書き換えたり、新たに牛乳をリストに加えたりする。そして、この新たな計画に従い、各売り場をめぐる買い物ルートも変更され、行動パターンが変わってくる。

ただし、何度も繰り返し実行して習慣化した行動パターンから、突如として新たなパターンへと変更しなければいけない場合には、その切り替えに困難が生じることもある。うっかりいつものくせで、我が家の定番カレーの隠し味に使うヨーグルトをかごに入れてしまったり、逆にシチューに必要な牛乳を入れ忘れてしまったりといった混乱が生じうる。

抑制（inhibition）は、衝動的、自動的に実行されそうになっている行動を抑える能力のことを指す。モニタリング中に目標（基準）から離れるような行為が遂行されつつあることが検知されたら、それを押しとどめて未然に防ぐようなときに役立つ。たとえば、牛乳を買わなければいけないのに、うっかり乳製品の棚を素通りしてしまいそうになったときに、そうだ、ここだったと気づいて足を止める。いつものくせでヨーグルトの棚に目を向けて探し始めそうになったときに、いやいや違うとストップする。

実行機能に含まれる3つの機能のうち、本章のテーマ、すなわち望ましくない目標追求行動を実行直前で押しとどめる〝心のブレーキ〟の働きに最も関連するのは、この抑制である。たとえば、買い物中にふと目に入った誘惑物（たとえば、缶ビール）に手を伸ばしそうになったところで、あ、いけな

図11-2　実行機能に含まれる3つの能力とその関係性

（出典）　Miyake & Friedman（2012）より作成。

い！と手をひっこめるような場面で、この抑制の機能が発揮される。あるいは、「何で今日に限ってカレールーが売ってないのよ！」とぷりぷり怒り出しそうになる（最近の言葉づかいを用いるなら「キレる」）ところを、ぐっとこらえて涼しい顔ができるのも、抑制機能のおかげと言える。

　更新、切り替え、抑制の各機能は、共通する認知的、神経科学的な基盤の上に成り立っていることが指摘されている（Miyake & Friedman, 2012）。図11－2のように、この共通基盤の働きによって抑制機能が規定され、またそれぞれに特化した要素を共通基盤に足し加えたのが更新、切り替えであると位置づけられている。このあたりのくわしい話は本書の範囲を超えてしまうので割愛するが、これらの3種類の機能は互いに深く関係していることを、ここでは強調しておきたい。これらの機能は、たがいに独立して働くのではなく、協調的に機能することによって、自己制御におけるモニタリングと行動調整が適切に行われる。こうした実行機能によって自己制御過程が支えられているおかげで、セルフコントロールを働かせ、望ましい目標達成に向かうための行動を実行できるのだ。

②　実行機能を測定する

ある時点である人の実行機能がどのくらい適切に働いているかを、認知課題に取り組むことによって測定することができる。更新、切り替え、抑制の各機能について、それぞれ測定する課題が多数開発されているのだが（本章の章末コラム⑪を参照）、ここでは抑制機能を測定する課題を1つ紹介する。

この課題は、ストループ課題[1]（Stroop task; Stroop, 1935）という呼び名で知られている。巻頭のカラー口絵（図1）を見てほしい。色を表す意味の単語（赤、黄、緑、青）が、その意味とは異なるインク色で表示されている。この1つひとつの単語について、その意味（文字意味）は無視して、インク色（文字色）をできるかぎり素早く正確に答えてくださいというのが課題の教示である。図1を見ながら、実際に取り組んでみてほしい。一見簡単そうに思えるのだが、これが意外に難しいことがわかるだろう。思ったほどに容易ではなく、途中でつっかかったり、間違えたりすることもあるかもしれない。

なぜこれほど難しく感じるのか。その理由は、これらの文字が視覚的に情報入力されたときに、課題の指示どおりに「文字色を答える」ことに意図的に取り組むのと同時並行して、自動的過程において意味処理（文字意味を読み取る）も進められてしまうためである。日本語を使う環境に生まれ育った人にとって漢字の読み取りは日常的に繰り返し学習されて習慣化した作業なので、文字刺激を見るだけで自動的に「意味を読み取る」反応が実行されてしまうのだ。そして、文字色を答えようとする反応において、読み取られた文字意味と干渉を起こす。つまり、文字意味を答えそうになる反応を抑制し、正しく文字色を答える反応へと行動調整するための処理に時間がかかるため、反応が遅くなってしまう[2]。

この課題をパソコン上で実施するときには、図1に表されている単語が1つずつ画面に呈示される。そして、刺激呈示から文字色が回答されるまでの反応時間を計測することによって、その人がどのくらい自動的な反応を抑制することに優れているか、すなわち、抑制機能の働きを表す指標とすることができる。反応時間が短い人ほど抑制に優れており、一方で反応が遅かったり誤反応が多かったりする場合には抑制機能が比較的劣っていると推察される。

③　実行機能の低下

実行機能（の一部）の行使に何らかの支障がある場合には、自己制御にも問題が生じやすくなる。すなわち、実行機能によって支えられている目標達成の仕組み（新たな現状を知覚したり、過去に学んだ知識や経験を合わせて思考や行動を制御したりすること）がうまく働かなくなってしまう[3]。

生涯発達の観点から言うと、人間では生後から20歳前後までかかる前頭前皮質の成長とともに、徐々に実行機能を発達させる[4]（第4章を参照）。幼児期の子どもが（成人と比べて）外的刺激に反応して衝動的な反応を示しやすかったり、習慣的行動に固執してしまったり、本来やるべきことから注意が

---

［1］　心理学者ジョン・ストループ（John Stroop）がこの課題を考案し、論文化して報告したことから、この呼称がつけられた。

［2］　これをストループ効果（Stroop effect）という。ちなみに、日本語を学習していない人の場合は、図1のような日本語文字の刺激によるストループ効果は生じない。またその逆に、日本語環境で生まれ育ち、英語を習熟していない人の場合、英語で **red, blue, green, yellow** などと示されたストループ課題を与えられても、反応遅延（ストループ効果）は見られない。単語を読むことを反復学習することによって習慣化された自動的な反応生成が起きず、干渉が生じないからである。

［3］　こうした実行機能の支障は、注意欠陥・多動性障害（ＡＤＨＤ）とも関連が指摘されている（**Kempton et al., 1999**）。

逸れやすかったりするのは、それぞれに対応する抑制、切り替え、更新の機能が未発達な段階にあるからだと言える。また、60代を過ぎた頃から実行機能の衰えが始まる（Cepeda et al., 2001）。高齢期になると、涙もろくなったり、話したいことが次から次へと口をついて出てきて長話になってしまったりすることがあるのも、おそらく実行機能の衰えと関連があるだろう。

先に述べたように、実行機能のうち更新と切り替えは、モニタリングによる葛藤検知や目標の再設定といった働きを支えている。したがって、これらの実行機能が低下しがちな状況（たとえば、疲れているときや、お酒に酔っているとき）においては、「いけない！」という葛藤検知がうまくできなくなってしまう。そのため、「まぁいいか」や「このくらいなら大丈夫」といった葛藤の見逃しによる失敗が多くなりがちである。普段はとても物静かで礼儀をわきまえた人なのに、お酒の席になると急にさわがしくなり不適切な発言を繰り返したりする人がいるのは、酩酊によってモニタリングがうまくできなくなり、「でも、そんなことを言ってはいけない！」と気づくことができなくなっているためだ。また同時に抑制する能力も低下するため、望ましくない行動を実行しそうになったときに、それをぐっとこらえることができない。怒り上戸や泣き上戸というように、酔うと情動の発露が大きくなりがちな人がいるのは、抑制能力の低下に伴い、こうした情動表出をストップすることができなくなっているからだと考えられる。

④　実行機能の低下を防ぐ／向上を促す

ここまで述べてきたように、実行機能によって自己制御過程が支えられているおかげで、セルフコントロールを働かせ、望ましい目標達成に向かうための行動を実行できるという仕組みになっている。

しかし、実行機能は常に万全の働きをしてくれるとは限らず、時と場合によって低下することもある。そのような機能低下状態にあるときには、セルフコントロールに失敗しやすくなるという危険性がある。このような自制の危機に対して、どのように対策することができるだろうか。

まず、実行機能の低下を防ぐことについて考えよう。この対策として考えうるのは、まず、疲れやストレスを溜めないように、睡眠はしっかりとること、お酒を飲みすぎないこと、危険な薬物は絶対にダメ……といったことだ。どうにも月並みな自己管理のアドバイスに聞こえてしまうかもしれない。そもそも、そういった自己管理ができるくらいなら、自制に苦労しないだろうとおっしゃるのも、ごもっともだ。しかし、これらの危険因子がセルフコントロールに与える悪影響は甚大であり、用心するに越したことはないので、あえて指摘しておく。そして、こうした要因が自制心不足の原因になっていると感じるのであれば、そもそもの原因（たとえば、睡眠不足やお酒の飲みすぎといった問題）に対して、どのように対策できるかを考えるところからスタートするとよいだろう。もし、そこにセルフコントロールの問題が関わっているのであれば、本書がその解決法を探すための手助けとなるかもしれない。

機能低下を防ぐことの逆の発想として位置づけられるのは、機能向上を促すことだ。実行機能を向上させることができれば、それに応じて自己制御も促進され、より適切な振る舞いができるようになるだろう。このような発想に基づいて、実行機能を鍛えること、すなわち、トレーニング（訓練）を通じて実行機能を向上させようという目的のもと、さまざまな効果検証の取り組みが行われた。その

［4］　実行機能とその発達については、『自分をコントロールする力――非認知スキルの心理学』（森口、2019）を参照してほしい。

検証結果は必ずしも一貫しておらず、場合によっては効果がなかったという報告もあるのだが、ある程度の効果が見られたという研究結果も報告されている。たとえば、幼年期から学童期（4歳から12歳）の子どもを対象とした研究では、作動記憶を使うようなコンピュータゲームに繰り返し取り組ませることや、スポーツ活動の参加、ピアノなどの楽器演奏の練習などを通じて、各種の実行機能の向上が見られることが報告されている（Diamond & Lee, 2011）。成人についても、近年話題になった「脳トレ」に代表されるような音読や計算などのコンピュータゲームに継続的に取り組むことで、実行機能を含む幅広い機能向上が見られたという[5]（Nouchi et al., 2013）。

類似した取り組みとして、私が関わっている研究プロジェクトでは、5分前行動を日常的に心がけるというトレーニングが実行機能にもたらす効果を検証している。5分前行動、すなわち予定されている時刻よりも5分以上前に行動を始発／完了させるというプロセスには、その各所に実行機能がおおいに関与している。実行したい予定のことを念頭におきながら（更新）、想定外の出来事にも対処しつつ（切り替え）、うっかり普段の習慣どおりに振る舞いそうになるのをこらえて（抑制）、スケジュールをいつもより5分繰り上げなければいけないのだ。より精密な検証を続けていく必要はあるものの、すでにいくつかの実験から、期待のもてる結果が得られている（沓澤・尾崎，２０１９）。

これらのトレーニング法に共通することは、実行機能を行使するような課題に繰り返し取り組むということである。コンピュータ上で計算課題に取り組むときに頭の中でさまざまな情報を保持したりルールをあてはめたりするのと同様に、スポーツや楽器演奏においてもみずからの身体の動きをモニタリングしつつ周囲の状況知覚と取り合わせながら絶妙なバランスとリズムでコントロールするという点で、いずれも複雑な認知活動であり、実行機能を活発に働かせる必要がある。

こういった実行機能の関わる課題を何度も反復練習した結果として、練習した課題においてパフォーマンスがよくなることはもちろん、練習していない認知課題についても成績向上が見られることがある。これを転移（transfer）という。この転移が生じることで、1つのトレーニング法に継続的に取り組むだけでも、実行機能の関わる幅広い範囲の自己制御やセルフコントロールによい影響が及ぼされる可能性がある（Muraven, 2010）。

〝心のエネルギー〟の枯渇

意志の力でこらえるということ、つまり望ましくない振る舞いを実行直前で抑制することに関して、〝心のエネルギー〟という観点から説明しようとする研究者たちもいる。こうした観点において前提とされる考え方は、「意志の力で行動を抑制すると心のエネルギー[6]が消費される」というものである。そして、このエネルギーが使い果たされてしまうと、その後しばらくは行動抑制がうまくできなくなってしまうという。こうした考え方や、それに基づいて行われた一連の実験は、自我枯渇（ego depletion）研究と呼ばれている（Baumeister et al., 1998, 2007）。

あなた自身も、このようなエネルギー切れのような状態を経験したことがあるかもしれない。何か

[5] ただし、コンピュータゲームによる認知機能の向上効果について疑念を呈する論文もある（e.g., Owen et al., 2010）。

[6] 学術用語では、制御資源（regulatory resource）と呼ぶ。しかし、異なる概念である認知資源（cognitive resource）と表現がよく似ており、混同しやすい。そこで本書では、混乱を避けるために、〝心のエネルギー〟という表現を用いることにした。

誘惑に対してぐっとこらえて我慢したときのことや、あるいは、もうやめたいと思うところをぐっとこらえて努力を継続したときのことを思い出してみてほしい。たしかに、このように意志力を著しく行使したあとには、すっかり心が疲れ果ててしまい、もう余力が残っていないように感じることがある。

実際に、自我枯渇、すなわち心のエネルギーが枯れ果ててしまったような状態が生じることを報告している研究もある。たとえば、ある実験では、おいしそうな香りを漂わせる焼きたてクッキーを目の前にしながら（そして「食べたい！」という衝動をありったけの意志力を働かせて抑制しながら）、けっしておいしくはないラディッシュを食べなければならないという経験をした直後の人々に、難しいパズルを与えて、どのくらいの時間取り組み続けることができるかを観察した。その結果、クッキーの誘惑に耐えるという経験をしなかった人々は平均して約21分間もパズルに取り組みつづけたにもかかわらず、誘惑に耐えた直後の人々は平均してたったの8分間であきらめてしまった[7]（Baumeister et al., 1998）。また、このような意志力の行使による心のエネルギーの枯渇とは、グルコースの血中濃度の低下と関連しているという指摘もなされ、その生理的基盤についての研究も進められた（Gailliot & Baumeister, 2007; Gailliot et al., 2007）。

この自我枯渇に関する研究はおおいに注目を集め、多くの研究者が追試を行った。すなわち、実験参加者に意志力を使って抑制する課題に取り組んでもらったあとで、また別の課題で意志力を働かせることを求めるとうまく抑制が効かなくなってしまうという効果を、さまざまな手続きを使って再現しようと試みたのだ。ところが、その結果として明らかになったのは、この効果はどうやら安定していないらしいということだった。つまり、同じような効果を見出した研究もあれば、効果なしの結果となった研究もあって、さらには逆の結果になってしまった研究も報告された。世界各国の23の研究所が協力して、それぞれがまったく同じ手続きを用いて実験し、それらの結果を総合的に分析することを試みた際[8]にも、自我枯渇の効果はかぎりなくゼロに近いという結果になってしまった（Hagger et al., 2016）。

なぜこのような結果になったのか。いくつかの説明が可能だが、そのうちとくに考えさせられる問題は、自我枯渇、すなわち、心のエネルギーという限られた資源を使い果たすという現象は、実際には存在しないのではないかということである。つまり、意志力を著しく行使して抑制をかけたあとでも、脳内でそのようなエネルギー不足状態（つまりグルコースの血中濃度の低下）は生じないという理論的・実証的な批判がなされている（Dang, 2016; Kurzban, 2010）。

また、もう1つの興味深い議論として、自我枯渇という現象は、それを信じている人の頭の中だけで生じるのではないかという指摘がある。すなわち、「意志力を使ったあとはエネルギーが枯れ果ててしまう」というように、〝心のエネルギーは有限〟と考える人に限って、意志力の行使後に抑制が効かなくなるというのだ。その逆に、「意志力は使えば使うだけどんどん湧いてくる」というよう

［7］　グルコース（ブドウ糖）は、脳が活動するためのエネルギー源となる。
［8］　こうした試みは、事前登録制追試（pre-registered replication）と呼ばれている。再現可能性について検証するために重要な取り組みである。再現可能性の問題については、本書の出版社・ちとせプレスのホームページ内の「心理学研究は信頼できるか？――再現可能性をめぐって」にわかりやすい説明と関連する議論が掲載されているので、ぜひ参照してほしい。
http://chitosepress.com/2015/10/26/125/

に、〝心のエネルギーは無限〟という信念をもっている人には、自我枯渇の現象が生じなかった。つまり、先の課題で意志力による抑制を実行しても、その後の課題で抑制能力の低下は見られなかったのだ（Job et al., 2010）。つまり、心のエネルギーが有限だという信念に基づいて、使いすぎてはいけないと考えて自分自身の意志力行使にリミット（制約）をかけることや、使い果たしたらそれを回復するための休養や栄養補給が必要だろうと考えて、その考えに従った振る舞いをすることによって、あたかもその人の心のエネルギーが枯渇しているように見えているだけだという可能性がある。

〝心のエネルギーは有限〟と考えることによって、（本当はそのような限界は存在していないかもしれないのに）エネルギー使用にわざわざ制約をかけてしまうという問題を解決するには、考え方を変えることが有効かもしれない。つまり、〝心のエネルギーは無限〟という考え方に転換するのだ。ある研究では、「意志力を使う課題に取り組んだあとは、エネルギーが湧いてくるように感じられ、もっとチャレンジしたいと思うようになる」といったように〝心のエネルギーは無限〟という考え方を表すいくつかの文章を読み、それらが自分にどのくらいあてはまるかを回答するだけで、考え方に変化が生じ、自我枯渇を起こしにくくなったという報告がある（Job et al., 2010）。ただし、こうした心のエネルギーに関する考え方の枠組み（マインドセット）を変えるという介入の試みは、まだ実証的な研究の数が少なく、その効果は充分には確かめられていない[9]。こうしたマインドセット（mindset）を活用する方法について、今後の研究が発展し、意義のある知見の蓄積が進むことに期待したいと思う。

行動の手段をなくす

最後に取り上げたいのは、意志力に頼らずに行動を抑制する方法である。本章前半で説明してきたように、さまざまな理由によって抑制に失敗してしまうこと、すなわち意図的に望ましくない行動を抑制しようとしても、押しとどめることができずに実行されてしまうということが、しばしば起こりうる。つまり、〝心のブレーキ〟が適切に働かない場合もありうるということだ。

そこで考案されたのが、意志力といった心の働きに頼らず、外的な環境の力によって行動実行を阻止するという対策法である。いわば、ブレーキがうまく働かない可能性があるなら、コンクリートブロックや金属製ポールといった物理的な車止めを用意して、ぶつかってくる車体をストップしてしまえばよいという発想に近い。すなわち、自分が望ましくない行動をとることができないように、その実行手段を環境内からなくしてしまったり、その行動を阻止するようなシールド（防護壁）をつくっておいたりすることを意味する。

イメージとして、巻頭のカラー口絵（図２）の油彩画[10]をご覧いただきたい。これは古代ギリシアの長編叙事詩「オデュッセイア」の一シーン、セイレーンたちが主人公のユリシーズ（オデュッセウス）を誘惑する様子を描いたものである。セイレーンは、その美しい歌声で船乗りたちを虜にして海に引

---

［９］ 教育心理学の領域におけるマインドセット研究では、〝知能は生まれつき決まっていて変わらない〟という考え方から、〝知能は努力することによって伸びる〟という考え方へと切り替えることによって、学習への取り組み姿勢や困難に面したときの粘り強さが改善するという効果が多数の研究によって示されている（Dweck, 2000）。関連する議論については、『マインドセット――「やればできる！」の研究』（ドゥエック、２０１６）を参照してほしい。

［10］ 『ユリシーズとセイレーンたち』（Ulysses and the Sirens）、ハーバート・ジェームズ・ドレイパー、１９０９年、油彩。

きずり込む恐ろしい怪物として知られていた。ユリシーズとその部下たちは、セイレーンのいる海域を進まなければいけなかったが、海に引きずり込まれないように、部下たちには耳栓をつけさせた。しかしユリシーズはセイレーンの歌声を聴きたかったために、部下たちに命じて自分の身体を船のマストに縛り付けさせた。それによって、歌声に魅了されて海に身を投げたくなる衝動にかられても、その行動をとれないようにしておいたのである。この作戦は功を奏して、ユリシーズはセイレーンの歌声を耳にしたものの、自滅的な行動に走らず無事に帰還することができたという。この油彩画に描かれているユリシーズの表情を見ると、望ましくない衝動に強くかられているのが見て取れる。柱に縛り付けられながらも、魅惑的なセイレーンたちに近づこうと力いっぱいあがき、その表情は欲望に満ち満ちている。こんな状態が自制心の発揮と言えるのかと疑問に思われる方もいるかもしれない。しかし、彼の賢さは「自分が望ましくない衝動にかられることを見越して、抑止策をあらかじめ徹底させておいた」ことにあり、その英知によって難局を切り抜けた逸話として讃えられている。自分の意志力の限界を知り、その弱さを補うように抑止策を準備しておくことは、立派なセルフコントロールと言えるのだ。

このように、望ましくない行動についてその実行手段をあらかじめなくすこと、あるいは行動実行を阻止する障壁を設けることは[11]、〝心のブレーキ〟が効かなかった場合に備える効果的な方法である。たとえば、給料日に銀行に振り込みがあったら、決まった金額が自動的に定期預金に入れられてしまうようにしておく。こうすれば、定期預金に入ってしまったお金には手をつけられなくなる。したがって、あるときふと目にしたものに対して「買いたい！」という衝動が起きたとしても、その支払い手段がないので、無駄遣いという望ましくない行動をとることが、不可能とは言えないものの、かなり困難になる。また、そもそもクレジットカードをもたないようにすることや、もしカードをもつならば使用限度額を低めに設定しておくことも、支払い手段をなくす、あるいは制約をかけるという点で、同様の効果をもたらす。お金のこと以外にも、さまざまな方法で望ましくない行動の手段をなくしたり、制約を設けたりすることが可能だ。たとえば、食べてはいけないと思う（でも急に食べたくなってしまう恐れのある）食品は冷蔵庫に買い置きしておかないこと。飲んではいけないと思う（でも突如として飲みたくなるかもしれない）アルコール類はすべて捨ててしまうこと。連絡してはいけないと思う（でも夜中に寂しくなったら気持ちが揺れ動いてしまうかもしれない）元恋人の連絡先は消去してしまうこと。このように、カッコ内に表されたような誘惑にかられることを見越して、意志力に頼らない方法で望ましくない行動をストップする対策を施しておくのだ。

ただし、この方法も完璧とは言えない。いつ、どのような誘惑が表れるかわからないという問題がある。したがって、すべての誘惑の可能性を完全にシャットアウトすることは不可能だ。もしそのようなことを試みたら、何も行動できなくなり、人間らしい生活が送れなくなってしまうことだろう。ユリシーズの例に戻って考えてみよう。セイレーンたちが現れる場所がわかっており、自分たちがそこに到達するタイミングを知っていたからこそ、彼は徹底した予防策を張ることができた。しかし、航海中ずっと柱に縛り付けられているわけにはいかない。それと同様に、いつどこで無駄遣いしてしまうかわからないから、現金もカードも何ももたずに外出をするというのは、さぞかし不便なことだろう。

〔11〕実行手段をあらかじめなくしたり障壁を設けたりする方法は、行動経済学者の提唱するプレコミットメント（第5章を参照）の一種として挙げられている。

また、自分の望ましくない行動実行をどのようにストップするのかという問題もある。完璧に阻止するというのは、意外と難しい。人間はとても賢い（ずる賢い！）ので、何かと抜け道を見つけ出してしまうのだ。冷蔵庫をのぞいて空っぽであったなら、近所のコンビニまでお菓子を買いに出かけてしまう。家中の酒ビンは全部捨てたのだが、上司から勧められた1杯のビールは「断れないから」と心の中で言い訳をして、飲み干してしまう。インターネットを検索して元恋人のフェイスブックページを覗きに行ってしまうこともあるかもしれない。

つまり、望ましくない行動実行を意志力に頼らずストップするために、手段をなくす／外的な制約をつくるという対策は、もしその適用が可能であるならば非常に有効ではあるのだが、適用が難しい場面もあるということだ。〝いつ、どこで（when, where）〟誘惑が出現するかがあらかじめわかっておりであり、その状況において〝どのように（how）〟実行手段をなくすかが明らかである場合にとくに有効である。しかし、そうでない場合には、やはり１００％成功するという保証はない。また、むやみと厳しく制約をかけると、生活に多少の不便さが生じてしまうことは否めない。そうしたことにならないように、賢く考えて、計画的に使うことを心がけたい。

▼まとめ

本章では、ステージ４：行動の抑制に関して、意志力による最後の関門――すなわち、望ましくない目標追求行動が自動的に実行されそうになる直前で、それを意図的に抑制することについて論じてきた。まるで、前進しつつある自動車を急停車させるために、ブレーキをかけるようなイメージである。では、この行動の抑制というポイントに着目すると、本書の掲げる2つの疑問にどのような回答ができるかを考えてみよう。

① なぜ自制できないことがあるのか

意志の力によって行動を押しとどめ、こらえようとしても、常に成功するとは限らない。すなわち、意志力による抑制がかけられる前に望ましくない行動が実行に移されてしまうことや、抑制を試みが不充分であったため結果として行動実行を止められなかったということも、しばしば生じうる。とくに、実行機能が低下しているような場合や、直前に意志力を使い果たしてしまった（と信じている）ような場合には、抑制が効きにくくなる。

② どうすれば自制できるようになるのか

実行機能に関して言えることとしては、まず基本として、その機能を低下させないように、睡眠不足やお酒の飲みすぎといった不摂生を避け、きちんと自己管理をすることを心がけたい。また、実行機能を働かせる課題に繰り返し取り組むことで、機能向上を促すというトレーニング法もある。あるは〝心のブレーキ〟が効かない場合を見越して、意志力に頼らない抑止策を立てておくこともできる。つまり、外的な環境として制約を設けるによって、望ましくない行動の手段をなくしたり、あるいは行動実行を阻止したりするような方法である。

ただし、これらの方法は常に適用できるとは限らないし、もし仮に適用できたとしても必ず行動抑制ができるとは言い切れない。つまり、このステージ4で行動の抑制を成功させるための必勝法というものは存在せず、セルフコントロールの失敗を完璧に防ぐことはできない。やはり、私たちの自制心には、(いろいろと頑張ってはみるものの)足りないところが残ってしまうのだ。

　そこで次章では、そもそもなぜ自制をしなければいけないのか、自制心を働かせずに済む方法はないのかという原点のところに立ち戻って、ステージ0：誘惑を予防するという観点から話を進めたいと思う。あたりまえのことのように聞こえるかもしれないが、そもそも誘惑(望ましくない目標)に動機づけられなければ、それに対抗して自制心を働かせる必要もないのだ。ならば、誘惑されること自体を予防する方法を考えようというのが、次章のテーマである。

章末コラム⑪　実行機能を測定する認知課題

実行機能に含まれる抑制、切り替え、更新（作動記憶）の各機能を測定するために、さまざまな認知課題が開発されている。その中でもとくに著名なものを、ここで紹介したい。

抑制機能の測定課題としては、本章で紹介したストループ課題のほかに、ストップシグナル課題（stop signal task; Logan & Cowan, 1984）が挙げられる。この課題では、画面上に表示される矢印の向きを判断し、できるかぎり素早くキーを押して回答する。ただし、一部の試行において、矢印刺激の呈示からわずかに遅れてシグナル音が発せられる。この音が聞こえたら、参加者はキー押しを抑制しなければならない。このとき、キー押し反応が速いほど、そして音発生が遅くなるほど、キー押し抑制の難度は上がるという課題である（図11－3A）。このとき、刺激呈示から音発生までの遅延時間をキー押しの反応時間から引いた値が小さいほど、反応抑制において優れていることを表す。

切り替え機能の測定については、ウィスコンシンカード分類課題（Wisconsin card sorting task; Berg, 1948）が有名である。この課題では、さまざまな記号が描かれたカード一山が参加者に渡される（図11－3B）。参加者はカードを色、数、形のどれに基づいて分類するのかを決め、1枚ずつカードを重ねるようにして分類していく。このとき、あらかじめ決めてあった（しかし参加者には知らされていない）分類のルールに照らして、参加者がカードを1枚重ねるごとに、その分類のしかたが正しいのか間違っているのかを実験者が告げる。これを繰り返すうちに、参加者は正しい分類ルールを学習する。ところが突然、分類のルールが変更される（これも参加者には知らされない）。この新しいルールを参加者が学習するまでの所要時間や誤反応の数が、切り替え機能の高さを表す指標となる。

更新機能の測定としては、*N*バック課題（N-back task; Kirchner, 1958）を用いることができる。この課題では、一連の刺激（アルファベット、もしくは数字など）を1つずつ順番に呈示される。このとき、最後に呈示された刺激が*N*個前のものと同一であるかどうかを回答する（図11－3C）。このとき、*N*の数が大きくなるほど課題の難しさが上がるため、この負荷の大きさと正答率をもって更新機能の優劣を表す指標とする。

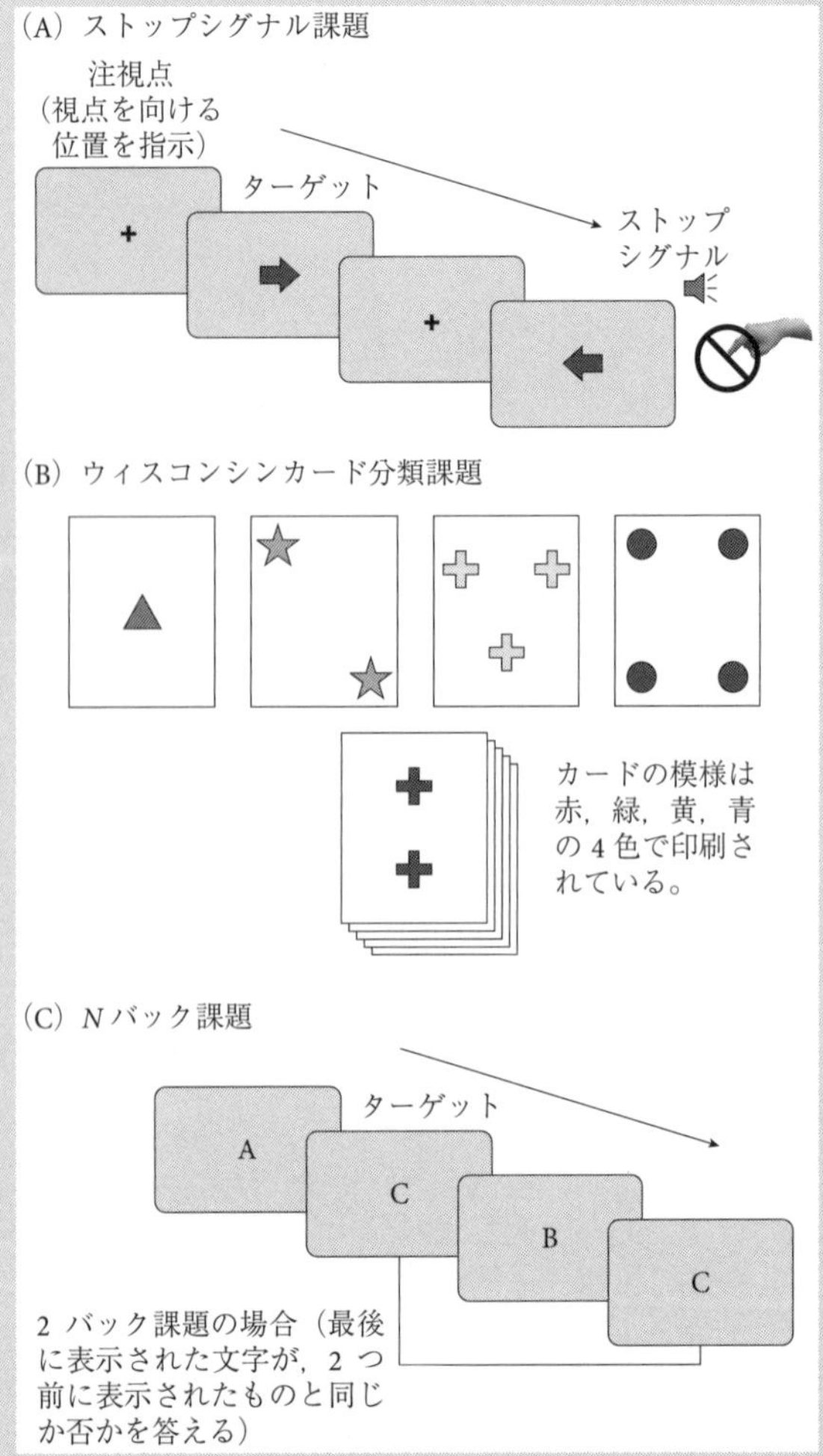

図 11-3　実行機能を測定する認知課題の例

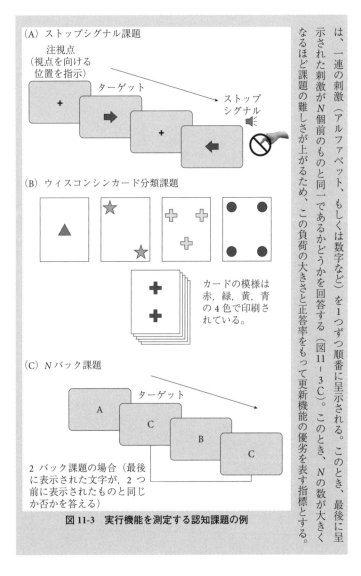

第12章

誘惑されないようにする

誘惑の予防

これまで、第8章から第11章までかけて、望ましくない目標追求に動機づけられてしまったときに、どのような対処がなされるか（あるいは、なされないか）について説明してきた。目標間の葛藤対処プロセスモデルの中では、ステージ1からステージ4までにあたる部分である。ここで、これまでの流れについて簡単におさらいしておこう。たとえば、「ポテトチップスをお腹いっぱいになるまで食べたい」とか「勉強をしたくない」といった気持ちになった状況を思い浮かべながら、以降の説明に目を通してほしい。

ステージ1：葛藤を促す準備（第8章）では、こうした気持ちを感じたときに、もっと大切なことがあるのを思い出すこと——つまり、望ましい目標をタイミングよく活性化させることの重要性について述べた。たとえば、ポテトチップスをお腹いっぱい食べたいなぁと感じたときに、「そうだ、ダイエットしているのだった」と思い出す。あるいは、勉強したくない……と嫌気がさしたときに、「そうだ、資格試験にぜったい合格したいのだ」と思い出す。こうした望ましい目標を思い出し損ねてしまうと、これ以降（ステージ2〜）の葛藤対処プロセスに進むことができないので、望ましくない目標追求（ポテトチップスをむさぼる、勉強を投げ出す）がそのまま実行されてしまう恐れが高い。

続くステージ2：葛藤の検知（第9章）では、目標間の葛藤を認識し、「いけない！」と気がつくことの大切さについて解説した。すなわち、「食べたい。でも、そうしてはいけない」とか、「勉強したくない。でも、そうしなくてはいけない」というように、2つの動機づけが相容れない関係性にあることをきちんと認識するということだ。ところが、私たちはこうした葛藤をしばしば見逃してしまう。たとえば、「今だけなら大丈夫、ダイエットは明日から」と考えたり、逆に「今やらなくても、また次の機会にすればいい」と言い訳したりすると、「いけない！」という自覚をもつことができないのだ。このようにして葛藤を見逃してしまうと、自制の努力がスタートしない――すなわち、望ましくない目標追求を止めるための意図的な努力（葛藤解消方略の使用や意志力による抑制）が加えられないので、結局、自制に失敗してしまう。

その次のステージ3：葛藤の解消（第10章）では、葛藤している2つの動機づけの相対的な強さを調整することによって、葛藤を解消しようとする試みについて説明した。ここでいう調整とは、望ましくない目標への動機づけ（ポテトチップスを食べたい、勉強したくない）を弱めること、そして／あるいは、望ましい目標への動機づけ（ダイエットしたい、資格試験に合格したい）を強めることを意味する。これによって、2つの気持ちの間でどちらにしようかとジレンマを感じている状態を脱し、望ましい方向性へと迷いなく進めるように、気持ちの切り替えや整理を行うのだ。ただし、ここで葛藤解消に失敗してしまうと、いつまでもジレンマ状態から脱することができなかったり、ずるずると望ましくない目標追求の方へと向かってしまったりする。

最後のステージ4：行動の抑制（第11章）では、セルフコントロールの最後の関門、すなわち、望ましくない行動が実行されそうになる直前で、意志の力によってそれを押しとどめるということを取り上げた。前に進もうとする車を止めるためにブレーキをかけるような働きである。ポテトチップスに手を伸ばしそうになった瞬間にその動きを制止する。あるいは、勉強から注意が逸れそうになったそのときに、ここぞと姿勢を正して集中力を取り戻そうとする。しかし、こうした〝心のブレーキ〟の働きも完璧ではない。ブレーキをかけるのが間に合わずに、望ましくない行動が即座に実行されてしまうことがある。あるいは、押しとどめようと努力したにもかかわらず、（とくに、抑制する能力が低下しているときには）結局、行動が実行されてしまうこともある。

ここまでが、本書で解説してきた葛藤対処プロセスモデルの〝本体〟、つまり主要な部分ということになる。こうして全体像を振り返ってみると、各ステージにおける葛藤対処には、さまざまなエラー（不具合）が生じうること、そしてその結果として自制に失敗してしまう危険性が含まれていることがわかる。これが、私たちの自制心の足りなさの原因になっている――すなわち、葛藤対処プロセスに関わる心の仕組みは、各ステージ特有のエラーを起こすことがあり、その可能性を完全に排除することはできない。人間の自制心とは、堅牢なセキュリティを誇るわけではなく、各所に脆弱性のあるシステムなのだ。だからこそ、いつでもどこでも完璧にセルフコントロールができる人間というのは、この世のどこにも存在しない。

ただし、ここで1つ考えたいことがある。葛藤対処プロセスが完璧ではないのならば、そもそも葛藤自体が生じないようにすればよいのではないか？　つまり、「葛藤発生を予防する」という発想だ。

注意喚起しておきたいのは、ここでいう葛藤発生の予防とは、ステージ2における葛藤の見逃しとは異なるということだ。見逃しとは、そこに葛藤が（潜在的に）発生しているにもかかわらず、気づかなかったり、あえて目を逸らしたりすることを意味する。そうではなく、「葛藤を発生させない」というのが、ここで提案したいことなのだ。

言い換えるならば、望ましくない目標（誘惑）を活性化させないということを意味する。望ましくない目標に動機づけられることを避ければ、それに対する葛藤は発生せず、したがって葛藤に対処する必要もなくなる。そして、葛藤対処プロセスでエラーが生じたために自制に失敗するという危険性もない。

これが本章のテーマ、ステージ0：誘惑の予防である（図12－1のハイライト部分）。すなわち、望ましくない目標（誘惑）が活性化しないようにすることによって、葛藤の発生を未然に防ぎ、葛藤対処を不要にするということを表している。わかりやすく言うならば、「誘惑されないようにする」ということだ。たとえば、ポテトチップスを食べたいと感じないようにする。勉強したくないと思わないようにする（どうやって？と疑問に思われるかもしれないが、その議論は本章の後半にとっておくことにしよう）。こうした予防ができれば、葛藤対処の必要性がなくなるし、対処のエラーが生じてしまう危険性もゼロという意味で、この段階をステージ0と位置づけることにした。

ステージ1からステージ4までの各段階でさまざまなエラーが生じうることを考慮すると、このステージ0において誘惑を予防するという試みは（もしそれが成功すれば）自制心に頼らずに望ましくない目標追求を防ぐことができるという点で、アドバンテージが大きい。いわば、危ない橋を渡らせな

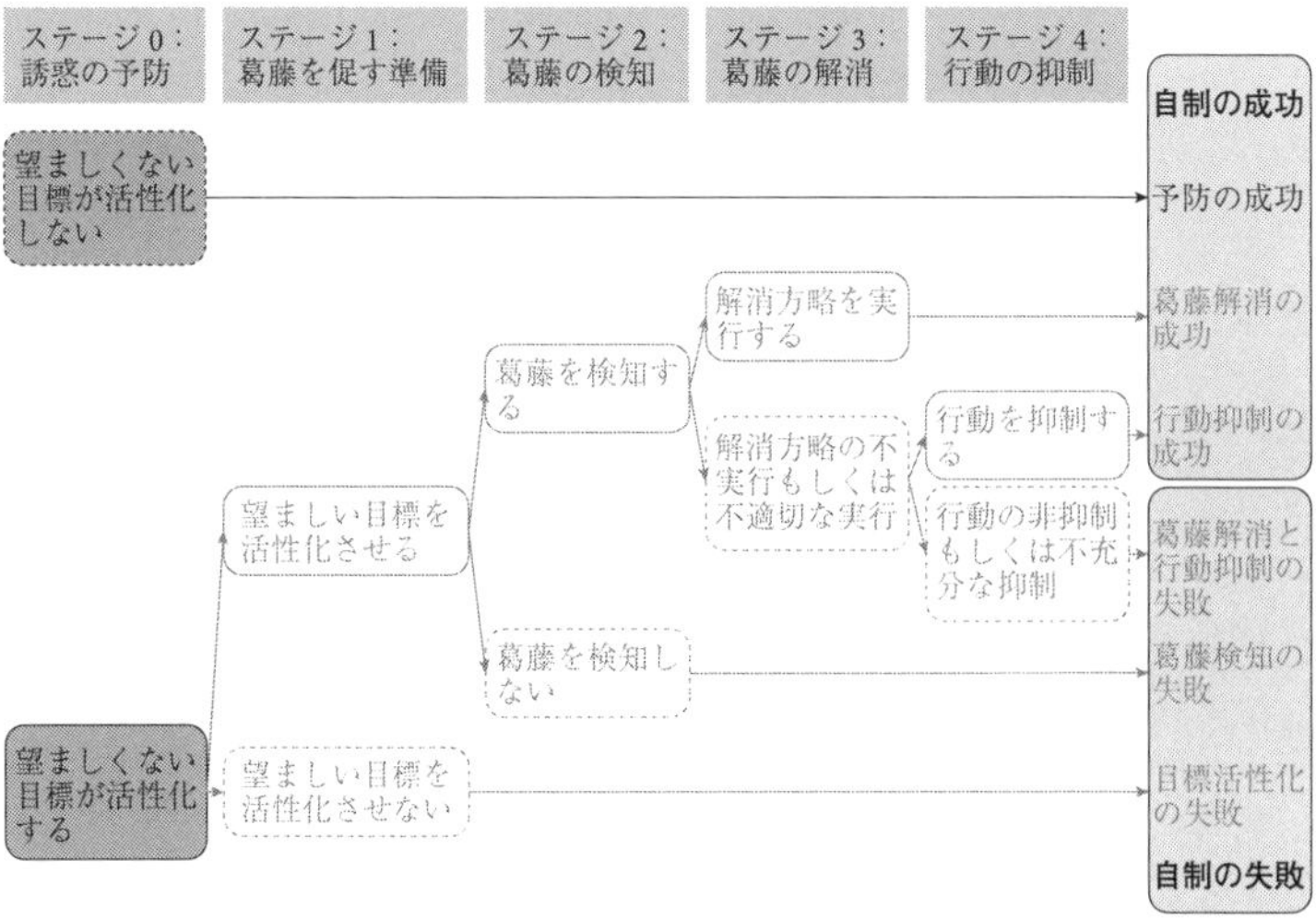

図 12-1　目標間の葛藤対処プロセスモデルにおける「誘惑の予防」の位置づけ

いためには、はじめからしてこの橋に近寄ることのないように、手前にセーフティゲート（安全柵）を設けておくというような考え方である。〝自制心に頼らない自制〟とも表現できる。まるで矛盾したことを言っているように聞こえるかもしれない。しかし、みずからの自制心が完璧ではないことを理解しているからこそ、それに頼らないで済むように安全柵を設けておくというのは、賢いセルフコントロール戦略であると言える。葛藤対処プロセスが完璧な対処能力をもたないのであれば、葛藤そのものが発生しないように予防することによって、望ましくない行動実行をより確実に減らすことができる——すなわち、優れたセルフコントロールを発揮できるようになる。

▼なぜ誘惑されるのか

まず、私たちはなぜ誘惑されてしまうのかという問題について考えてみよう。誘惑、すなわち望ましくない目標に動機づけられてしまうことには、どのような原因が関与しているのだろうか。

① 知覚刺激による望ましくない目標の活性化

あたりまえのことのように聞こえるかもしれないが、とても重要なことを指摘したい。周囲環境内に誘惑的な刺激が存在していると、それを知覚することによって望ましくない目標が活性化しやすいということだ。ここでいう誘惑的な刺激とは、大切で望ましい目標と照らし合わせたときに、それとは相容れず、望ましい目標達成を阻害するような目標を活性化してしまうようなもの、人、状況などのことを指す。こうした存在や出来事が光、音、味、匂いなどによって感覚器官を通じて知覚されたとき、それに対応した目標表象が活性化する（第7章を参照）。この目標に対してホットな情動や衝動を伴う動機づけが生じると、抗いがたい誘惑となって、自制心を危機にさらす。

たとえば、あなたが働いているオフィス内の目につきやすいところにお菓子を山盛りにしたカゴが置いてあれば、それが目に入るたびに「食べる」目標が活性化される可能性がある。お腹が空いているときは、なおさらその可能性が高い。しかし、もしあなたがダイエット中なのだとしたら、それは望ましくない目標活性であり、これに動機づけられてしまうことで「食べたい。でも、そうしてはいけない」という葛藤に直面することになる。もう1つ別の例を挙げるなら、受験生の勉強机の隣に、漫画本を満載した書棚があるという場面を想像してほしい。ふと書棚の方に目を向けただけで「読みたい」目標が活性化され、受験勉強の続行か、漫画を読みはじめるかの間で葛藤が生まれてしまう。

視覚ばかりではなく、他の感覚モダリティを通じた刺激知覚もありうる。懐かしい例を挙げると、私が子どもだったころには、焼き芋屋やラーメン屋の移動販売車が、拡声器でアナウンスや音楽を流しつつ街をめぐっていた。それを耳にするたびに「食べたい！」というワクワクした気持ちになったのを思い出す。しかし、限られたお小遣いのことを考えたり、勝手に買い食いをしたら叱られるだろうと思ったりして、我慢しなくてはいけないなぁと残念な気持ちであきらめたものだ。

味覚や嗅覚は、視覚や聴覚と比べると進化的に古い——すなわち、原始的な生物の頃から備わっている感覚であり、大脳辺縁系と深い結びつきがある。そのため、味覚や嗅覚を通じた刺激は、衝動や情動を強く喚起したり、それらを伴う昔の記憶を鮮やかに思い出させたりする。たとえば、ランチに立ち寄った定食屋の肉じゃがの味つけが、どことなく母親の手料理を思い出させたときには、胸が苦しくなるほどの郷愁を味わって「会社なんか辞めて実家に帰りたい」などと思ったりすることがあるかもしれない。もちろん、そんなことはできないし、そうしてはいけないことは、本人もよくわかっているのだが。あるいは、もう忘れたと思っていたのに、昔の恋人がつけていた香水と同じ匂いを漂わせている人とすれ違っただけで、つき合っていた頃の記憶や熱い想いが胸の中によみがえったりするのは、そのせいだ。今どうしているのだろう、連絡してみたい……と思うかもしれないが、今あなたが大切にしたい人（現在の恋人や配偶者）のことを考えるなら、それは望ましくない動機づけだということになる。

物や人といった存在ばかりではなく、一連の流れのある出来事を知覚することも、目標活性をもたらす場合がある。たとえば、誰かがアルバイトをして働いている様子を知覚することで「お金を稼ぎたい」という動機づけが生じるというように、他者の振る舞いについて見聞きすることが目標を活性化する（Aarts et al., 2004）。このように、他者の目標追求行動を知覚することがきっかけとなり、自分も同じ目標を追求し始めるという現象は、目標伝染（goal contagion）と呼ばれている。したがって、もしあなたの身の周りに望ましくない行動をしている人（もしくは人々）がいて、その様子を目にすることがあったら、あなた自身も同様の望ましくない目標に動機づけられ、それを追求してしまう可能性がある。

ここで、社会的な現象として、目標伝染の影響が推察されるパターンを見出した研究を紹介したい（Christakis & Fowler, 2007）。「肥満は伝染する」という衝撃的なタイトルとともにマスメディアで報道されたことによって非常に有名になったこの研究は、イギリスに在住する約1万2000名の人々を30年以上にわたって追跡調査し、人々の肥満度の推移と、彼らの間の個人的なつき合い（夫婦、兄弟、友人、隣人などの関係）の関連性を調べたものである。[1] 分析の結果、肥満度の高い人とつき合いがあった人ほど、（もともとは標準体型であったにもかかわらず）のちに肥満になる可能性が高いということが明らかになったのだ。なぜこのような現象が起きるのかについての有力な説明の1つとして、身近な人が大量のカロリーを消費している食事風景を見ることによって、自分自身も「食べたい！」と動機づけられることが多くなり、結果として体重増加をもたらすのではないかという指摘がある。

このように、私たちの周囲環境にあるさまざまなもの、人、状況といった外的要因に応じて、目標の活性化が生じるという仕組みになっている。こうした自動的な心の仕組みが働くことによって、誘惑的な刺激が環境内にあることを知覚すると、望ましくない目標が活性化し、それに動機づけられやすくなるのである。

② 望ましくない反応の習慣化

ある対象や機会に対して同じ反応を繰り返すことによって、習慣化が生じやすくなる（第7章を参照)。すなわち、特定の対象や機会があるという状況になったら、それに対して習慣化された反応の自動的な実行が始まってしまう。たとえば夕食を食べる機会には必ずビールを飲むといったことを繰り返していると、レストランであろうと定食屋であろうと飲食ができる店に入ったときには、あまり考えもせずに「とりあえずビール」と頼んでしまうような反応が起きやすくなる。とくに、ビールを飲んだあとはほろ酔いで気分がよくなるといったように、その反応をすることによって快楽経験が得られる(もしくは嫌な経験から逃れることができる)場合は、習慣化が起きやすい。

習慣化するという心の仕組みそのものは、私たちの日常生活を円滑に、効率的に進めるために大切なものである。しかし、ある状況で望ましくない反応が生じるように習慣づけられてしまった場合には、困った問題が生じうる。そして、いったん習慣化してしまうと、それを消去しようとするのはそう簡単なことではない。たとえば、飲酒は控えるようにと医者から念を押されているのに、相変わらず夕食のたびにビールを飲んでしまう習慣をやめることができないといった場合だ。いうなれば〝悪習〟や〝悪いクセ〟とでも呼ばれるような反応が身についてしまい、本人もそれをどうにかしたいと思っているのに止めることができず、望ましくない行動を繰り返してしまうという状態である。

習慣化が原因となって望ましくない反応が生じてしまうということが、日常生活の中でどのくらいの頻度で起きるのかを調べるために、経験サンプリング法(第2章の章末コラム②を参照)を用いた調査が行われた(Quinn et al., 2010)。この調査では、回答者が普段どおりの生活を送るなかで、何か望ましくない思考、情動、行動を抑えようとした出来事があるたびに、その内容についてノートに記録

［1］ こうした手法は社会ネットワーク分析(social network analysis)と呼ばれる。

するということを繰り返してもらった。この記録内容を分析したところ、報告された出来事のうち約12％において、著しく習慣化した反応（つまり、ほぼ毎日のように、同じような状況に対して同様の思考、情動、行動が生じること）が関わっていた[2]。したがって、望ましくない習慣のせいで自制心の危機にさらされるという出来事が、日常生活の中でしばしば発生しているということがわかった。

習慣化した望ましくない反応のうちとくに気をつけたいのは、ストレスを感じると甘いものを大量に食べてしまうとか、嫌なことがあったらたくさん買い物をしてパーッと気晴らしするといったように、ストレスフルな状況に対して過剰な消費という反応を示してしまうケースだ。こうしたケースの多くにおいて、原因の1つとして習慣化が関わっていることが指摘されている（Jansen et al., 1989）。こうした衝動的な消費は、一時的によい気分をもたらすので、習慣化が生じやすい。しかし言うまでもないことだが、こうした反応を繰り返していると、いつしか取り返しのつかないほど大きな損失（たとえば、生活習慣病や破産など）となる恐れがある。

また、ストレスフルな出来事を経験したあとに、ネガティブなことを何度も繰り返して考えてしまうという傾向[3]も、習慣化がその原因の1つとして挙げられる（Watkins & Nolen-Hoeksema, 2014）。たとえば、嫌なことが起きるたびに、こうなったのは自分のせいなのではないか、そうだとしたら自分は今度も嫌な目に遭い続けるのではないか……といったことを考え続けてしまうのだ。このような思考パターンが習慣化してしまうと、気分が落ち込みやすくなり、さらには抑うつ状態に陥る危険性も高くなるので、気をつけたいところだ。

ここまで、誘惑、すなわち望ましくない目標に動機づけられてしまう原因について考えてきた。ここで挙げた2つの原因、つまり①知覚刺激による望ましくない目標の活性化と、②望ましくない反応の習慣化によって誘惑される仕組みは、いずれも周囲の状況が引き金となっていることがわかる。すなわち、身の周りに存在するものや人を知覚することで、ホットな情動や衝動を伴う動機づけが生じることがある。あるいは、習慣化された状況に置かれると、自動的に望ましくない振る舞いをしてしまう。このように、外部のもの、人、状況からの刺激を受けることによって、望ましくない目標追求が始まってしまうのだ。

▼どうすれば誘惑されずにすむか

では、どのようにすれば、望ましくない目標に動機づけられることを防げるのだろう。先ほど説明したように、身の周りにあるもの、人、状況からの刺激によって、望ましくない反応実行プロセスがスタートしてしまう。これをヒントにして考えると、3つの方向性の対策が考えられる。まず1つは、誘惑的な刺激を知覚しないようにすること。もう1つは、そうした刺激知覚と望ましくない反応の間の結びつきをなくすこと、つまり悪い習慣を断ち切ること。最後の1つは、悪い習慣について、新しく、より望ましい習慣と置き換えるということだ。

① 誘惑的な刺激を知覚しないようにする

では、誘惑的な刺激を知覚しないようにするという方向性の対策から考えてみよう。周囲から刺激

---

［2］ ちなみに、先の「①知覚刺激による望ましくない目標の活性化」の節で説明したような、知覚刺激によってホットに動機づけられた反応が関与していた割合は、約38％であった。

［3］ このように、ほぼ同内容の思考を何度も繰り返すことを、反芻（rumination）と呼ぶ。

が知覚入力されることによって望ましくない目標追求が始まってしまうのならば、その入力自体をなくしてしまえばよいという考え方だ。

まず、刺激と自分（の感覚器）の間に何らかの障壁を設けて、知覚入力をシャットアウトするという方法がある。その好例として挙げられるのが、第11章で紹介した巻頭カラー口絵の図2「ユリシーズとセイレーンたち」の中に描かれている、手前の男性である。この男性（船の漕ぎ手）はユリシーズの命令を受けて、セイレーンの歌声が聴こえないように、しっかりと耳栓をしていた。この耳栓のおかげで、誘惑されることなく船を漕ぎ続けることができたのである。もっと身近な例で言うならば、勉強している際に漫画本が目につかないように、書棚を布製のカバーなどで覆ってしまうことができる。あるいは、周囲の物音で気が散ってしまうのを避けるために、ヘッドフォン（ノイズキャンセル機能つきか、もしくは気にならない音楽を流すなど）を着用することで、集中できる環境をつくることもできる。こうした手軽な障壁を設けるだけでも、刺激知覚によって望ましくない目標追求が始まってしまうのをかなり防ぐことができる。

刺激の原因となるものを遠ざける、もしくは思い切って捨ててしまうという方法もある。たとえば、漫画本はすべて押し入れの奥に片づけてしまうとか、古本屋に売り払ってしまうというやり方だ。誘惑的な刺激となりうるもの（たとえばお菓子、お金、ゲーム機など）は、なるべく目につかないところにしまっておく。鍵のかかる箱に保管するという手もある。これらの方法は、第11章で説明したような「望ましくない行動の実行手段をなくす」ことと実質的に同じ効果をもたらす。したがって、誘惑を予防する効果のみならず、行動抑制の効果も期待できるため、一石二鳥だ。

誘惑的な刺激の所在や、悪い習慣の引き金になってしまう場所やタイミングがいつ・どこで現れるのかあらかじめわかっているのであれば、そういった状況を意図的に回避するという方法もとれる。ユリシーズの物語の中でこの戦略を使うとしたら、はじめからセイレーンのいる海域には近づかないでおくということになる。もし主人公がこのような慎重な行動をとったとしたら、物語として面白さがなくなってしまうかもしれない。しかし、現実的に考えると、自制心を危険にさらしたくないのであれば、誘惑のない、安全な航路をとるに越したことはない。身近な例を挙げるなら、タバコの自販機の前を通らずに帰宅できる道を選ぶことや、大量のアルコールを飲むことになりそうな飲み会があったら参加を辞退することなどが考えられる。自宅に誘惑的なものがたくさん置いてある場合、それらによって気が散ってしまうのを避けるため、図書館や静かなカフェなど（つまり誘惑物の少ないところ）に移動して勉強するというのも同列の試みである。

また、自分の身の周りの人間関係を見直してみるのもよいだろう。あなたの周りには、あなた自身が直したいと思っているセルフコントロールの問題について、望ましくない振る舞いをしている人がいないだろうか。こうした他者の振る舞いを知覚することで発生する危険な目標伝染を避けるためには、望ましくない行動をとる人から距離を置いた方がよい。もし禁煙したいのであれば、喫煙者と一緒にすごすこと、とくに彼らが喫煙する様子を目にすることは、最低限に控えておくとよい。あるいは、もし節約したいのであれば、友人のショッピングに同行することはやめておいた方がいいだろう。

ここまで述べてきたような、誘惑的な刺激を遠ざける／隠すことや、悪い習慣の引き金となる場所に近づかないこと、あるいは望ましくない行動をとる他者とは距離を置くことといった方法は、それが可能であるならば、とても効果的で賢明な方略だと言える。まさに〝君子危うきに近寄らず〞である。ただし、こうした対象、場所、人々を避けられない場合もあることと思う。たとえば、物理的な問題によって避けられない状況、あるいは社会的な制約によって断ることが難しい状況もあるかもしれない。そのような場合（つまり誘惑的な刺激知覚を回避することが困難な状況）においては、自分自身の振る舞いをきちんとモニタリング（監視）することを心がけてみてほしい（Quinn et al., 2010）。誘惑的な刺激や悪い習慣の影響を受けて、いつの間にか望ましくない目標追求に向かいつつあるという危機的な状況を、いち早く察知することが大切だ。こうしたモニタリングによって、早い段階で「いけない！」と葛藤を認識することができれば、自制心を働かせるきっかけとなる（第9章を参照）。つまり、気づかぬうちに望ましくない行動を実行してしまったという失敗の起きないように、みずからの振る舞いに自制的な監視の目を向けるようにすることをお勧めしたい。

② 悪い習慣を断ち切る

次は、悪い習慣を断ち切るということを考えよう。すなわち、身の周りにあるもの、人、状況からの刺激知覚と、望ましくない目標－反応の間の結びつきをなくす、もしくは弱めるということだ。その方法の1つとして実用化されているのは、嫌悪的条件づけ（aversive conditioning）による脱依存治療法である。すなわち、誘惑的な対象を目にしたり、あるいはそれについて考えたりしたときに、同時にネガティブな刺激を経験することによって、対象＝嫌なものという結びつきをつくり出すという連合学習法のことだ。たとえば、アルコール依存から立ち直ろうとしている人のために、ジスルフィラムという薬が処方されることがある。この薬を摂取すると、アルコールを飲んだあとに非常に気分が悪くなり、吐き気などを催す。これによって飲酒と不快経験を結びつける学習が生じ、お酒を目にしても「飲みたい」という動機づけが生じにくくなる。これと同様に、喫煙習慣を止めようとしている人が、タバコのことを考えるたびに微弱な電気ショックを受ける（ビリッと痛い思いをする）という治療セッション[4]を受けたところ、52％の人々が完全に禁煙することに成功したという[5]（Smith, 1988）。

処方薬や電気ショックのように専門家の指導と管理を必要とする治療法以外にも、より日常生活に取り入れやすい嫌悪的条件づけのしかたがある。たとえば、子どもが指をしゃぶったり爪を噛んだりするクセを直すために、苦い味のするマニキュア（クセ直し専用のもの。口に入っても問題ない素材でつくられている）を塗布しておく。一度これを味わうと、非常に不快な味が口の中にしばらく残る。こうした経験は何度も繰り返す必要はなく、ほぼ1回で指しゃぶりや爪噛みのクセが解消され、そののちも後戻りするケースは少ないという。

また、輪ゴムを手首に巻いておいて、パチンとはじいたときの痛みによって嫌悪条件づけをするという方法も提案されている（Bennett et al., 2004）。すなわち、何らかの外的刺激に応じて望ましくない思考、情動、振る舞いが生じたとき、あるいは生じそうだと感じたタイミングで、手首の輪ゴムをはじいて自分に痛みを与えるという方法だ。たとえば、スナック菓子を見かけて「食べたい！」と思ったときに、パチンとはじく。これを繰り返すことにより、望ましくない反応と不快な痛みの経験と結びつける学習が生じる。結果として、もし誘惑的な刺激に接したとしても、望ましくない反応が生じ

［4］　電気ショックによる治療セッションは2週間の間隔を空けて2回、それに加えて教育的セッションやカウンセリング、サポートグループなども提供された。

［5］　その後1年間以上にわたって追跡調査したところ、完全禁煙を持続できた人は6割程度であった。ただし、この数字は、自宅で同居する家族の中に喫煙者がいなかった場合に限る。同居家族に喫煙者が含まれていた場合は、7割が喫煙習慣に戻ってしまっていたという。

にくくなる。つまりそれは、もはや誘惑的な刺激ではなくなり、嫌悪的な刺激になってしまったのだ。

ただし、1つ忠告しておきたいことがある。嫌悪的条件づけは強力なツールではあるが、これを使うことによって、楽しみを1つ（おそらく永遠に）失うことを覚悟せねばならないということだ。嫌悪的条件づけ学習が成立すると、もともと誘惑的な刺激だったものが、嫌悪的な刺激に変わってしまう。つまり、それをもとのように楽しむことは二度とできなくなる。この学習過程は、たとえば以前はカキフライが大好きだったのに、これを食して〝あたる〟（食中毒にかかって非常に辛く苦しい思いをする）という経験をすると、もう口にできないほど嫌いになるという仕組みと同じなのである。[6] したがって、嫌悪的条件づけを用いるのであれば、その対象を楽しむという経験は二度とできなくなるか、あるいはその経験から得られる楽しみはおおいに減ってしまうことだろう。たとえば、お酒、タバコ、スナック菓子などに嫌悪的条件づけが成立すると、それらを以前のようにおいしいと感じることはもうできないかもしれない。したがって、もしこの方法をとるのであれば、誘惑的な対象や行為から「もう卒業だ、二度と楽しまなくてかまわない」ということを覚悟したうえで行ってほしいということだ。

③ 新たな望ましい習慣を身につける

最後に、新たな望ましい習慣を身につけるということを考えたい。とくに、これまで悪いクセや習慣に陥りがちだった場面で、どのような思考や行動が適切であるのかをよく考慮したうえで、そうした望ましい反応に置き換えていくということを目指したいと思う。たとえば、ストレスを感じたときの気晴らし反応として、甘いものを大量に食べてしまうという悪いクセをあなたがもっていたとしよう。つまり、ストレスを感じる状況に対して、甘いものを食べるという気晴らし反応が結びついてしまっているのだ。こうしたストレス状況の反応について、どのような望ましい習慣に置き換えることができるだろうか。ストレス経験に際して気晴らしをしたいのならば、健康に与えるネガティブな影響の少ない、むしろ健康を促進するような反応を選ぶこともできる。たとえば、職場でストレスを感じた日には、仕事帰りにジムに立ち寄って汗を流すようにするといった方法だ。このように、これまでは望ましくない反応をしがちだった状況に対して、意図的に望ましい反応をするよう心がけ、実行することを繰り返しているうちに、習慣化が生じて自動的にスムーズな実行ができるようになる。

しかし、〝言うは易し行うは難し〟だと思う人もいるかもしれない。たしかにそのとおりで、「新たな習慣を身につける」という目標を掲げて、意図的に望ましい反応を何度も繰り返すという過程には、相当のセルフコントロールを要する。セルフコントロールに優れた人ほど、望ましい習慣を身につけるスキルが高いという研究報告もある（Galla & Duckworth, 2015）。裏を返すなら、そもそもセルフコントロールが苦手ならば、望ましい習慣を身につけたいと思ったとしても、成功の期待はあまりもてないということになってしまう。むしろ、なかなか悪い習慣から抜け出せないという恐れが高い。たとえば、仕事帰りにジムに寄らなきゃと思いつつ、でも面倒だから今度でもいいか……と思い、コンビニに立ち寄って、甘い菓子パンをむしゃむしゃかじりながら家路についてしまうかもしれない。

この〝行うは難し〟のハードルを乗り越えるためには、本書の第7章から第11章までに述べてきたような、セルフコントロールを促すさまざまな方法をうまく使いこなすことが役に立つ。とくに、実行意図（第8章を参照）の使用をお勧めしたい。もし先の例について実行意図を活用するなら

［6］ ただし、「カキフライにあたる」といった味覚嫌悪学習は、その他の感覚を通じた学習と比べると、少数（一度でも）の経験で成立しやすく、そして消去されにくいという特徴がある。

ば、「(if) 職場でストレスを感じたあとの帰り道には、(then) 最寄り駅近くのジムに立ち寄って1時間運動してから家に帰ろう」という if…then…形式の文章をつくって、心に焼き付けるように3回唱える。すなわち、問題行動の起きやすかった特定の状況(if…の部分)に対して、より望ましい行動目標(then…の部分)が結びつけられるように、記憶表象間の結びつきをつなぎ変えてしまうという方法だ。これによって、適切なタイミングを逃さずに行動実行することが促され、また特定の状況(if…の部分)になるたびに望ましい反応を繰り返しやすくなるため、〝行うは難し〟の問題を乗り越えやすくなることが期待される。

ここまで述べてきたような、日常生活の中で望ましい行動を繰り返すということが、よい習慣を身につけるために最適な方法であると言える。なぜなら、あなたの身の周りにある刺激、あるいは日々の生活の中で頻繁に生じる状況について、特定的な刺激(状況)と反応の結びつきをつくることができるからである。つまり、あなたの生活環境に応じた〝オーダーメイド〟の習慣化ができることで、望ましい反応をスムーズかつ効率的に実行できるようになる。

ただし、日常生活から離れた環境ではあるかもしれないが、実験室の中で、望ましい習慣形成をサポートするような取り組みを行うことも可能である。その一例として、ここでは接近回避訓練法(approach-avoidance training: ATT)と呼ばれる方法を紹介したい。[7] この訓練法では、もし特定の対象Aが呈示されたら回避反応を行う(あるいは、別の対象Bが呈示されたら接近反応を行う)という作業を何百回も繰り返す。この作業の反復を通じて、特定の対象を知覚したときの反応を習慣化させるのである。ここでは、喫煙習慣を減弱させるための接近回避訓練法について紹介しよう。喫煙習慣のある参加者はコンピュータ画面に向かい、マウスを手に握った状態で訓練課題に取り組む。そしてタバコの写真が画面に表示されるたびに、マウスを前方に押しやる——すなわち、自分から遠ざけるような身体的動作（回避反応）をするという作業を100回繰り返すのである。この訓練セッションに取り組んだ人は、（取り組まなかった人と比べて）1日あたりの喫煙本数が少なくなるという効果が見られた（Wittekind et al., 2015）。タバコばかりではなく、アルコール飲料（Wiers et al., 2010）や、カロリーの高い食品（Schumacher et al., 2016）などの異なる対象を用いて同様の接近回避訓練法を実施した例が多数報告されている。

このように、日常生活の中であろうと、実験室の中であろうと、よい習慣を身につけるための法則はきわめてシンプル——つまり、特定の対象・状況の知覚に応じて望ましい反応を何度も何度も繰り返すということに尽きる。地道で手間のかかる試みに思えるかもしれないが、いったん望ましい習慣を身につけることができれば、それを難なく継続できる見込みは高い。すなわち〝よい習慣は一生もの〟であると考えると、そのメリットは大きく、地道な努力をかけるだけの甲斐があると言えるだろう。

▼まとめ

この第12章で述べてきたことについて、本書の掲げる2つの問いの観点からまとめておこう。

［7］ 接近回避訓練法についてのくわしい説明は、章末コラム⑫を参照のこと。

①　なぜ自制できないことがあるのか

本章はまず、葛藤対処プロセスモデルの全体像を振り返るところからスタートした。この振り返りを通じて、私たちの自制心の足りなさの原因がこのプロセスの各段階に存在すること――つまり、各ステージにおける葛藤対処においてさまざまなエラー（不具合）が生じうること、そしてその結果として自制に失敗してしまう危険性が含まれていることを確認した。人間の自制心は、堅牢なセキュリティではなく、各所に脆弱性のあるシステムなのだ。したがって、いったん望ましくない目標（誘惑）の追求に動機づけられてしまうと（それがホットな衝動や情動を伴うものであれ、習慣化された振る舞いであれ）その追求をステージ1からステージ4のどこかの段階でストップできるという保証はなく、望ましくない行動の実行、すなわちセルフコントロールの失敗が生じてしまう可能性を否めない。これが、なぜ自制できないことがあるのかという問いに対する、本章における回答となる。

②　どうすれば自制できるようになるのか

先の①の回答で挙げてきたような問題に関する有効な対策を考えるならば、そもそも望ましくない目標（誘惑）の追求に動機づけられることを先んじて防ごうという、予防的な対策に行きつく。自制心というセキュリティシステムが完璧ではないならば、そもそも危険性のあるもの（誘惑的な対象や状況）を遠ざけるように、あるいは、わざわざ近寄ったりすることのないように、手前に安全柵を設けておくという考え方である。いわば〝自制心に頼らない自制〟である。すなわち、みずからの自制心が完璧ではないことを理解しているからこそ、それに頼らないで済むように事前に予防策を講じておくということだ。こうした予防策のアイディアとして本章で提案したのは、誘惑的な刺激を知覚しないようにすること、悪い習慣を断ち切ること、そして新たな望ましい習慣を身につけることである。

こうした予防的な取り組み（ステージ０）によって、葛藤対処プロセス（ステージ１～４）を発動させるよりも、望ましくない行動実行を確実に減らすことができる――すなわち、優れたセルフコントロールを発揮できるようになるだろうと期待できる。

章末コラム⑫　接近回避訓練法

接近回避訓練法（approach-avoidance training: ATT）とは、特定の対象カテゴリーに接近／回避の反応を繰り返させることによって習慣化を生じさせる方法である。すなわち、望ましい刺激を知覚したら接近反応、あるいは望ましくない刺激を知覚したら回避反応というように、刺激－反応の連合学習を生じさせるための反復トレーニングであると言える。この訓練には、本文中でも紹介したようなコンピュータ・マウスを前後に動かすという方法（Wittekind et al., 2015）以外にも、さまざまな手続きのバリエーションがある。私自身が行った実験では、イラストの描かれたカードを手前に集める／向こう側に捨てるという方法によって同様の効果が観察された（尾崎、２００６）。それらの中で最もポピュラーな手続きは、ジョイスティックを用いるものである。たとえば、もし画面に健康的な食品（たとえばフルーツ）が表れたら手に握ったジョイスティックを自分側に引くよう

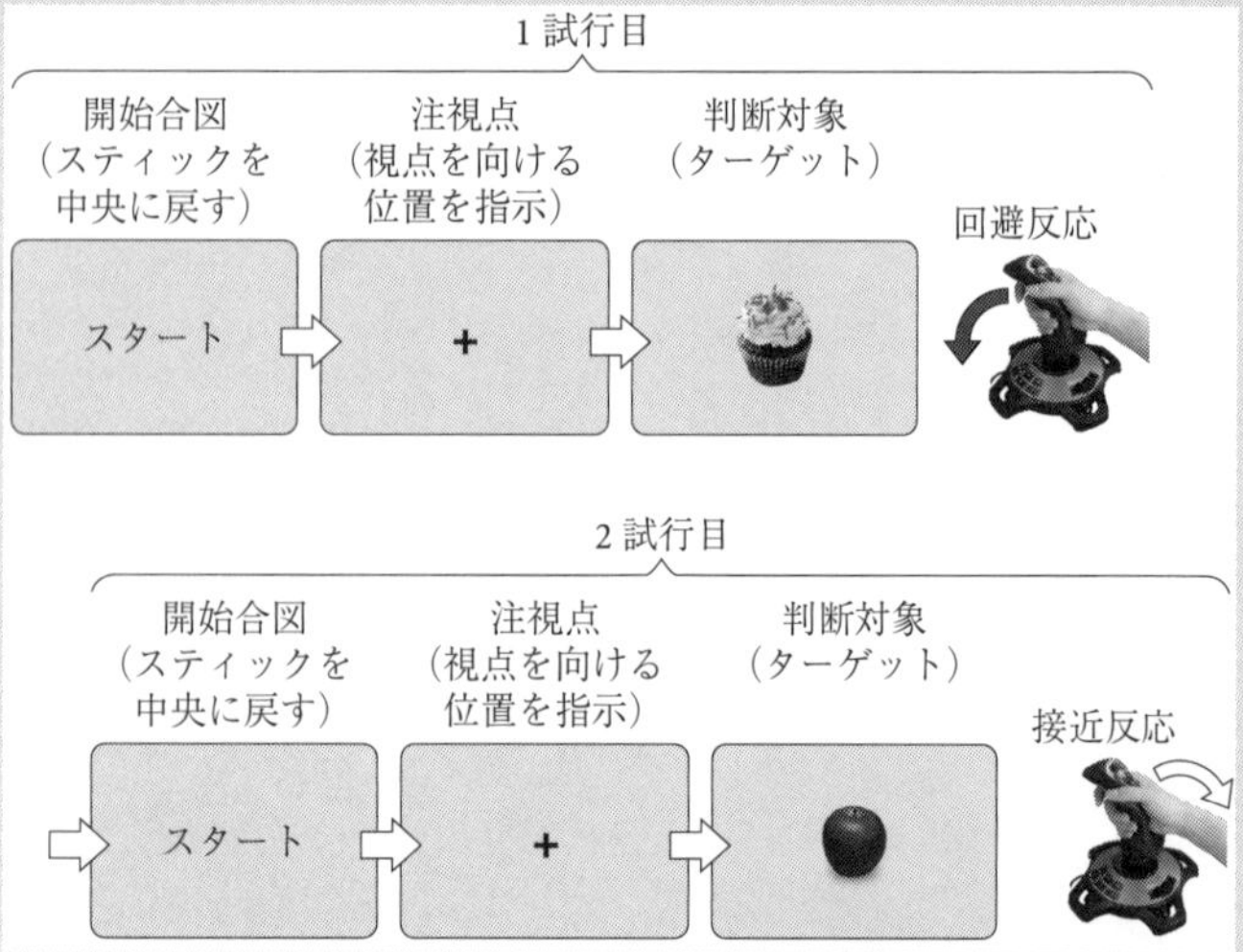

図 12-2　ジョイスティックを用いた接近回避訓練法の手続き例

に、もし不健康な食品（たとえば甘い菓子）が表れたらジョイスティックを自分から離れた方へ倒すように反応するという試行を数百回繰り返す（図12－2）。つまり、次々と画面に表示される食品の写真1つひとつについて、手前に引く（接近反応）か、あちらに倒す（回避反応）という行動反復を重ねるということだ。これを繰り返すほどに、スティック倒しによる反応は素早くなっていき、習慣化が生じていることがわかる。こうした訓練による習慣化が充分に進むことによって、日常生活においても健康的な食品を不健康な食品よりも好んで摂取するというように、望ましい食習慣が身につくだろうと期待される。そうした生活習慣の改善効果が、訓練セッションの6カ月後まで持続していたという報告もある（Warschburger et al., 2018）。

Ⅳ

まとめと
応用可能性

本書ではこれまで、私たち人間の自制心について（その心の仕組みや、不具合の起きやすい理由、その対策法などを含めて）説明してきた。ここまでの議論を踏まえたうえで、「Ⅳ　まとめと応用可能性」セクションへと進みたい。これは本書の4部構成の最後にあたり、最終章（第13章）が含まれる。ここでは、これまでの議論を総括しつつ、私たちの日常生活にどのように活用できるのか、また将来に向けて何ができるのかを考えたいと思う。日頃のみなさん自身のセルフコントロールの問題を振り返り、それらの問題に対する効果的な対処法を見出せるように、アドバイスを加えることができればと願っている。また、自制心の成長についても論じたい。私たちは、長い人生において経験を積み、年齢を重ねていく過程で、今よりもセルフコントロールのできる人間に成長することができるのかについて考察したいと思う。

第13章

よりよいセルフコントロールに向けて

この章は、本書の最終章にあたる。そこで、本書で述べてきた内容を振り返りながら、その応用可能性――すなわち、私たちの日常生活や、もっと長い目で見たときの人生において、どのように活用できるかを考えたいと思う。

そもそも、本書の目的とは、以下の2つの問いに答えることであった。

① なぜ自制できないことがあるのか

② どうすれば自制できるようになるのか

本書では、さまざまな角度からこれらの問題について議論を進めてきた。ただし、神経科学にしろ、行動経済学にしろ、心理学にしろ、自然科学や社会科学という立場からこうした問題を扱うときには、「人間とは……」と一般化された説明をすることが多い。また、説明の各所において、なるべく日常的によく経験しそうなことを例として取り上げたつもりではあるが、それらの1つひとつが読者の方々全員にとって共感できる事例であったかどうかは、確信がもてない。もしかすると、あなた自身が現時点で抱えている悩みや問題意識と比べると、多少異なっていたり、かけ離れていたりするように感じられたことがあるかもしれない。

そこで本章では、あなた自身の問題と結びつけながら、本書が述べてきた内容をもう一度振り返り、その問題の理解や解決にどのように役立てることができるのかを考えることを試みたいと思う。すなわち、私たち1人ひとりの抱えている個別の問題や悩みについて、本書が述べてきたことをどのように適用できるのか、そして、具体的にどのような解決法を考えていけばよいのかについて、ここから考察していきたい。

自分自身の問題として考える

では、ここまで本書が述べてきた内容を、あなた自身の〝自制心の足りなさ〟の問題にあてはめながら、考えていきたいと思う。

本題に進む前に、但し書きを入れておきたい。まるで読者の方々全員に対して「あなたには問題があります、改善してください」と指摘している、もしくはそのような前提を置いているように聞こえるかもしれないが、そういう意図ではないことをご理解いただきたい。もしあなた自身がセルフコントロールに関して何も悩みがなかったり、また改善の必要性を感じていなかったりするのであれば、ここから先の思考作業には取り組んでいただかなくてもかまわない。

あるいは、あなた自身のことではなく、身近な人の問題にあてはめながら考えるという方向性で取り組むこともできる。あとで述べるように、セルフコントロールの問題に対処するためには、客観的な視点や、周囲からのサポートが大きく役立つことが多い。たとえば、あなたが親や教師などの立場から、子どもの自制心の成長を支えるという場合が考えられる。もしくは、夫、妻、友人などの立場から、あなたの大切な人がよりよいセルフコントロールを目指すための手助けをしたいという場合もあるだろう。これらの場合についても、これから説明する思考作業の進め方をあてはめることが可能である。ただし、本章の説明は基本的に「あなた自身の問題は……」という視点から進めていくので、これを適宜「あの人の問題は……」と読み替えながら考えてほしいと思う。

では、本題に戻る。ここから、あなた自身の〝自制心の足りなさ〟の問題に目を向けて、本書がこれまで説明したことに基づきながら、「なぜ自制できないことがあるのか」という原因についての問い、そして「どうすれば自制できるようになるのか」という解決策についての問いに対し、その答えを導き出す方法について、順を追って説明する。具体的には、①よくある失敗パターンを見つける、②エラーの発生段階の見当をつける、③原因と対策を考えるという順序で、話を進めたい。

①　よくある失敗パターンを見つける

まず、大きな視点から問題状況を捉えることからスタートしよう。あなた自身が、自制心の足りなさについて悩んでいることや、セルフコントロールに失敗しがちだと感じていることのうち、最も重要と思うものを1つ選んでほしい。もし複数を思いつくようなら、いくつか候補を挙げてから、1つに絞ってもよい（もし複数の問題について改善に取り組みたい場合には、それぞれについて①から③までの手順を繰り返してほしい）。

1つを選ぶことができたら、その問題を、なるべく簡潔な言葉で表してみよう。たとえば、短気で怒りっぽいこと、ダイエットが進まないこと、お金を貯められないこと、勉強や仕事に集中できないこと、ダラダラしてしまうこと、嫌なことを考え続けてしまうこと、といった具合だ。

このように、ひとことで簡潔に表した問題のことを、〝テーマ〟と呼ぶことにしよう。テーマが決まったら、忘れないように書き留めてほしい。左のスペースに書き入れてもらってもかまわない。

テーマ：

では次に、このテーマに関連した問題行動が、日常生活の中でどのような具体的振る舞いとして表れているのかを見つけ出していこう。ここでいう問題行動とは、その結果としてセルフコントロールの失敗をもたらすことになった、あなた自身の振る舞い方のことを指す。わかりやすく言うならば、自制に失敗した場面において「これがいけなかった」や「ああするんじゃなかった」といった反省や後悔の気持ちを感じるような行動のしかたのことである。

たとえば、「お金が貯まらない」というテーマについて考えるのであれば、生活の中のどのような場面でどういった行動をすることが、無駄遣いを生じさせているのかを考えてほしい。あるいは、

「集中できない」というテーマについて考えるならば、あなたがどこで何に取り組んでいたときに、どのようにして集中が途切れてしまい、結局やるべきことができなくなってしまったのかを思い出してみよう。

お勧めしたい方法は、振り返りである。できれば定期的（たとえば毎日の就寝前など）に、その日の自分自身の振る舞いについて思い返してほしい。とくに、先に挙げたテーマに関連して、これがいけなかった、あんなことをするんじゃなかったと反省するような出来事があったかどうかを思い出そう。もし該当する出来事があったならば、そのときどのような状況であったのか、あなたは何を感じたのか、どのように振る舞ったのかを具体的に思い出す。そして、これらの出来事についても書き留めておこう。これを少なくとも3日間、できればもっと長く続けてほしい。日記をつけるという方法でもよいだろう。

この振り返りの取り組みは、モニタリング（第7章を参照）を強化するためのものである。つまり、自分の日ごろの行いに目を向け、きちんと監視するという意味をもつ。人間は自分の行動を常時意識的にモニタリングしているわけではないので、問題行動が生じても、そのときには気づかないということがしばしばある。

定期的な振り返りをすれば、こうした問題行動が起きていたことにあらためて気づきやすくなる。さらに、振り返りの習慣がついてくると、自然と日ごろから自分の振る舞いに注意を向けやすくなる（すなわち意識的なモニタリングを行う）ために、「いけない！」という葛藤を自覚しやすくなり、セルフコントロールの失敗そのものを減らすという効果も期待できる（第9章を参照）。つまり、この取り組み自体が、自制の失敗を防ぐための対策の1つとなりうるのだ。

自分の行いを振り返ることと並行して、可能ならば、あなたの身の周りの人に協力してもらい客観的な意見を集めることも効果的だ。なぜなら、人は自分自身の振る舞いを観察するときに、どうしても自分中心の視点になったり、自分に甘い判断をしたりするからである。そのために、本質的な問題を見抜けないことがあったり、問題行動そのものを見逃してしまったりすることがしばしばある。このように、自覚しにくい問題行動をきちんと把握するためにも、他者の意見はとても有意義なものになる。たとえば身近にいる信頼できる知人に対して、「自分の短気なところを改善したいと思っているの。まず、イライラしているときの自分がどんな感じなのかを知りたいのだけど、あなたの目から見てどんなふうに見えるのか教えてくれる?」といった尋ね方をすることもできる。もちろん、このとおりの質問のしかたではなくてもかまわないので、あなたにとって、そして相手にとって、自然な会話をしやすい形で尋ねてみるといい。多少の勇気が必要かもしれないが、新たな発見や、貴重な洞察が得られることと思う。

このように、定期的な振り返りや、客観的な意見を集めることを続けていると、あなた自身の〝よくある失敗パターン〟が見えてくることだろう。つまり、似たような場面で似たような問題行動を何度も繰り返してしまっていることに気がつくことと思う。

こうした、よくある失敗パターンを見つけ出すことが重要だ。なぜなら、同じような問題行動を繰り返してしまう場面は、あなたのホットスポット（第6章を参照）である可能性が高いからだ。これから先に、また同じような場面に出くわしたら、また同じように失敗をする恐れがある。このホットスポットこそ、何らかの対処を施す必要性のあるところであり、適切な対処をすれば、大きな改善効果を期待できる。

よくある失敗パターンは必ずしも1つだけとは限らず、複数あることも多い。これらを丁寧に見つけていくためには、やはり、定期的な振り返りをするとともに、自分では見逃しがちなところを客観的な意見によって補っていくことが大切になる。たとえば、「試験勉強をしなければいけないのに、ダラダラしてしまう」というテーマに関して、自分の視点から見つけることのできた問題行動は「勉強するべき時間なのにスマホを見始める」かもしれないが、あなたの身近な人にアドバイスを求めてみたところ「他のことで忙しいと言って勉強をあとまわしにする」という異なる視点からの指摘が得られるかもしれない。

よくある失敗パターンを見つけることができたら、これも書き出しておこう。左のスペースに書き入れてもらってもかまわない。

> よくある失敗パターン：
>
> ・
> ・
> ・

② エラーの発生段階の見当をつける

あなた自身の〝よくある失敗パターン〟が見つかったら、次に考えるべきは、その問題の原因はどこにあるのかということだ。

本書がこれまでに述べてきたとおり、自制心の足りなさの原因にはさまざまな説明のしかたがある。

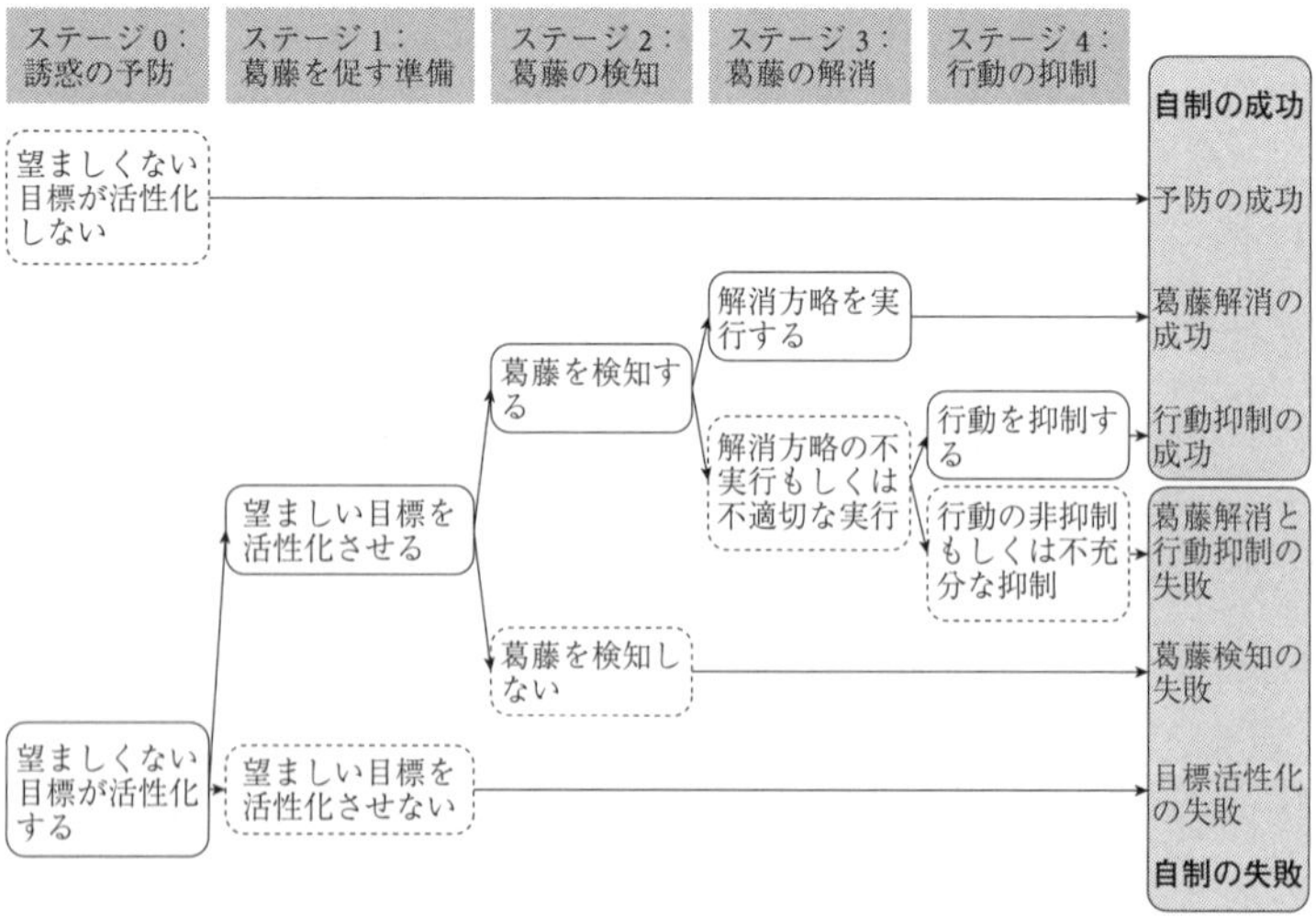

図 13-1　目標間の葛藤対処プロセスモデル（図 7-4 の再掲）

どれか1つだけが正しいとも言えないし、複数の原因が関与している可能性もある。ここでは、本書の提案する「目標間の葛藤対処プロセスモデル」の考え方に基づいて、プロセスのどの段階において問題が生じたのかを探る試みを進めていこう。

　このモデルの概略図を、ここで再掲する（図13－1）。この図に表されているとおり、セルフコントロールの成否には複数段階からなる心理過程が関わっており、そのうちどこかの段階で何らかの不具合（エラー）が起きたことによって失敗に至ったのだろうと考えられる。もしかすると、複数の段階において問題が生じていた可能性もある。

　どの段階でエラーが発生したのかを見つけるためには、よくある失敗パターンを分析することが役に立つ。具体的には、セルフコントロールの失敗をもたらした問題行動がどのような種類にあてはまるのかを分類するのだ。

では、あなたが先に挙げた〝よくある失敗パターン〟を分類してみよう。以下A～Cに表された内容のうち、どれに最もよくあてはまるだろうか。失敗パターンが複数ある場合は、それぞれについてあてはまるものを考えてほしい。

A 「うっかりして」や「思わず、つい」というように、気づかぬうちにやってしまった／やりそこねてしまったこと

B 「まぁいいか」や「あとでやろう」というように、気づいていたものの見逃してしまい、やってしまった／やらなかったこと

C 「いけない！」とわかっていながら、気持ちや行動を抑えることができずに、やってしまった／やらなかったこと

あなたが先に挙げた〝よくある失敗パターン〟は、AからCのいずれにてはまったであろうか。もしAにあてはまるならば〝目標活性化の失敗〟、Bの場合は〝葛藤検知の失敗〟、Cの場合は〝葛藤解消と行動抑制の失敗〟というカテゴリーに該当する。これらは、モデル図の中で言うと、右下の部分に「自制の失敗」というタイトルのついた枠で囲われた部分にリストアップされている。こうした失敗の原因はどの段階にあるのか（つまり、葛藤対処プロセスの中で、どの段階で何が起きたためにこのような失敗に至ったのか）を知るためには、モデル図中の各失敗カテゴリーから矢印を逆向きにたどっていったところに注目してほしい。

各カテゴリーについて順に取り上げて説明しよう。

まずＡ〝目標活性化の失敗〟の原因は、（モデル図中の矢印をたどると）ステージ１：葛藤を促す準備の段階にあったことがわかる（第８章を参照）。この段階で、望ましい目標を活性化させることができなかったのだ。すなわち、望ましくない行動に向かいそうになったタイミングで、それと相反するような望ましい目標（あなたがしなければいけない、価値のある、大切なこと）を思い出すことができなかったことによって、こうした失敗が起きてしまう。

次に、Ｂ〝葛藤検知の失敗〟である。この失敗の原因は、ステージ２：葛藤の検知の段階において、モニタリング（監視）がうまくできていなかったことにある（第９章を参照）。「○○したい。でも、そうしてはいけない」もしくは「○○したくない。でも、そうしなくてはいけない」というジレンマ――すなわち、望ましくない目標 vs. 望ましい目標という葛藤が生じている場面で、それを充分に認識できなかったのだ。そのために、本来ならセルフコントロールを必要とする危機的状況であるにもかかわらず、自制の努力を加えることができなかった。

最後にＣ〝葛藤解消と行動抑制の失敗〟を取り上げる。この失敗は、その名前に表されているとおりに、２つのエラーが重なったことによって生じる。すなわち、ステージ３：葛藤の解消の段階におけるエラーと、ステージ４：行動の抑制の段階におけるエラーである。

まず、葛藤解消の不具合から説明しよう（第10章を参照）。望ましい葛藤解消のしかたとは、何らかの認知方略を用いて、望ましい目標に向かう動機づけの方が相対的に強くなるように働きかけることだ。しかし、方略を使えなかったり、不適切な方略を使用したりした場合には、望ましくない目標に向かおうとする動機づけを抑えることができず、衝動的に行動実行してしまう可能性が高くなる。

次に、行動抑制のエラーについてである（第11章を参照）。望ましくない動機づけを抑えられないならば、最後の関門は、意志力による行動抑制である。つまり、望ましくない目標追求行動を実行直前で押しとどめるということだ。しかしこの関門も、常に鉄壁の守備を誇るわけではない。意志力による抑制がかけられる前に望ましくない行動が実行に移されてしまうことや、抑制の努力が加えられない、あるいは不充分であったために、結果として行動実行を止められなかったということもある。

こうした2段階にわたってエラーが重なることが原因となり、「いけない！」とわかっていながら、やってしまった／やらなかったという自制の失敗が生じる。

ここまでの説明を踏まえて、あなたの〝よくある失敗パターン〟の原因となるエラーが、ステージ1からステージ4のどの段階で発生していたのか、見当をつけることができただろうか。たとえば、「他のことで忙しいと言って勉強をあとまわしにする」というのは、B〝葛藤検知の失敗〟の典型例であり、したがってステージ2のモニタリング（監視）に何らかの問題があることがわかる。

もしかすると、失敗パターンがAからCのどれにあてはまるのか判別しがたい、もしくは複数に該当するように思われることがあったかもしれない。たとえば、「勉強するべき時間なのにスマホを見始める」は、「思わず、ついやってしまった」というA〝目標活性化の失敗〟でありステージ1のエラーが関わっていると解釈できるが、また「まぁいいかと思って、やってしまった」というB〝葛藤検知の失敗〟でありステージ2においてもエラーが起きているという解釈もできる。

そのような場合は、おそらく複数の段階におけるエラーが生じているのだろうと考えられる。それは不自然なことではなく、むしろ、当然のことだと言える。なぜなら、毎日の生活にはたくさんの変化があり、時と場合によって異なる原因が私たちの思考や行動に影響を与えうるからである。セルフコントロールの過程においても、場面によって違った原因が存在し、異なる段階でエラーを生じさせるというのは、充分に考えうることだ。

③　原因と対策を考える

失敗をもたらすエラーの発生段階（ステージ1〜4）について見当がついたら、該当する段階を説明した章に戻り、再読することをお勧めしたい。もし複数の段階にわたってエラーが生じている可能性があるのなら、それらに関する各章を1つずつ見直してほしい。

まず注目してほしいのは、エラーの原因について説明した部分だ。①なぜ自制できないことがあるのかという問いに対する答えとして、各章の末尾にまとめてあるところに目を通してほしい。ここに書かれている内容や、その記述に関連する本文中の説明をよく読み返してもらうと、自分の問題についてさらに理解が深まり、またその原因も把握しやすくなるだろう。そして、「なぜ〝私は〟自制できないことがあるのか？」という問いへのあなた自身の答えを明確化できると思う。

次に考えたいのは、原因分析に基づいた対策を立てることである。そのためには、章末のまとめにおいて、②どうすれば自制できるようになるのかという問いに回答している部分に目を通してもらうとよいだろう。ここで提案された方法を参照しながら、「どうすれば〝私は〟自制できるようになるのか？」という問いに対する答えを探してみよう。各章において複数の対策法を挙げてあるが、そのすべてがあなたの生活の中で実行可能であるとは限らないし、最適であるとも限らない。どのような対策であれば普段の生活に取り入れることができそうか、またあなたの問題（とその原因）に最も効果的に働きかけるものであるかを考えて、その方法を選ぶとよいだろう。

ここでも同じ例、すなわち「試験勉強をしなければいけないのに、ダラダラしてしまう」という失敗について、対策を考えてみる。先に行った〝②エラーの発生段階の見当をつける〟の分析を通じて、ステージ1：葛藤を促す準備と、ステージ2：葛藤の検知の2つの段階においてエラーが生じている可能性が推測されたとする。その場合は、各段階に1つ、もしくは2つ程度を目安として、対策を講じる（あまりたくさんの対策をつくることはお勧めしない。すべてを実行することが困難となり、中途半場な取り組みになりがちだからだ）。たとえば、ステージ2に関する対策としては、小さなステップに分けた計画を立てるという工夫が考えられる（第9章を参照）。また、「(if) 夕食が済んだら、(then) 机に向かい参考書を開いて5ページ分の勉強を進める」といったように実行意図を組み入れることは、ステージ1とステージ2のどちらに関しても有効な対策である（第8章、第9章を参照）。

最後にもう1つ、ぜひ考えてほしいことがある。ステージ0の対策である。これは、誘惑の予防——すなわち、葛藤の発生を未然に防ぐという方法だ（第12章を参照）。この予防策を適切に施すことができれば、ステージ1〜4のどの段階におけるエラーであっても防ぐことができる。なぜなら、そもそも葛藤が生じなければ、葛藤対処プロセスを働かせる必要がないため、そのプロセスにおける不具合（エラー）も起きるはずがないからだ。これまで繰り返し述べてきたように、私たち人間の葛藤対処プロセスが各段階でエラーを起こす可能性を完全に排除することはできないということを考慮すると、そもそも葛藤を生じさせないという予防策は〝最強のセルフコントロール方略〟だと言える（Hofmann & Kotabe, 2012）

誘惑の予防には、3つの方向性がある。誘惑的な刺激を知覚しないようにすること、悪い習慣を断ち切ること、望ましい習慣と置き換えるということだ。第12章の該当部分を読み返して、自分の〝よくある失敗パターン〟にどのように適用可能であるかを考えてほしい。たとえば、試験勉強中にダラダラしてしまうという失敗について適用するならば、勉強するときにはスマートフォンを目に見えない／手の届かないところに置いておくという対策が考えられる。これだけで、誘惑が知覚されるのをかなり防ぐことができる。

3つの方向性のうちとくに注目したいのは、望ましい習慣と置き換えるという方法である。すなわち、これまでは望ましくない反応をしがちだった状況に対して、意図的に望ましい反応をするよう心がけ、実行することを繰り返すということだ。こうした反応の反復によって習慣化が生じると、意図する必要がなくなり、望ましい振る舞いが自動的に実行できるようになる。この対策は、自制的な振る舞いを継続するためにおおいに役立つ。セルフコントロールの問題は、たいていの場合、一度だけ成功すればそれでオーケーというものではなく、継続して成功を積み重ねていくことに意味がある。たとえば、勉強やダイエットは1日やればおしまいというものではない。日々、さまざまな誘惑にさらされながらも、そのたびにきちんと自制的に振る舞うこと、そして、それを続けることが大切だというのは、言うまでもないことだろう。

この継続という観点から言うと、望ましい習慣を身につけるという方向性の対策は、まさにスパイラルアップ（上昇らせん的）な方法——つまり、自制の成功を積み重ねるほどに習慣化し、その習慣化が進むほどに自制の成功がスムーズで確実なものになっていくという好循環なのである。したがって、継続的な改善と向上をもたらす効果が期待できる。

あなた自身の〝よくある失敗パターン〟についても、どのようにすれば望ましい習慣と置き換えることができるかをぜひ考えてほしい。これまで悪いクセや習慣に陥りがちだった場面で、どのような思考や行動が適切であるのかをよく考慮したうえで、どのような望ましい習慣に置き換えることができるかを考えよう。適切な振る舞いを心に決めたら、その実行を何度も何度も繰り返す。地道な努力ではあるのだが、いったん望ましい習慣を身につけることができれば、それは〝一生もの〟の宝となるはずだ。

【あるケース】私はお酒をやめました

ここまで書き進めてきて、私は今、ちょっと居心地のよくない思いをしている。こうしましょう、ああしましょうと、セルフコントロールの専門家としてのアドバイスをいろいろ述べてきたのだが、そういう自分はどうなのだろう……と、やや心もとない気分になっているのだ。「偉そうなことばかり言って、あなたはちゃんと自制できているの？」と誰かに問いただされたとしたら、胸を張って「はい！」と言える自信はまったくない。本書の冒頭でも述べたように、著者である私自身も〝自制心の足りなさ〟という悩みを抱える1人であるからだ。

ただし、我が身をもって、もっと自制できるようになるための取り組みを実行し、その効果のほどを体験したという実績ならば、「あります」と言える。つまり、本書で説明してきたような内容を、自分自身の問題にあてはめ、その理解と解決に取り組むということを、実際にやってみたのだ（ちなみに、本書の執筆期間中のことである。本を書きながら自分でも実践するというのは、なかなかに興味深い体験であった）。ここではその取り組みの様子を、簡単に紹介したい。

今から紹介するのは、私が約半年間かけて禁酒に取り組んだケースである。以前の私は「毎晩必ずお酒を飲む」という習慣があったので、その当時を知る人なら、現在の私が「飲まなくなりました」と言ったら、相当に驚くことだろうと思う。よく飲んでいた頃は、一晩にワインボトル半分程度を空けていた。グラスに3、4杯程度といったところだろうか。

「その飲み方の何が問題なの？　ボトル半分のワインなんて全然たいしたことないじゃない？」と思う方もいるかもしれない。健康を害して医者に止められたわけでもなく、他人に迷惑をかけていたわけでもないので、たしかに、禁酒する必要性というものは切迫していなかっただろうと思う。

とはいえ私は、個人の決断として、飲酒を控えることにした。「毎晩毎晩、飲まずにはいられない」という状態が問題だと考えたからだ。もし私が、その場の状況や翌日の予定、また今後の健康のことなどもきちんと考慮したうえで「今日は飲もう」あるいは「やめておこう」と意思決定し、そのとおりに行動できていたのであれば、問題はなかったと思う。しかし実際には、自分の意志とは関係なく、なんとなく夕方になると飲まずにはいられない気分になってしまい、そのまま毎晩グラスを傾けてしまうというのが私の飲み方だった。ときには、「最近、ちょっと飲みすぎかな」「週に1回くらいは飲まない日があった方がよいかもしれない」と思うことがあった。しかし、そのたびに「このくらいの酒量なら平気でしょう」とか、「今日だけなら大丈夫」とか、何かしら言い訳をして、結局飲んでしまうのだった。〝酒は飲んでも飲まれるな〟という言い習わしを耳にすることがあるが、私の場合は明らかに〝酒に飲まれている〟状態だった。

じつは、この問題（つまり、酒に飲まれている状態）について、自分で気がついたわけではない。指摘してくれたのは、夫であった。私自身は、この程度の量ならば問題はないだろうと思い、自分で節度を保っているつもりだった。これに対して、「量のことよりも、毎晩飲むことの方が大きな問題」というのが夫の意見だった。「毎日飲まずにいられないのは、自分をコントロールできていないからでしょう」というのが、彼の指摘だった。正直なところ、私の考え方とはまったく違っていたので、その指摘はとても意外に感じられた。しかし、言われてみれば、そのとおりのことだった。やはり、本人の目では見逃してしまう（あるいはわざと見逃している）ことを、客観的な視点から指摘してもらえるのは、とてもありがたいことだと思った。

ここから、私の禁酒チャレンジが始まった。

でも本音を言うと、あまりやりたくなかった……人生の楽しみが減ってしまうように思えたからだ。飲みたいと思ったときに飲めなくなってしまうのは非常に残念で、手放しがたいことのように感じた。しかし、ここに第1の原因が見つかった。飲んではいけないとわかっているのに、「でも、そうしたい」という気持ちになってしまうのは、ステージ3：葛藤の解消がうまくいっていないことの表れである。さらに、いったん飲み始めると、グラスが空くたびにボトルを傾けてしまいがちで、どれだけ飲んだのかを把握していないという問題も見つかった。これはステージ2：葛藤の検知におけるエラーであり、モニタリング（監視）がきちんとできていなかったということだ。そこで、各段階について対策を考え、生活に取り入れることにした。

ステージ3：葛藤の解消については、心理的な価値づけを変えることを試みた（第10章を参照）。望ましくない行動がもたらす価値を減じるように、そして望ましい行動から得られるものの価値を増すように、認識を変えることを試みたのである。といっても、頭の中だけで価値認識を変化させるのではなく、実際の経験をベースにして、遅延報酬（将来の健康）の価値の大きさと、即時報酬（今お酒を飲むこと）の追求に伴うリスクを、身をもって感じ取れるようにした。具体的に言うと、健康診断を受けに行ったのである。それも、飲酒の影響を受けそうなものから、直接の影響はなさそうなところまで、ともかく検査できるところは身体じゅう全部調べてもらった。みなさんもご存じのように、こうした検査を受けることは、楽しい経験とは到底言えないものだ。これらの経験を通じて身に染みて感じたのは、「もし健康を害したらこれ以上に大変な思いをするだろう」という恐ろしさと、その裏返しとして「健康を維持するのは本当に大切！」という切実な思いだった。それ以来、そして「飲みたい、でもそうしてはいけない」という葛藤に悶々とすることはなくなった――もし「飲みたいな」と感じることがあっても、すぐに「やめておこう」と思えるようになったのだ。望ましい方向性での葛藤解消がスムーズにできるようになったことの表れである。

ステージ2：葛藤の検知についての対策としては、まず、きちんと飲んだ量を把握し、「ここでおしまい」というラインが明確になるように工夫した。そのためにワインボトルはやめて、缶ビールにしたのである（この選択には、アルコール度数を下げるという目的もあった）。大きなボトルから注ぐという方法だと、飲んだ量が正確に把握できず、また「まだあまり飲んでいない」と勘違いをしたり、「あと少しくらい大丈夫」と言い訳をしたりしがちになる。これに対して、小さい缶の場合は、グラスに注いで缶を空にすることで、表示どおりの量が摂取されることが明確化される。さらに、「もうこれだけ飲んだ」という知覚を生じさせやすい。また、缶にすることで、量をしだいに減らしていくことも可能になった。缶ビールにはいくつかのサイズがあるので、段階を追って小さいものを選ぶようにしたのだ。

とはいえ、心が揺らぐことも、しばしばあった。「何でこんな窮屈な思いをしてまで、お酒を我慢しなければならないのだろう」と不平不満を言って、努力を止めたくなることもあった。「今日は仕事を頑張ったから、自分にご褒美としてパーッと飲みたいな！」などと考えることもあった。デパートのワイン売り場の前を通りかかったときに、思わず足をとめて「買いたい……1本くらいなら……」と手を伸ばしそうになる気持ちと、「いけない！」と思う気持ちの間で、しばらく逡巡していたこともあった。

そんなときに思い出すように心がけていたのが、客観的な視点、すなわち「夫がこれを見たら（知ったら）どう思うだろうか」ということだった。誰かに見られていると思うことは、モニタリング（監視）を強化することに役立つからだ。さらに、夫を落胆させるであろうことへの罪悪感や、その逆に期待に応えることができたという誇りなど、自己意識的情動も湧き上がってきた。その結果として、誘惑を求めたくなる動機づけを弱めると同時に、望ましい目標への動機づけを強めてくれたため、葛藤解消にも役立った。

また、1人で飲まないこともルールとして、それを守った。家で飲むときには、夫が見ているところで飲むようにした。すると彼は「手伝ってあげる」といって、缶ビール半分を自分のコップに注いで飲んでしまうのだった。私にとってみれば、誘惑が目の前から消えていくということになる。なんともありがたいサポートなのだが、そのときの私はとても恨めしそうな顔をしていただろうと思う。

さらに、ステージ0：誘惑の予防として、望ましい習慣に置き換えることも行った。1日の仕事を終えたあと、いつもなら「飲みたい気分だなぁ」と感じてお酒を口にしてしまう時間帯に、ノンアルコールの飲み物を用意して飲み始めることにしたのだ。このときには、実行意図を活用した。具体的には「（if）飲みたい気分になったら、（then）ノンアルコールの飲み物をいただく」と心に決めて、これを実行した。私のお気に入りは、ザクロジュースを炭酸水でわったものである。さわやかでフルーティな香りと、まるでスパークリングワインのような見た目で、お洒落な気分にしてくれる。糖分は控えめだし、ザクロには健康によい成分も含まれているそうだ。今ではすっかり習慣として身について、これを毎晩グラスに1杯飲んでいる。ザクロが健康に良い効果をもたらしているかどうかはわからないのだが、ともかく、毎晩お酒を飲むという悪い習慣から抜け出し、ノンアルコールのものを飲むというよい習慣に置き換えることについては、大成功であったと言えるだろう。

こうして、私はお酒を飲むことをやめた。そして、この成果に満足しているし、自制心の発揮にも少し自信がついたと感じる。[1] だからこそ、もし次の自制すべき機会がやってきたとしても、またうまくできるだろうという見通しをもつことができる。〝自制心の足りなさ〟は人間として避けられないことだ。しかし、対応可能なことであると思えば、それは恐れることではなく、むしろ安心して問題に向かい合えるようになるだろう。

振り返ってみると、我ながらいろいろと工夫をして、あの手この手を使ったものだと思う。そして、〝セルフ〟コントロールといっても自分1人の力だけではなく、周りの環境や人々（私の場合は夫のサポート）も大きな効果をもたらすことを実感した。このように、多方面からのアプローチを組み合わせることによって今回の成果が得られたのだろうと思う。どれか1つの介入法だけで、このような成功に至ることができたとは考えにくい。

こうした多方面からのアプローチ、すなわち複数の介入法を組み合わせることの効用については、今後さらなる検証が進められることを期待する。セルフコントロールは複雑な心理過程であり、そのプロセスでさまざまな不具合が生じうることを考えると、一筋縄ではいかないのがあたりまえのこと——むしろ、複数の段階にわたる多角的な対策をとることによって、自制の成功可能性が高められるだろうと私は考えている。ただし、そう主張するための根拠はまだ充分ではない。これまでの研究では、複数のセルフコントロール介入を組み合わせたときにどのような効果がもたらされるのか、成功の可能性が実際に高くなるのかといった問題について、科学的な検証は（一部の例外[2]を除いて）ほとんど行われていないからだ。この研究テーマは発展可能性があると期待しているし、私自身も研究者として追究していきたいと考えている。

▼自制心は成長するのか

ここまで、自制心が不足しがちな場面を見つけて、各場面についてどのような対策をとればよいかを考えるというように、個別の問題にフォーカスするという観点から議論してきた。この議論を踏まえたうえで、次に考えたいことは、個別の問題を超えた全般的なセルフコントロールの成功率という観点から見て、〝自制心を成長させる〟ということが可能なのかという問題だ。すなわち、場面ごとの自制の成否を取り上げるのではなく、1人の人間が長い年月をかけて、さまざまな場面を通じた自制の成功率を高めていくことができるのかという問題提起である。私たちは、長い人生において経験を積み、年齢を重ねていく過程で、今よりも自制心のある人間に成長することができるのか。日々の生活でセルフコントロールの失敗を完全になくすことはできないかもしれないが、せめて、成功をし

---

［1］ 自制に関して自己効力感が高められた表現することもできる。自己効力感とそれに関する理論については、『激動社会の中の自己効力』（バンデューラ、1997）を参照してほしい。

［2］ この例外に該当するのが、第9章で紹介したウープ（WOOP）とそれに関連する実証研究である。ウープは心的対比（ステップ1：葛藤を促す準備に関わる介入法）と、実行意図（ステップ2：葛藤の検知に関わる介入法）を組み合わせたものである。いずれか1つの介入法だけを用いた場合よりも、2つを組み合わせた方が、自制を促し目標達成をもたらす効果が高いということが数々の実験によって示された。また、心的対比→実行意図の順番で行うことで効果が増進されるが、その逆の順番では促進効果が見られないことも確認されている。

だいに増やしていくことはできないのだろうか。

この問題について、まず、データ上で確認してみたい。私たちが最近行った研究（尾崎ら、２０２０）では、20代から60代までの日本人９２９名を調査対象として、特性セルフコントロール尺度（尾崎ら、２０１６）に回答してもらった。この尺度は、第1章や第3章でも説明したとおり、「誘惑に負けない」や「悪いクセをやめられない」といった13の文章それぞれについて自分自身がどのくらいあてはまると思うかを評定することにより、セルフコントロールにどのくらい成功（もしくは失敗）しやすいかという個人の傾向を表す指標となる。この尺度得点について年代別に平均値を算出したところ、20代は37・7点、30代は37・9点、40代では39・6点、50代では40・9点、60代では42・4点となった。この結果から、年代が上がることに得点が増加するという傾向が読み取れる。つまり、年齢が高い回答者ほど、セルフコントロールに成功しやすいことがわかる。このパターンはかなり安定して見られるものであり、私自身が過去に関わった調査では、3回とも同様の結果が得られた――すなわち、回答者の年齢が高いほど得点が高いというパターンが繰り返して示された。

興味深いのは、他のパーソナリティ特性に関しては、こうした加齢に伴う上昇傾向が見られないという点である。たとえば、パーソナリティ測定尺度のビッグファイブ（Big Five）には、神経症傾向（N）、外向性（E）、経験への開放性（O）、協調性（A）、誠実性（C）という5つの次元性が含まれる（Goldberg, 1981, 1990; 第1章の章末コラム①を参照）。このビッグファイブを用いて、アメリカとカナダに在住する約１３万名を対象とした大規模なインターネット調査が行われた（Srivastava et al., 2003）。5つの次元の各得点と年齢の関連を示したのが図13－2である。この中の誠実性（C）のグラフを見てほしい。男性、女性のいずれについても、年齢を重ねるほどに一貫して得点が上昇する傾向にあることがわかるだろう。ちなみに誠実性（C）は、感情や振る舞いを制御する力や良心、目標達成、責任感の強さを表しており、セルフコントロールと最も関連が深いと言われている。これに対して、他の4つの次元については、このように一貫して得点が伸び続けるようなパターンが男女に共通して示されているものはない[3]。

異なる世代の人々を比べる横断調査ではなく、同じ人々を長年にわたって追跡する縦断調査においても、同じようなパターンが確認されている。たとえば、200名あまりのアメリカ人を調査対象として、40年以上にわたって複数回、同じパーソナリティ特性尺度に回答してもらった研究がある[4]。この測定には共感性や独立性などさまざまなパーソナリティ特性が含まれていたが、その中で一貫して得点の上昇が見られたのはセルフコントロール関連の得点[5]のみであった（Helson et al., 2002）。

なぜこのように、年齢を重ねるほどに優れたセルフコントロールを示すという関連が生まれるのだろう。さまざまな解釈が可能ではあるが、多くの研究者が主張するのは「社会経験を積んだから」という説明である。幅広い社会経験——すなわち、親元を離れて、仕事に就き、家庭をもって、子どもを育てるといった多種多様なライフイベントを迎えるときに、私たちは新しい環境を経験し、はじめ

[3] 協調性（A）については、20代から50代半ばまで上昇傾向が見られるものの、それ以降は下降しているので、一貫した上昇パターンとは言えない。

[4] 具体的には、回答者が20代から60代までの間の異なる時点において4回、カリフォルニア人格検査（CPI）に回答してもらった。

[5] セルフコントロール（Self-control）と好印象（Good impression）の得点に一貫した上昇が見られた。いずれも、思考、感情、行動をその状況に適したものになるよう制御するという点で、本書で議論しているセルフコントロールに関連する指標として解釈できる。

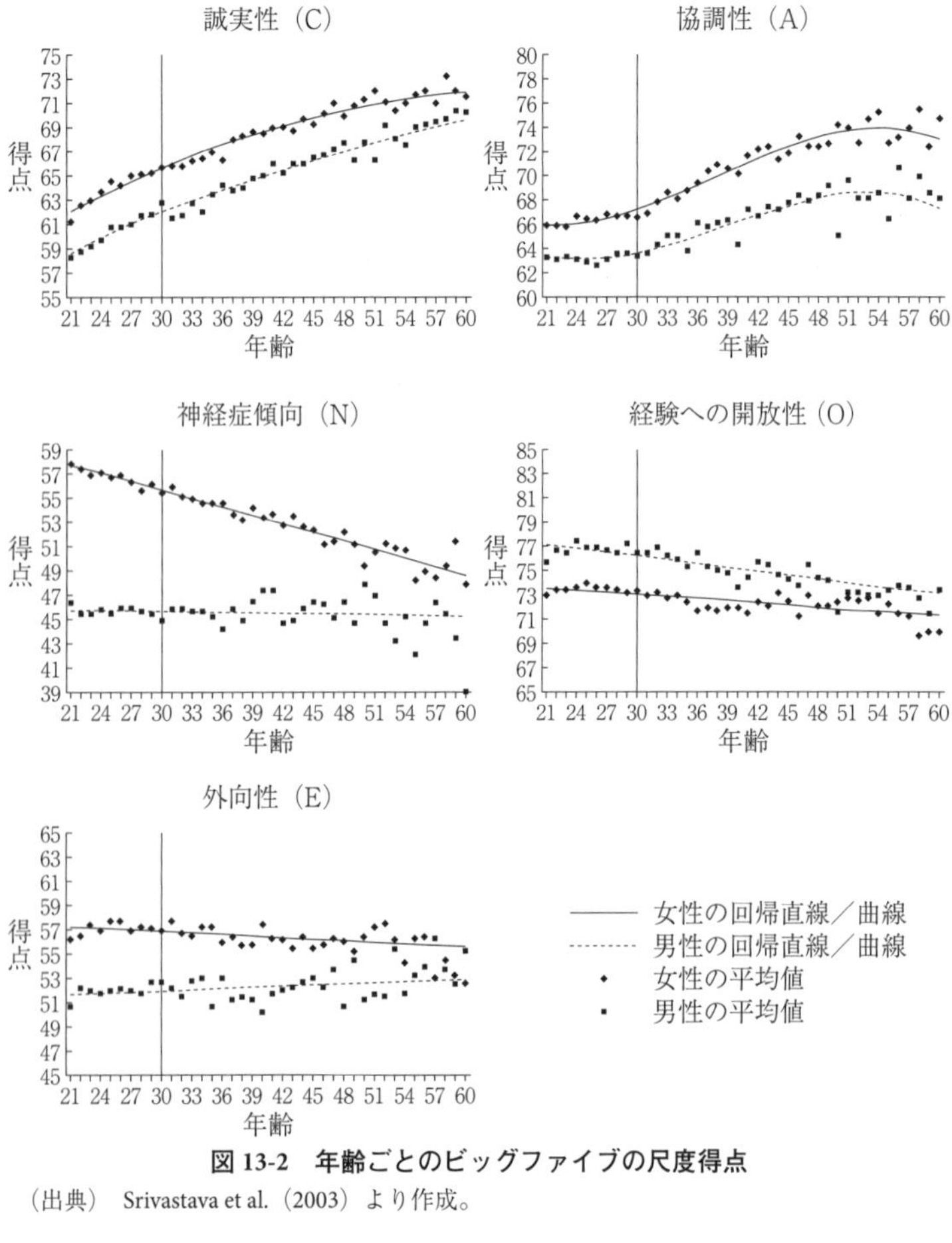

図 13-2　年齢ごとのビッグファイブの尺度得点

（出典）　Srivastava et al.（2003）より作成。

ての役割を任される。そのたびごとに、新規の環境や役割の中で適切な振る舞いを身につけることが求められ、そのためにみずからをコントロールする努力を重ねることになる。こうした新たな社会経験とそれに合わせた自制の努力を繰り返すことで、セルフコントロールの能力がしだいに向上していくという説明である（Soto et al., 2011）。

こうした説明に対して、本書では、もう1つ指摘を加えたいと思う。数多くの社会経験を積んだということばかりではなく、その中で「たくさんの失敗を経験し、反省を繰り返した」ということが重要だという点だ。

本書でこれまでに述べてきたとおり、私たちは日常生活の中でたくさんのセルフコントロールの失敗を経験する。こうした失敗は、たいていの場合、後悔や落ち込みといった苦々しい思いを伴うものであり、けっして楽しいことではない。しかし、こうした失敗に際して、その出来事としっかり向き合って反省することは、経験から学び取り、改善を試みることにつながる。つまり、失敗の経験とそれに対する反省は、「なぜ自制できなかったのか？　どうすれば自制できるようになるのか？」とみずからに問いかけ、行動を変えようとするきっかけとなるのだ。こうした行動変容の試みがまた失敗に終わる可能性もあるが、そこでまた反省をして、どうすればよいのかを模索する。こうした試行錯誤の繰り返しから、いずれ有効なセルフコントロール方略が見出されていく。そして、その有効な方略を何度も何度も繰り返して実行することを通じて、望ましい習慣が身につくようになる。このような習慣化がセルフコントロール向上の大きな推進力になることは、すでに本書で説明したとおりだ（第11章を参照）。

このような反省の過程（すなわち、苦い失敗経験と向き合い、何がよくなかったのか、今後どうすればよいのかと考えることを経て、望ましい振る舞いができるように試行錯誤すること）が、自制心の成長をもたらしているのだろう。私たち人間は、長い人生の中でたくさんの失敗を経験するが、そのたびに反省することを通じて、適切なセルフコントロール方略を1つひとつ身につけるようになる。その結果として、年齢を重ねるほどに優れた自制心を示すのではないかと考えられる。

つまり、経験を積むことが大切という点では、先行研究における考察と一貫した考え方である。ただし、その中でもとくに大切なのは、〝失敗〟を経験すること、それに加えて〝反省する〟ことだと、本書では主張したい。

この主張を支持するデータも得られている。先に紹介した、20代から60代までの日本人を対象とした調査においては、セルフコントロール尺度に回答してもらうとともに、反省傾向についても測定してあった（尾崎ら、２０２０）。具体的には、「失敗したら、もう二度と同じ過ちをおかさないように、よく反省する」「なぜ失敗してしまったのかについて、深く考えるようにしている」などの５つの文章について、自分がどのくらいあてはまると思うかを評定してもらったのである。これらの項目にあてはまる程度が低かった回答者（つまり反省する傾向の弱い人々）については、特性セルフコントロール尺度得点と年齢との間に、統計的な関連は見られなかった。このパターンから推察されるのは、反省しないと、いくら年を重ねても自制心は成長しないのであろうということである。一方、反省する傾向の強い人々については、年齢が高いほどセルフコントロール尺度で高得点を示すという関連が明確に見られた。こうした結果から、やはり、失敗に際して反省することが自制心の成長をもたらしているのだろうと考えられる。[6]

ただし、ひとことで反省と言っても、人それぞれにさまざまなやり方があることと思う。どのようなやり方でも同等の効果があるのかどうかは、まだわかっていない。具体的にどのような方法で反省すれば自制心の向上がもたらされるのかについては、右の研究からは明らかにされていないからだ。

そのため、推測に基づく主張になってしまうのだが、ここで提案したいことがある。それは、失敗したときの反省のしかたとして、本章の前半で説明したような方法をぜひ取り入れてみてほしいということだ。すなわち、みずからの自制心不足の問題と向き合い、その原因と対策法を見つけ出すために、①よくある失敗パターンを見つける、②エラーの発生段階の見当をつける、③原因と対策を考えるという順序で考えるという思考技法である。この方法は、あなた自身の問題にカスタマイズした、効果的な対策を見つけられるように、思考を導いてくれることだろう。その思考の道筋や選択肢は、本書が説明してきたような科学的根拠によって支えられている。このような反省のしかたをすることによって、やみくもに試行錯誤して遠まわりするよりも、みずからの振る舞いをコントロールするための適切な方法を見つけるための近道になることと思う。

まとめ

本章では、自分自身のセルフコントロールの問題を振り返り、それらの問題に対する効果的な対処法を見出すための思考技法について説明した。さらに、長い人生の中で年を重ね、経験を積むほどに

[6] ただし、この結果の解釈には注意が必要である。この調査は異なる世代の人々を比べる横断調査であったため、世代間の違いが加齢によるものなのか、あるいは世代ごとに異なる社会情勢や規範を経験してきたせいなのか、原因を特定することが難しい。加齢に伴う変化についてより積極的に議論していくためには、同じ人々を長年にわたって追跡する縦断調査によって、この結果パターンが再現されるかどうかを検証することが望ましい。

自制心を伸ばしていく可能性について考察した。とくに注目したのは、失敗経験に際して反省が重要であるということだ。私たちは、やはり、人間である以上、セルフコントロールの失敗を避けて通れない。自制のための心の仕組みの各段階でさまざまなエラー発生の可能性があるために、失敗率をゼロにするということは難しい――というよりも、不可能なことなのだろうと思う。しかし、日々の生活の中でうまく自制ができなかったという出来事に対して、「あぁやってしまった！」と後悔し、「なぜこうなったのだろう」「どうすればよいのだろう」と反省するという繰り返しによって、しだいに自分をよりよくコントロールする方法を見出し、それを習慣として身につけていくことで、自制心を育てていくことができる。そして、こうした努力を積み重ねていく限り、その成長は一生を通じて、続いていく。

人間だもの、不完全なところが必ずある。失敗するのはあたりまえ、自制心が足りないのはみな同じことなのだ。でも、人間だからこそ、失敗から学ぶという賢さもあわせもっている。自分の至らなさを反省し、少しずつでも補おうとする努力を積み重ねることができる。そして、その努力は無駄にはならない。より優れた自制心として、いつかは実るものなのだ。

こう考えると、私自身としても、希望が湧いてくるように感じられる。今40代の前半、私の人生はもう折り返し地点に差し掛かっているか、もしかすると、もう過ぎてしまったかもしれない。身体能力や健康面で言うならば、これから下り坂になることは避けられないだろう。ただし、自制心に関して言うならば、まだまだこれからだ。年齢を重ねるほどに、より優れたセルフコントロールを発揮できるようになる見込みは、おおいにある。ただし、失敗に向き合い反省できるなら、という条件つきだけれども。今後もたくさんの失敗をすることだろうが、そのたびに反省することを繰り返しながら、いずれは今よりも自制の効いた素敵なオトナ（いや、素敵なおばあちゃんと言うべきかもしれない）になることを、ぜひ目指したいものだと思う。

このように、不完全なところがありつつも、その不足を補うために、一歩一歩前を向いて進むことができるのが、人間の心の素晴らしいところなのだと思う。本書を読んでくださった方々が、これからの人生を歩んでいくときにも、おそらく自制心の不足に悩まされたり、失敗で苦い思いをしたりすることが、たびたびあることだろう。そんなときこそ、本書のことを思い出してもらえたらと思う。セルフコントロールに失敗するのは、あたりまえ。でもそれをあたりまえとして受け流すのではなく、その失敗から学ぶ姿勢をもつことで、もう一歩先に進むことができる。つまり、より優れた自制心に向けて、前進できるのだ。こうしたセルフコントロールの失敗から学ぼうとするとき――すなわち、失敗の原因を見出し、どのように対策をすればいいのかを考えたいというときに、本書がその手引きとしてあなたの役に立つことができるならば、著者としてこれ以上に嬉しいことはない。

あとがき

本書のカバーにある「りんご」には、いくつかの含意がある。りんごという果実は、豊穣のシンボルとして、さらに、美容や健康維持に役立つ栄養食品として、世界中の多くの文化で重宝されてきた。その一方で、旧約聖書においては人間の欲望の対象となる〝禁断の実〟として描かれたもの、そしてグリム童話においても魔女が白雪姫を誘惑するために差し出したものは、りんごであった。このように、「りんご」というイメージは、人間にとって基本的に有益なものでありながら、ふとした過ちや気の迷いによって恐ろしい害悪をもたらしかねないものという、複雑な意味合いを包含している。

セルフコントロール（自制心）にも、りんごと同様に、ひとことでは言い表せない複雑さがある。自制するための心の仕組みは、人間が円満な社会生活を営み、幸せに暮らすために欠かせないものだ。しかしながら、その働きは完璧ではなく、時に思わぬエラーを引き起こして、私たちを窮地に追い込むことがある。

本書を執筆する過程においても、セルフコントロールをめぐる問題の複雑さに頭を悩ませることが多々あった。どのように整理すべきかを考えあぐねて、何度も書き直した。りんごを切り分けるためにさまざまな方法があるのと同様に、セルフコントロールという問題を解説していくにあたっても、いくつもの異なる切り口がありえたからだ（また、執筆中に、新型コロナウイルスの感染拡大が起こったことも、深く考えさせられるきっかけとなった。マスクの買い占めや、給付金をめぐる不正、自治体からの休業要請に従わない事業主など、人々の自制心不足と関わりのありそうなさまざまな問題がメディアを通じて報道されたためである。この未曽有の危機に瀕したときの人間心理は大変に興味深いものだが、その実証的研究はまだ初期段階にあり、わかっていないことも多い。そこで、不正確なことを述べてしまうのを避けるために、本書ではこの話題についてあえて触れないことにした）。こうした試行錯誤を繰り返したのちに、ようやく自分なりに納得のいく整理のしかたが見つかり、結果として1冊の本にまとめ上げることができた。

ただし、あくまでも、本書は1つの視点を提供しているだけにすぎない。セルフコントロールという深遠で複雑な問題について、その一部分に、ある角度から切り込んでいったなら、このような「りんごの中身」が見えてくるはずだというイメージを描き出すことを本書では目指してきた。そのイメージを読者のみなさんと共有できたならば、著者として幸甚である。しかし、違う角度から切り込んでみることも可能であることや、もっと細部を拡大して見たり、あるいは遠くから全体像を俯瞰したりすれば、ずいぶんと異なる捉え方や解釈ができるということも、ご理解いただきたいと思う。本文中でも述べたように、セルフコントロールという問題については多様な領域の研究者たちがそれぞれの見地から検討を進めているので、本書を読んでこのトピックに関心をもたれた方は、彼らの論文や著書もぜひ手にとってみてほしいと思う。とくにお勧めしたい関連図書については、本文や脚注の中でいくつか紹介している。

本書の執筆にはかなり長い時間がかかってしまったが、その間、多くの方々から手厚いサポートをいただいた。編集者の櫻井堂雄さんは、遅筆な私を辛抱強く待ちながら、つねに前向きな言葉かけをして導いてくださった。また、多忙なスケジュールの中で、推敲段階の原稿に目を通し、数々の有益なアドバイスをくださった樋口収先生にも感謝を申し上げる。笠置遊先生、下田俊介先生、杉谷陽子先生、竹部成崇先生、田戸岡好香先生からも、執筆中の原稿について助言と温かい励ましをいただいた。そして、雨宮有里先生、岩本慧悟先生、金子迪大先生、沓澤岳先生、倉矢匠先生、後藤崇志先生、下田（小林）麻衣先生、高史明先生、鷹阪龍太先生、竹橋洋毅先生、ヴィルヘルム・ホフマン先生は、私の関わった研究プロジェクトとして本文中で紹介したものに、共同研究者としてご尽力くださった。これらの先生方と、研究を進めるなかでさまざまな苦楽を共にし、多くのことを学ぶ機会をいただいたことは、何にも代えがたい貴重な経験であった。以上に挙げた方々のご助力がなければ、本書を書き上げることは到底できなかっただろう。あらためて、みなさまに御礼を申し上げる。

そして最後に、執筆中の私を支えてくれた家族にも感謝したい。私の心の拠りどころとなっている夫へ、そしていつも輝く笑顔で私を元気にしてくれる娘へ、心から、ありがとう。

2020年8月

尾崎 由佳

Journal of Abnormal Psychology, 123(1), 24-34. https://doi.org/10.1037/a0035540

Watts, T. W., Duncan, G. J., & Quan, H. (2018). Revisiting the marshmallow test: A conceptual replication investigating links between early delay of gratification and later outcomes. *Psychological Science, 29*(7), 1159-1177. https://doi.org/10.1177/0956797618761661

Wegner, D. M., Schneider, D. J., Carter, S. R., & White, T. L. (1987). Paradoxical effects of thought suppression. *Journal of Personality and Social Psychology, 53*(1), 5-13. https://doi.org/10.1037/0022-3514.53.1.5

Weingarten, E., Chen, Q., McAdams, M., Yi, J., Hepler, J., & Albarracín, D. (2016). From primed concepts to action: A meta-analysis of the behavioral effects of incidentally presented words. *Psychological Bulletin, 142*(5), 472-497. https://doi.org/10.1037/bul0000030

Wiers, R. W., Rinck, M., Kordts, R., Houben, K., & Strack, F. (2010). Retraining automatic action-tendencies to approach alcohol in hazardous drinkers. *Addiction, 105*(2), 279-287. https://doi.org/10.1111/j.1360-0443.2009.02775.x

Wittekind, C. E., Feist, A., Schneider, B. C., Moritz, S., & Fritzsche, A. (2015). The approach-avoidance task as an online intervention in cigarette smoking: A pilot study. *Journal of Behavior Therapy and Experimental Psychiatry, 46*, 115-120. https://doi.org/10.1016/j.jbtep.2014.08.006

Zeelenberg, M., van Dijk, W. W., van der Pligt, J., Manstead, A. S. R., van Empelen, P., & Reinderman, D. (1998). Emotional reactions to the outcomes of decisions: The role of counterfactual thought in the experience of regret and disappointment. *Organizational Behavior and Human Decision Processes, 75*(2), 117-141. https://doi.org/10.1006/obhd.1998.2784

Zhang, L., & Rashad, I. (2008). Obesity and time preference: The health consequences of discounting the future. *Journal of Biosocial Science, 40*(1), 97-113. https://doi.org/10.1017/S0021932007002039

Soto, C. J., John, O. P., Gosling, S. D., & Potter, J. (2011). Age differences in personality traits from 10 to 65: Big Five domains and facets in a large cross-sectional sample. *Journal of Personality and Social Psychology*, *100*(2), 330-348. https://doi.org/10.1037/a0021717

Srivastava, S., John, O. P., Gosling, S. D., & Potter, J. (2003). Development of personality in early and middle adulthood: Set like plaster or persistent change? *Journal of Personality and Social Psychology*, *84*(5), 1041-1053. https://doi.org/10.1037/0022-3514.84.5.1041

Strömbäck, C., Lind, T., Skagerlund, K., Västfjäll, D., & Tinghög, G. (2017). Does self-control predict financial behavior and financial well-being? *Journal of Behavioral and Experimental Finance*, *14*, 30-38. https://doi.org/10.1016/j.jbef.2017.04.002

Stroop, J. R. (1935). Studies of interference in serial verbal reactions. *Journal of Experimental Psychology*, *18*(6), 643-662. https://doi.org/10.1037/h0054651

Sweeney, A. M., & Freitas, A. L. (2014). Relating action to abstract goals increases physical activity reported a week later. *Psychology of Sport and Exercise*, *15*(4), 364-373. https://doi.org/10.1016/J.PSYCHSPORT.2014.03.009

Tangney, J. P., Baumeister, R. F., & Boone, A. L. (2004). High self-control predicts good adjustment, less pathology, better grades, and interpersonal success. *Journal of Personality*, *72*(2), 271-324. https://doi.org/10.1111/j.0022-3506.2004.00263.x

Teffer, K., & Semendeferi, K. (2012). Human prefrontal cortex: Evolution, development, and pathology. *Progress in Brain Research*, *195*, 191-218. https://doi.org/10.1016/B978-0-444-53860-4.00009-X

セイラー，R. H.・サンスティーン，C. R.（遠藤真美訳）(2009).『実践 行動経済学 ── 健康，富，幸福への聡明な選択』日経 BP

Tooby, J., & Cosmides, L. (1990). The past explains the present. Emotional adaptations and the structure of ancestral environments. *Ethology and Sociobiology*, *11*(4-5), 375-424. https://doi.org/10.1016/0162-3095(90)90017-Z

Trope, Y., & Fishbach, A. (2000). Counteractive self-control in overcoming temptation. *Journal of Personality and Social Psychology*, *79*(4), 493-506. https://doi.org/10.1037/0022-3514.79.4.493

Wansink, B., Painter, J. E., & North, J. (2005). Bottomless bowls: Why visual cues of portion size may influence intake. *Obesity Research*, *13*(1), 93-100. https://doi.org/10.1038/oby.2005.12

Wansink, B., van Ittersum, K., & Painter, J. E. (2006). Ice cream illusions: Bowls, spoons, and self-served portion sizes. *American Journal of Preventive Medicine*, *31*(3), 240-243. https://doi.org/10.1016/j.amepre.2006.04.003

Warschburger, P., Gmeiner, M., Morawietz, M., & Rinck, M. (2018). Evaluation of an approach-avoidance training intervention for children and adolescents with obesity: A randomized placebo-controlled prospective trial. *European Eating Disorders Review*, *26*(5), 472-482. https://doi.org/10.1002/erv.2607

Watkins, E. R., & Nolen-Hoeksema, S. (2014). A habit-goal framework of depressive rumination.

Rolls, B. J., & Miller, D. L. (1997). Is the low-fat message giving people a license to eat more? *Journal of the American College of Nutrition*, *16*(6), 535-543.

Rosati, A. G., Stevens, J. R., Hare, B., & Hauser, M. D. (2007). The evolutionary origins of human patience: Temporal preferences in chimpanzees, bonobos, and human adults. *Current Biology*, *17*(19), 1663-1668. https://doi.org/10.1016/J.CUB.2007.08.033

Sandberg, T., & Conner, M. (2008). Anticipated regret as an additional predictor in the theory of planned behaviour: A meta-analysis. *British Journal of Social Psychology*, *47*(4), 589-606. https://doi.org/10.1348/014466607X258704

Saunders, B., Lin, H., Milyavskaya, M., & Inzlicht, M. (2017). The emotive nature of conflict monitoring in the medial prefrontal cortex. *International Journal of Psychophysiology*, *119*, 31-40. https://doi.org/10.1016/j.ijpsycho.2017.01.004

Schachter, S., & Singer, J. (1962). Cognitive, social, and physiological determinants of emotional state. *Psychological Review*, *69*(5), 379-399. https://doi.org/10.1037/h0046234

Schlam, T. R., Wilson, N. L., Shoda, Y., Mischel, W., & Ayduk, O. (2013). Preschoolers' delay of gratification predicts their body mass 30 years later. *Journal of Pediatrics*, *162*(1), 90-93. https://doi.org/10.1016/j.jpeds.2012.06.049

Schumacher, S. E., Kemps, E., & Tiggemann, M. (2016). Bias modification training can alter approach bias and chocolate consumption. *Appetite*, *96*, 219-224. https://doi.org/10.1016/j.appet.2015.09.014

Shah, J. Y., Kruglanski, A. W., & Friedman, R. (2003). Goal systems theory: Integrating the cognitive and motivational aspects of self-regulation. In S. J. Spencer, S. Fein, M. P. Zanna, & J. M. Olson (Eds.), *Motivated social perception: The Ontario symposium* (Vol. 9, pp. 247-275). Mahwah, NJ: Lawrence Erlbaum Associates.

Shariff, A. F., Willard, A. K., Andersen, T., & Norenzayan, A. (2016). Religious priming: A meta-analysis with a focus on prosociality. *Personality and Social Psychology Review*, *20*(1), 27-48. https://doi.org/10.1177/1088868314568811

Shoda, Y., Mischel, W., & Peake, P. K. (1990). Predicting adolescent cognitive and self-regulatory competencies from preschool delay of gratification: Identifying diagnostic conditions. *Developmental Psychology*, *26*(6), 978-986. https://doi.org/10.1037/0012-1649.26.6.978

Shoda, Y., Mischel, W., & Wright, J. C. (1994). Intraindividual stability in the organization and patterning of behavior: Incorporating psychological situations into the idiographic analysis of personality. *Journal of Personality and Social Psychology*, *67*(4), 674-687. https://doi.org/10.1037/0022-3514.67.4.674

Smith, J. W. (1988). Long term outcome of clients treated in a commercial stop smoking program. *Journal of Substance Abuse Treatment*, *5*(1), 33-36. https://doi.org/10.1016/0740-5472(88)90036-0

Soman, D. (2003). The effect of payment transparency on consumption: Quasi-experiments from the field. *Marketing Letters*, *14*(3), 173-183. https://doi.org/10.1023/A:1027444717586

Papies, E. K. (2016b). Health goal priming as a situated intervention tool: How to benefit from nonconscious motivational routes to health behaviour. *Health Psychology Review, 10*(4), 408-424. https://doi.org/10.1080/17437199.2016.1183506

Papies, E. K., & Hamstra, P. (2010). Goal priming and eating behavior: Enhancing self-regulation by environmental cues. *Health Psychology, 29*(4), 384-388. https://doi.org/10.1037/a0019877

Papies, E. K., Stroebe, W., & Aarts, H. (2008). Healthy cognition: Processes of self-regulatory success in restrained eating. *Personality and Social Psychology Bulletin, 34*(9), 1290-1300. https://doi.org/10.1177/0146167208320063

Pennebaker, J. W. (1997). Writing about emotional experiences as a therapeutic process. *Psychological Science, 8*(3), 162-166. https://doi.org/10.1111/j.1467-9280.1997.tb00403.x

Phelps, E. A., Ling, S., & Carrasco, M. (2006). Emotion facilitates perception and potentiates the perceptual benefits of attention. *Psychological Science, 17*(4), 292-299. https://doi.org/10.1111/j.1467-9280.2006.01701.x

Prinsen, S., Dohle, S., Evers, C., de Ridder, D. T. D., & Hofmann, W. (2019). Introducing functional and dysfunctional self-licensing: Associations with indices of (un)successful dietary regulation. *Journal of Personality, 87*(5), 934-947. https://doi.org/10.1111/jopy.12445

Prinsen, S., Evers, C., & de Ridder, D. (2016). Oops I did it again: Examining self-licensing effects in a subsequent self-regulation dilemma. *Applied Psychology: Health and Well-Being, 8*(1), 104-126. https://doi.org/10.1111/aphw.12064

Quinn, J. M., Pascoe, A., Wood, W., & Neal, D. T. (2010). Can't control yourself? Monitor those bad habits. *Personality and Social Psychology Bulletin, 36*(4), 499-511. https://doi.org/10.1177/0146167209360665

Restubog, S. L. D., Garcia, P. R. J. M., Wang, L., & Cheng, D. (2010). It's all about control: The role of self-control in buffering the effects of negative reciprocity beliefs and trait anger on workplace deviance. *Journal of Research in Personality, 44*(5), 655-660. https://doi.org/10.1016/j.jrp.2010.06.007

Reynolds, B. (2006). The Experiential Discounting Task is sensitive to cigarette-smoking status and correlates with a measure of delay discounting. *Behavioural Pharmacology, 17*(2), 133-142. https://doi.org/10.1097/01.fbp.0000190684.77360.c0

Richards, T. J., & Hamilton, S. F. (2012). Obesity and hyperbolic discounting: An experimental analysis. *Journal of Agricultural and Resource Economics, 37*(2), 181-198.

Righetti, F., & Finkenauer, C. (2011). If you are able to control yourself, I will trust you: The role of perceived self-control in interpersonal trust. *Journal of Personality and Social Psychology, 100*(5), 874-886. https://doi.org/10.1037/a0021827

ローズ，N. J.（村田光二監訳）(2008).『後悔を好機に変える——イフ・オンリーの心理学』ナカニシヤ出版

Roese, N. J., & Summerville, A. (2005). What we regret most ... and why. *Personality and Social Psychology Bulletin, 31*(9), 1273-1285. https://doi.org/10.1177/0146167205274693

Oettingen, G., Mayer, D., Timur Sevincer, A., Stephens, E. J., Pak, H.-J., & Hagenah, M. (2009). Mental contrasting and goal commitment: The mediating role of energization. *Personality and Social Psychology Bulletin*, *35*(5), 608-622. https://doi.org/10.1177/0146167208330856

Öhman, A., Flykt, A., & Esteves, F. (2001). Emotion drives attention: Detecting the snake in the grass. *Journal of Experimental Psychology: General*, *130*(3), 466-478. https://doi.org/10.1037/0096-3445.130.3.466

Ohmura, Y., Takahashi, T., & Kitamura, N. (2005). Discounting delayed and probabilistic monetary gains and losses by smokers of cigarettes. *Psychopharmacology*, *182*(4), 508-515. https://doi.org/10.1007/s00213-005-0110-8

Ostafin, B. D., Marlatt, G. A., & Greenwald, A. G. (2008). Drinking without thinking: An implicit measure of alcohol motivation predicts failure to control alcohol use. *Behaviour Research and Therapy*, *46*(11), 1210-1219. https://doi.org/10.1016/j.brat.2008.08.003

Owen, A. M., Hampshire, A., Grahn, J. A., Stenton, R., Dajani, S., Burns, A. S., ... Ballard, C. G. (2010). Putting brain training to the test. *Nature*, *465*(7299), 775-778. https://doi.org/10.1038/nature09042

尾崎由佳 (2006).「接近・回避行動の反復による潜在的態度の変容」『実験社会心理学研究』*45*(2), 98-110. https://doi.org/10.2130/jjesp.45.98

尾崎由佳 (2010).「社会神経科学は社会的認知研究に何をもたらすか」『生理心理学と精神生理学』*28*(1), 67-74. https://doi.org/10.5674/jjppp.28.67

尾崎由佳・雨宮有里・高史明・岩本慧悟・竹橋洋毅 (2020).「セルフコントロールと年齢の関連について ── 失敗に対する態度に着目した検証」『日本心理学会第 86 回大会発表抄録集』

Ozaki, Y., Goto, T., Kobayashi, M., & Hofmann, W. (2017). Counteractive control over temptations: Promoting resistance through enhanced perception of conflict and goal value. *Self and Identity*, *16*(4), 439-459. https://doi.org/10.1080/15298868.2016.1269668

尾崎由佳・後藤崇志・小林麻衣・沓澤岳 . (2016).「セルフコントロール尺度短縮版の邦訳および信頼性・妥当性の検討」『心理学研究』*87*(2), 144-154. https://doi.org/10.4992/jjpsy.87.14222

尾崎由佳・後藤崇志・倉矢匠・金子迪大・沓澤岳 (2019).「接近的／回避的欲望のセルフコントロール葛藤 ── 日常生活における経験頻度と規定因の検討」『日本グループ・ダイナミックス学会第 66 回大会発表論文集』

Ozaki, Y., & Kaneko, M. (under review). Social exclusion instigates future-oriented choice in temporal preference tasks.

Ozaki, Y., & Takawaki, R. (2019). Construal level and self-control: Abstract thinking promotes decision making against temptations. *HIRC21 Research Reports*, *16*, 1-8.

Papies, E. K. (2016a). Goal priming as a situated intervention tool. *Current Opinion in Psychology*, *12*, 12-16. https://doi.org/10.1016/j.copsyc.2016.04.008

Economic Journal: Applied Economics, *2*(1), 193-210. https://doi.org/10.1257/app.2.1.193
Mischel, H. N., & Mischel, W. (1987). The development of children's knowledge of self-control strategies. In F. Halisch & J. Kuhl (Eds.), *Motivation, intention, and volition* (pp. 321-336). Berlin, Germany: Springer. https://doi.org/10.1007/978-3-642-70967-8_22
Mischel, W. (2014). *The marshmallow test: Mastering self-control.* London, UK: Bantam Press.（柴田裕之訳，2015『マシュマロ・テスト――成功する子・しない子』早川書房）
Mischel, W., & Baker, N. (1975). Cognitive appraisals and transformations in delay behavior. *Journal of Personality and Social Psychology*, *31*(2), 254-261. https://doi.org/10.1037/h0076272
Mischel, W., & Ebbesen, E. B. (1970). Attention in delay of gratification. *Journal of Personality and Social Psychology*, *16*(2), 329-337. https://doi.org/10.1037/h0029815
Mischel, W., Ebbesen, E. B., & Zeiss, A. R. (1972). Cognitive and attentional mechanisms in delay of gratification. *Journal of Personality and Social Psychology*, *21*(2), 204-218. https://doi.org/10.1037/h0032198
Mischel, W., Shoda, Y., & Peake, P. K. (1988). The nature of adolescent competencies predicted by preschool delay of gratification. *Journal of Personality and Social Psychology*, *54*(4), 687-696. https://doi.org/10.1037/0022-3514.54.4.687
Mischel, W., Shoda, Y., & Rodriguez, M. (1989). Delay of gratification in children. *Science*, *244*(4907), 933-938. https://doi.org/10.1126/science.2658056
Miyake, A., & Friedman, N. P. (2012). The nature and organization of individual differences in executive functions: Four general conclusions. *Current Directions in Psychological Science*, *21*(1), 8-14. https://doi.org/10.1177/0963721411429458
Miyake, A., Friedman, N. P., Emerson, M. J., Witzki, A. H., Howerter, A., & Wager, T. D. (2000). The unity and diversity of executive functions and their contributions to complex "frontal lobe" tasks: A latent variable analysis. *Cognitive Psychology*, *41*(1), 49-100. https://doi.org/10.1006/cogp.1999.0734
森口佑介 (2019).『自分をコントロールする力――非認知スキルの心理学』講談社
Muraven, M. (2010). Building self-control strength: Practicing self-control leads to improved self-control performance. *Journal of Experimental Social Psychology*, *46*(2), 465-468. https://doi.org/10.1016/j.jesp.2009.12.011
Myrseth, K. O. R., & Fishbach, A. (2009). Self-control: A function of knowing when and how to exercise restraint. *Current Directions in Psychological Science*, *18*(4), 247-252. https://doi.org/10.1111/j.1467-8721.2009.01645.x
Nouchi, R., Taki, Y., Takeuchi, H., Hashizume, H., Nozawa, T., Kambara,T., ... Kawashima, R. (2013). Brain training game improves executive functions and processing speed in the elderly: A randomized controlled trial. *PLoS ONE*, *8*(2), e55518. https://doi.org/10.1371/journal.pone.0055518
エッティンゲン，G.（大田直子訳）(2015).『成功するにはポジティブ思考を捨てなさい――願望を実行計画に変える WOOP の法則』講談社

States of America, *104*(46), 18253-18258. https://doi.org/10.1073/pnas.0703101104

Kirby, K. N., Petry, N. M., & Bickel, W. K. (1999). Heroin addicts have higher discount rates for delayed rewards than non-drug-using controls. *Journal of Experimental Psychology: General*, *128*(1), 78-87. https://doi.org/10.1037/0096-3445.128.1.78

Kirchner, W. K. (1958). Age differences in short-term retention of rapidly changing information. *Journal of Experimental Psychology*, *55*(4), 352-358. https://doi.org/10.1037/h0043688

Koo, M., & Fishbach, A. (2008). Dynamics of self-regulation: How (un)accomplished goal actions affect motivation. *Journal of Personality and Social Psychology*, *94*(2), 183-195. https://doi.org/10.1037/0022-3514.94.2.183

Kroese, F. M., Adriaanse, M. A., Evers, C., & de Ridder, D. T. D. (2011). "Instant success": Turning temptations into cues for goal-directed behavior. *Personality and Social Psychology Bulletin*, *37*(10), 1389-1397. https://doi.org/10.1177/0146167211410889

Kurzban, R. (2010). Does the brain consume additional glucose during self-control tasks? *Evolutionary Psychology*, *8*(2), 244-259. https://doi.org/10.1177/147470491000800208

沓澤岳・尾崎由佳 (2019).「セルフコントロールのトレーニング法の開発とその効果検証」『実験社会心理学研究』*59*(1), 37-45. https://doi.org/10.2130/jjesp.1709

Lazarus, R. S. (1991). *Emotion and adaptation*. New York: Oxford University Press.

ルドゥー，J.（松本元・川村光毅ら訳）(2003).『エモーショナル・ブレイン――情動の脳科学』東京大学出版会

Lewis, M. (2000). Self-conscious emotions: Embarrassment, pride, shame, and guilt. In M. Lewis & J. M. Haviland-Jones (Eds.), *Handbook of emotions* (2nd ed., pp. 623-636). New York: Guilford Press.

Logan, G. D., & Cowan, W. B. (1984). On the ability to inhibit thought and action: A theory of an act of control. *Psychological Review*, *91*(3), 295-327. https://doi.org/10.1037/0033-295X.91.3.295

増田尚史 (2012).「先延ばしに関する心理学的検討（2）――時間選好率が計画錯誤量に及ぼす影響」『広島修大論集』*53*(1), 151-158.

Mazur, J. E. (1987). An adjusting procedure for studying delayed reinforcement. In M. L. Commons, J. E. Mazur, J. A. Nevin, & H. Rachlin (Eds.), *Quantitative analyses of behavior* (Vol. 5, pp. 55-73). Hillsdale, NJ: Lawrence Erlbaum Associates.

McClure, S. M., Laibson, D. I., Loewenstein, G., & Cohen, J. D. (2004). Separate neural systems value immediate and delayed monetary rewards. *Science*, *306*(5695), 503-507. https://doi.org/10.1126/science.1100907

McDaniel, M. A., & Einstein, G. O. (2007). *Prospective memory: An overview and synthesis of an emerging field*. Thousand Oaks, CA: Sage.

マクゴニガル，K.（神崎朗子訳）(2015).『スタンフォードのストレスを力に変える教科書』大和書房

Meier, S., & Sprenger, C. (2010). Present-biased preferences and credit card borrowing. *American*

9004.2012.00461.x
Hofmann, W., Luhmann, M., Fisher, R. R., Vohs, K. D., & Baumeister, R. F. (2014). Yes, but are they happy? Effects of trait self-control on affective well-being and life satisfaction. *Journal of Personality, 82*(4), 265-277. https://doi.org/10.1111/jopy.12050
Houssais, S., Oettingen, G., & Mayer, D. (2013). Using mental contrasting with implementation intentions to self-regulate insecurity-based behaviors in relationships. *Motivation and Emotion, 37*(2), 224-233. https://doi.org/10.1007/s11031-012-9307-4
池田新介 (2012).『自滅する選択──先延ばしで後悔しないための新しい経済学』東洋経済新報社
池田新介・大竹文雄・筒井義郎 (2005).「時間割引率──経済実験とアンケートによる分析」『大阪大学社会経済研究所ディスカッション・ペーパー』*638.*
Inzlicht, M., & Legault, L. (2014). No pain, no gain: How distress underlies effective self-control (and unites diverse social psychological phenomena). In J. P. Forgas & E. Harmon-Jones (Eds.), *The control within: Motivation and its regulation* (pp. 115-132). New York: Psychology Press.
Izard, C. E. (1977). *Human emotions*. New York: Plenum Press.
Jamieson, J. P., Mendes, W. B., & Nock, M. K. (2013). Improving acute stress responses: The power of reappraisal. *Current Directions in Psychological Science, 22*(1), 51-56. https://doi.org/10.1177/0963721412461500
Jansen, A., Klaver, J., Merckelbach, H., & van den Hout, M. (1989). Restrained eaters are rapidly habituating sensation seekers. *Behaviour Research and Therapy, 27*(3), 247-252. https://doi.org/10.1016/0005-7967(89)90043-0
Job, V., Dweck, C. S., & Walton, G. M. (2010). Ego depletion—is it all in your head? Implicit theories about willpower affect self-regulation. *Psychological Science, 21*(11), 1686-1693. https://doi.org/10.1177/0956797610384745
Kable, J. W., & Glimcher, P. W. (2007). The neural correlates of subjective value during intertemporal choice. *Nature Neuroscience, 10*(12), 1625-1633. https://doi.org/10.1038/nn2007
Kappes, A., Singmann, H., & Oettingen, G. (2012). Mental contrasting instigates goal pursuit by linking obstacles of reality with instrumental behavior. *Journal of Experimental Social Psychology, 48*(4), 811-818. https://doi.org/10.1016/j.jesp.2012.02.002
Kappes, H. B., & Oettingen, G. (2011). Positive fantasies about idealized futures sap energy. *Journal of Experimental Social Psychology, 47*(4), 719-729. https://doi.org/10.1016/j.jesp.2011.02.003
Kempton, S., Vance, A., Maruff, P., Luk, E., Costin, J., & Pantelis, C. (1999). Executive function and attention deficit hyperactivity disorder: Stimulant medication and better executive function performance in children. *Psychological Medicine, 29*(3), 527-538. https://doi.org/10.1017/S0033291799008338
Kim, H., Adolphs, R., O'Doherty, J. P., & Shimojo, S. (2007). Temporal isolation of neural processes underlying face preference decisions. *Proceedings of the National Academy of Sciences of United*

variable virtues. *Daedalus, 133*(4), 55-66. https://doi.org/10.1162/0011526042365555

Hambrick, D. Z., Altmann, E. M., Oswald, F. L., Meinz, E. J., Gobet, F., & Campitelli, G. (2014). Accounting for expert performance: The devil is in the details. *Intelligence, 45*, 112-114. https://doi.org/10.1016/j.intell.2014.01.007

Hardisty, D. J., & Weber, E. U. (2009). Discounting future green: Money versus the environment. *Journal of Experimental Psychology: General, 138*(3), 329-340. https://doi.org/10.1037/a0016433

Hare, T. A., Camerer, C. F., & Rangel, A. (2009). Self-control in decision-making involves modulation of the vmPFC valuation system. *Science, 324*(5927), 646-648. https://doi.org/10.1126/science.1168450

Harlow, J. M. (1993). Recovery from the passage of an iron bar through the head. *History of Psychiatry, 4*(14), 274-281. https://doi.org/10.1177/0957154X9300401407

Harrington, D. L., Haaland, K. Y., & Knight, R. T. (1998). Cortical networks underlying mechanisms of time perception. *Journal of Neuroscience, 18*(3), 1085-1095. https://doi.org/10.1523/jneurosci.18-03-01085.1998

Hektner, J. M., Schmidt, J. A., & Csikszentmihalyi, M. (2007). *Experience sampling method: Measuring the quality of everyday life*. Thousand Oaks, CA: Sage.

Helson, R., Jones, C., & Kwan, V. S. Y. (2002). Personality change over 40 years of adulthood: Hierarchical linear modeling analyses of two longitudinal samples. *Journal of Personality and Social Psychology, 83*(3), 752-766. https://doi.org/10.1037/0022-3514.83.3.752

Herman, C. P., & Mack, D. (1975). Restrained and unrestrained eating. *Journal of Personality, 43*(4), 647-660. https://doi.org/10.1111/j.1467-6494.1975.tb00727.x

Hershfield, H. E., Goldstein, D. G., Sharpe, W. F., Fox, J., Yeykelis, L., Carstensen, L. L., & Bailenson, J. N. (2011). Increasing saving behavior through age-progressed renderings of the future self. *Journal of Marketing Research, 48*(SPL), 23-37. https://doi.org/10.1509/jmkr.48.SPL.S23

Higgs, S. (2015). Manipulations of attention during eating and their effects on later snack intake. *Appetite, 92*, 287-294. https://doi.org/10.1016/j.appet.2015.05.033

晝間文彦 (2001).「消費者の主観的割引率について ── アンケート調査の結果から」『消費者金融サービス研究学会年報』*2*, 35-49.

Hofmann, W., Baumeister, R. F., Förster, G., & Vohs, K. D. (2012). Everyday temptations: An experience sampling study of desire, conflict, and self-control. *Journal of Personality and Social Psychology, 102*(6), 1318-1335. https://doi.org/10.1037/a0026545

Hofmann, W., Friese, M., & Roefs, A. (2009). Three ways to resist temptation: The independent contributions of executive attention, inhibitory control, and affect regulation to the impulse control of eating behavior. *Journal of Experimental Social Psychology, 45*(2), 431-435. https://doi.org/10.1016/j.jesp.2008.09.013

Hofmann, W., & Kotabe, H. (2012). A general model of preventive and interventive self-control. *Social and Personality Psychology Compass*, 6(10), 707-722. https://doi.org/10.1111/j.1751-

Gawrilow, C., & Gollwitzer, P. M. (2008). Implementation intentions facilitate response inhibition in children with ADHD. *Cognitive Therapy and Research*, *32*(2), 261-280. https://doi.org/10.1007/s10608-007-9150-1

ギルバート，D.（熊谷淳子訳）(2013).『明日の幸せを科学する』早川書房

Gilbert, D. T., Pinel, E. C., Wilson, T. D., Blumberg, S. J., & Wheatley, T. P. (1998). Immune neglect: A source of durability bias in affective forecasting. *Journal of Personality and Social Psychology*, *75*(3), 617-638. https://doi.org/10.1037/0022-3514.75.3.617

グラッドウェル，M. (2009).『天才！ 成功する人の法則』講談社

Goldberg, L. R. (1981). Language and individual differences: The search for universals in personality lexicons. In L. Wheeler (Ed.), *Review of personality and social psychology* (Vol. 2, pp. 141-165). Beverly Hills, CA: Sage.

Goldberg, L. R. (1990). An alternative "description of personality": The Big-Five factor structure. *Journal of Personality and Social Psychology*, *59*(6), 1216-1229. https://doi.org/10.1037/0022-3514.59.6.1216

Gollwitzer, P. M. (1999). Implementation intentions: Strong effects of simple plans. *American Psychologist*, 54(7), 493-503. https://doi.org/10.1037/0003-066X.54.7.493

Gollwitzer, P. M., & Brandstätter, V. (1997). Implementation intentions and effective goal pursuit. *Journal of Personality and Social Psychology*, *73*(1), 186-199. https://doi.org/10.1037/0022-3514.73.1.186

Gollwitzer, P. M., Heckhausen, H., & Steller, B. (1990). Deliberative and implemental mind-sets: Cognitive tuning toward congruous thoughts and information. *Journal of Personality and Social Psychology*, *59*(6), 1119-1127. https://doi.org/10.1037/0022-3514.59.6.1119

Gollwitzer, P. M., & Sheeran, P. (2006). Implementation intentions and goal achievement: A meta-analysis of effects and processes. *Advances in Experimental Social Psychology*, *38*, 69-119. https://doi.org/10.1016/S0065-2601(06)38002-1

Greenwald, A. G., McGhee, D. E., & Schwartz, J. L. K. (1998). Measuring individual differences in implicit cognition: The implicit association test. *Journal of Personality and Social Psychology*, *74*(6), 1464-1480. https://doi.org/10.1037/0022-3514.74.6.1464

Hafalir, E. I., & Loewenstein, G. (2009). The impact of credit cards on spending: A field experiment. *SSRN ELibrary*, 1-29.

Haggbloom, S. J., Warnick, R., Warnick, J. E., Jones, V. K., Yarbrough, G. L., Russell, T. M., ... Monte, E. (2002). The 100 most eminent psychologists of the 20th century. *Review of General Psychology*, *6*(2), 139-152. https://doi.org/10.1037/1089-2680.6.2.139

Hagger, M. S., Chatzisarantis, N. L. D., Alberts, H., Anggono, C. O., Batailler, C., Birt, A. R., ... Zwienenberg, M. (2016). A multilab preregistered replication of the ego-depletion effect. *Perspectives on Psychological Science*, *11*(4), 546-573. https://doi.org/10.1177/1745691616652873

Haidt, J., & Joseph, C. (2004). Intuitive ethics: How innately prepared intuitions generate culturally

purchase behavior. In R. F. Baumeister & K. D. Vohs (Eds.), *Handbook of self-regulation: Research, theory, and applications* (pp. 509-524). New York: Guilford Press.

Fishbach, A., Friedman, R. S., & Kruglanski, A. W. (2003). Leading us not into temptation: Momentary allurements elicit overriding goal activation. *Journal of Personality and Social Psychology, 84*(2), 296-309. https://doi.org/10.1037/0022-3514.84.2.296

Fishbach, A., Zhang, Y., & Trope, Y. (2010). Counteractive evaluation: Asymmetric shifts in the implicit value of conflicting motivations. *Journal of Experimental Social Psychology, 46*(1), 29-38. https://doi.org/10.1016/j.jesp.2009.09.008

Föster, J., Liberman, N., & Friedman, R. S. (2008). What do we prime? On distinguishing between semantic priming, procedural priming, and goal priming. In E. Morsella, J. A. Bargh, & P. M. Gollwitzer (Eds.), *Oxford handbook of human action* (pp. 173-193). New York: Oxford University Press.

Fredrickson, B. L. (1998). What good are positive emotions? *Review of General Psychology, 2*(3), 300-319. https://doi.org/10.1037/1089-2680.2.3.300

Friese, M., Bargas-Avila, J., Hofmann, W., & Wiers, R. W. (2010). Here's looking at you, bud: Alcohol-related memory structures predict eye movements for social drinkers with low executive control. *Social Psychological and Personality Science, 1*(2), 143-151. https://doi.org/10.1177/1948550609359945

Frijda, N. H. (1986). *The emotions*. Cambridge, UK: Cambridge University Press.

Fujita, K., & Han, H. A. (2009). Moving beyond deliberative control of impulses: The effect of construal levels on evaluative associations in self-control conflicts. *Psychological Science, 20*(7), 799-804. https://doi.org/10.1111/j.1467-9280.2009.02372.x

Fujita, K., Trope, Y., Liberman, N., & Levin-Sagi, M. (2006). Construal levels and self-control. *Journal of Personality and Social Psychology, 90*(3), 351-367. https://doi.org/10.1037/0022-3514.90.3.351

Fuster, J. M. (2002). Frontal lobe and cognitive development. *Journal of Neutocytology, 31*(3-5), 373-385. https://doi.org/10.1023/A:1024190429920

Gailliot, M. T., & Baumeister, R. F. (2007). The physiology of willpower: Linking blood glucose to self-control. *Personality and Social Psychology Review, 11*(4), 303-327. https://doi.org/10.1177/1088868307303030

Gailliot, M. T., Baumeister, R. F., DeWall, C. N., Maner, J. K., Plant, E. A., Tice, D. M., ... Schmeichel, B. J. (2007). Self-control relies on glucose as a limited energy source: Willpower is more than a metaphor. *Journal of Personality and Social Psychology, 92*(2), 325-336. https://doi.org/10.1037/0022-3514.92.2.325

Galla, B. M., & Duckworth, A. L. (2015). More than resisting temptation: Beneficial habits mediate the relationship between self-control and positive life outcomes. *Journal of Personality and Social Psychology, 109*(3), 508-525. https://doi.org/10.1037/pspp0000026

org/10.1177/1088868311418749

de Witt Huberts, J. C., Evers, C., & de Ridder, D. T. D. (2012). License to sin: Self-licensing as a mechanism underlying hedonic consumption. *European Journal of Social Psychology*, *42*(4), 490-496. https://doi.org/10.1002/ejsp.861

Desmet, P. M. A., & Sääksjärvi, M. C. (2016). Form matters: Design creativity in positive psychological interventions. *Psychology of Well-Being*, *6*, 1-17. https://doi.org/10.1186/s13612-016-0043-5

Diamond, A., & Lee, K. (2011). Interventions shown to aid executive function development in children 4 to 12 years old. *Science*, *333*, 959-964. https://doi.org/10.1126/science.1204529

Dijksterhuis, A., & Aarts, H. (2010). Goals, attention, and (un)consciousness. *Annual Review of Psychology*, *61*(1), 467-490. https://doi.org/10.1146/annurev.psych.093008.100445

Doll, R., Peto, R., Boreham, J., & Sutherland, I. (2004). Mortality in relation to smoking: 50 years' observations on male British doctors. *BMJ* (Clinical Research Ed.), *328*(7455), 1519. https://doi.org/10.1136/bmj.38142.554479.AE

ダックワース，A.（神崎朗子訳）(2016).『やり抜く力 GRIT（グリット）── 人生のあらゆる成功を決める「究極の能力」を身につける』ダイヤモンド社

Duckworth, A. L., & Gross, J. J. (2014). Self-control and grit: Related but separable determinants of success. *Current Directions in Psychological Science*, *23*(5), 319-325. https://doi.org/10.1177/0963721414541462

Duckworth, A. L., Peterson, C., Matthews, M. D., & Kelly, D. R. (2007). Grit: Perseverance and passion for long-term goals. *Journal of Personality and Social Psychology*, *92*(6), 1087-1101. https://doi.org/10.1037/0022-3514.92.6.1087

Duckworth, A. L., & Seligman, M. E. P. (2005). Self-discipline outdoes IQ in predicting academic performance of adolescents. *Psychological Science*, *16*(12), 939-944. https://doi.org/10.1111/j.1467-9280.2005.01641.x

Duckworth, A. L., Tsukayama, E., & May, H. (2010). Establishing causality using longitudinal hierarchical linear modeling: An illustration predicting achievement from self-control. *Social Psychological and Personality Science*, *1*(4), 311-317. https://doi.org/10.1177/1948550609359707

Duval, S., & Wicklund, R. A. (1972). *A theory of objective self awareness*. New York: Academic Press.

Dweck, C. S. (2000). *Self-theories: Their role in motivation, personality, and development*. New York: Psychology Press.

ドゥエック，C. S.（今西康子訳）(2016)『マインドセット ──「やればできる！」の研究』草思社

エリス，A.・タフレイト，R. C.（野口京子訳）(2004)『怒りをコントロールできる人，できない人 ── 理性感情行動療法（REBT）による怒りの解消法』金子書房

エリクソン，A.・プール，R.（土方奈美訳）(2016).『超一流になるのは才能か努力か？』文藝春秋

Faber, R. J., & Vohs, K. D. (2004). To buy or not to buy? Self-control and self-regulatory failure in

37(5), 715-730. https://doi.org/10.1037/0012-1649.37.5.715

Cheng, H.-D., Wang, K., Xi, C.-H., Niu, C.-S., & Fu, X.-M. (2008). Prefrontal cortex involvement in the event-based prospective memory: Evidence from patients with lesions in the prefrontal cortex. *Brain Injury*, *22*(9), 697-704. https://doi.org/10.1080/02699050802263035

Cheung, T. T. L., Gillebaart, M., Kroese, F., & de Ridder, D. (2014). Why are people with high self-control happier? The effect of trait self-control on happiness as mediated by regulatory focus. *Frontiers in Psychology*, *5*(JUL), 1-6. https://doi.org/10.3389/fpsyg.2014.00722

Chiou, W.-B., Wu, W.-H., & Chang, M.-H. (2013). Think abstractly, smoke less: A brief construal-level intervention can promote self-control, leading to reduced cigarette consumption among current smokers. *Addiction*, *108*(5), 985-992. https://doi.org/10.1111/add.12100

Christakis, N. A., & Fowler, J. H. (2007). The spread of obesity in a large social network over 32 years. *The New England Journal of Medicine*, *357*(4), 370-379. https://doi.org/10.1056/NEJMsa066082

コーネリアス，R. R.（齊藤勇監訳）(1999).『感情の科学――心理学は感情をどこまで理解できたか』誠信書房

Cox, W. M., Fadardi, J. S., & Pothos, E. M. (2006). The addiction-Stroop test: Theoretical considerations and procedural recommendations. *Psychological Bulletin*, *132*(3), 443-476. https://doi.org/10.1037/0033-2909.132.3.443

Csikszentmihalyi, M., Larson, R., & Prescott, S. (1977). The ecology of adolescent activity and experience. *Journal of Youth and Adolescence*, *6*, 281-294. https://doi.org/10.1007/BF02138940

Custers, R., & Aarts, H. (2005). Positive affect as implicit motivator: On the nonconscious operation of behavioral goals. *Journal of Personality and Social Psychology*, *89*(2), 129-142. https://doi.org/10.1037/0022-3514.89.2.129

Damasio, A. R., Everitt, B. J., & Bishop, D. (1996). The somatic marker hypothesis and the possible functions of the prefrontal cortex. *Philosophical Transactions of the Royal Society B: Biological Sciences*, *351*(1346), 1413-1420. https://doi.org/10.1098/rstb.1996.0125

Dang, J. (2016). Testing the role of glucose in self-control: A meta-analysis. *Appetite*, *107*, 222-230. https://doi.org/10.1016/j.appet.2016.07.021

de Boer, B. J., van Hooft, E. A. J., & Bakker, A. B. (2011). Stop and start control: A distinction within self-control. *European Journal of Personality*, *25*(5), 349-362. https://doi.org/10.1002/per.796

de Kemp, R. A. T., Vermulst, A. A., Finkenauer, C., Scholte, R. H. J., Overbeek, G., Rommes, E. W. M., & Engels, R. C. M. E. (2009). Self-control and early adolescent antisocial behavior: A longitudinal Analysis. *The Journal of Early Adolescence*, *29*(4), 497-517. https://doi.org/10.1177/0272431608324474

de Ridder, D. T. D., Lensvelt-Mulders, G., Finkenauer, C., Stok, F. M., & Baumeister, R. F. (2012). Taking stock of self-control: a meta-analysis of how trait self-control relates to a wide range of behaviors. *Personality and Social Psychology Review*, *16*(1), 76-99. https://doi.

vol. 1, pp. 1-40). Hillsdale, NJ: Lawrence Erlbaum Associates.

Bargh, J. A., Gollwitzer, P. M., Lee-Chai, A., Barndollar, K., & Trötschel, R. (2001). The automated will: Nonconscious activation and pursuit of behavioral goals. *Journal of Personality and Social Psychology, 81*(6), 1014-1027. https://doi.org/10.1037/0022-3514.81.6.1014

Barker, A. B., Buunk, B. P., & Manstead, A. S. R. (1997). The moderating role of self-efficacy beliefs in the relationship between anticipated feelings of regret and condom use. *Journal of Applied Social Psychology, 27*(22), 2001-2014. https://doi.org/10.1111/j.1559-1816.1997.tb01637.x

Baumeister, R. F., Bratslavsky, E., Muraven, M., & Tice, D. M. (1998). Ego depletion: Is the active self a limited resource? *Journal of Personality and Social Psychology, 74*(5), 1252-1265. https://doi.org/10.1037/0022-3514.74.5.1252

Baumeister, R. F., & Heatherton, T. F. (1996). Self-regulation failure: An overview. *Psychological Inquiry, 7*(1), 1-15. https://doi.org/10.1207/s15327965pli0701_1

Baumeister, R. F., Vohs, K. D., & Tice, D. M. (2007). The strength model of self-control. *Current Directions in Psychological Science, 16*(6), 351-355. https://doi.org/10.1111/j.1467-8721.2007.00534.x

Beltzer, M. L., Nock, M. K., Peters, B. J., & Jamieson, J. P. (2014). Rethinking butterflies: The affective, physiological, and performance effects of reappraising arousal during social evaluation. *Emotion, 14*(4), 761-768. https://doi.org/10.1037/a0036326

Bennett, P., Conner, M., & Godin, G. (2004). Changing behaviour to improve health. In S. Michie & C. Abraham (Eds.), *Health psychology in practice* (pp. 267-284). Oxford: Blackwell.

Berg, E. A. (1948). A simple objective technique for measuring flexibility in thinking. *Journal of General Psychology, 39*(1), 15-22. https://doi.org/10.1080/00221309.1948.9918159

Brickman, P., Coates, D., & Janoff-Bulman, R. (1978). Lottery winners and accident victims: Is happiness relative? *Journal of Personality and Social Psychology, 36*(8), 917-927. https://doi.org/10.1037/0022-3514.36.8.917

Brooks, A. W. (2014). Get excited: Reappraising pre-performance anxiety as excitement. *Journal of Experimental Psychology: General, 143*(3), 1144-1158. https://doi.org/10.1037/a0035325

Carver, C. S., & Scheier, M. F. (1982). Control theory: A useful conceptual framework for personality-social, clinical, and health psychology. *Psychological Bulletin, 92*(1), 111-135. https://doi.org/10.1037/0033-2909.92.1.111

Carver, C. S., & Scheier, M. F. (1990). Origins and functions of positive and negative affect: A control-process view. *Psychological Review, 97*(1), 19-35. https://doi.org/10.1037/0033-295X.97.1.19

Casey, B. J., Somerville, L. H., Gotlib, I. H., Ayduk, O., Franklin, N. T., Askren, M. K., ... Shoda, Y. (2011). Behavioral and neural correlates of delay of gratification 40 years later. *Proceedings of the National Academy of Sciences of the United States of America, 108*(36), 14998-15003. https://doi.org/10.1073/pnas.1108561108

Cepeda, N. J., Kramer, A. F., & Gonzalez de Sather, J. C. M. (2001). Changes in executive control across the life span: Examination of task-switching performance. *Developmental Psychology,*

引用文献

Aarts, H., & Dijksterhuis, A. (2000). Habits as knowledge structures: Automaticity in goal-directed behavior. *Journal of Personality and Social Psychology*, *78*(1), 53-63. https://doi.org/10.1037/0022-3514.78.1.53

Aarts, H., Gollwitzer, P. M., & Hassin, R. R. (2004). Goal contagion: Perceiving is for pursuing. *Journal of Personality and Social Psychology*, *87*(1), 23-37. https://doi.org/10.1037/0022-3514.87.1.23

Abraham, C., & Sheeran, P. (2004). Deciding to exercise: The role of anticipated regret. *British Journal of Health Psychology*, *9*(2), 269-278. https://doi.org/10.1348/135910704773891096

Achtziger, A., Hubert, M., Kenning, P., Raab, G., & Reisch, L. (2015). Debt out of control: The links between self-control, compulsive buying, and real debts. *Journal of Economic Psychology*, *49*, 141-149. https://doi.org/10.1016/j.joep.2015.04.003

Adriaanse, M. A., van Oosten, J. M. F., de Ridder, D. T. D., de Wit, J. B. F., & Evers, C. (2011). Planning what not to eat: Ironic effects of implementation intentions negating unhealthy habits. *Personality & Social Psychology Bulletin*, *37*(1), 69-81. https://doi.org/10.1177/0146167210390523

エインズリー，J.（山形浩生訳）(2006).『誘惑される意志── 人はなぜ自滅的行動をするのか』NTT 出版

アクスト，D.（吉田利子訳）(2011).『なぜ意志の力はあてにならないのか── 自己コントロールの文化史』NTT 出版

Ariely, D., & Wertenbroch, K. (2002). Procrastination, deadlines, and performance: Self-control by precommitment. *Psychological Science*, *13*(3), 219-224. https://doi.org/10.1111/1467-9280.00441

アリストテレス（渡辺邦夫・立花幸司訳）(2016).『ニコマコス倫理学（下）』光文社

Aron, A. R. (2007). The neural basis of inhibition in cognitive control. *The Neuroscientist: A Review Journal Bringing Neurobiology, Neurology and Psychiatry*, *13*(3), 214-228. https://doi.org/10.1177/1073858407299288

Ayduk, O., Mendoza-Denton, R., Mischel, W., Downey, G., Peake, P. K., & Rodriguez, M. (2000). Regulating the interpersonal self: Strategic self-regulation for coping with rejection sensitivity. *Journal of Personality and Social Psychology*, *79*(5), 776-792. https://doi.org/10.1037/0022-3514.79.5.776

バンデューラ，A. 編（本明寛・野口京子監訳）(1997).『激動社会の中の自己効力』金子書房

Bargh, J. A. (1994). The four horsemen of automaticity: Awareness, intention, efficiency, and control in social cognition. In R. S. Wyer, Jr. & T. K. Srull (Eds.), *Handbook of social cognition* (2nd ed.,

人名索引

ま行

や行

ら行

た行

な行

は行

事項索引

著者

尾《お》崎《ざき》 由《ゆ》佳《か》

2007年，東京大学大学院人文社会系研究科博士課程単位取得退学。2010年，同研究科博士号（社会心理学）取得。現在，東洋大学社会学部教授。

主要著作に，『社会的認知』（分担執筆，ナカニシヤ出版，2020年），『心理学から見た社会 ── 実証研究の可能性と課題』（分担執筆，誠信書房，2020年），『社会心理学概論』（分担執筆，ナカニシヤ出版，2016年），『社会心理学 ── 過去から未来へ』（分担執筆，北大路書房，2015年）など。

自制心の足りないあなたへ

セルフコントロールの心理学

2020年9月30日　第1刷発行
2024年9月30日　第2刷発行

著　者　　尾崎 由佳

発行者　　櫻井 堂雄

発行所　　株式会社ちとせプレス
〒157-0062
東京都世田谷区南烏山5-20-9-203
電話　03-4285-0214
http://chitosepress.com

装　幀　　野田 和浩

印刷・製本　中央精版印刷株式会社

ISBN 978-4-908736-19-3　C1011